2021年度江西省基础……教育惩戒视域下
农村寄宿制学校学生规则意识培育的研究（SZUGSZH2021—1148）之成果

国际教育惩戒政策
比较研究

尹雅丽　谢敏　著

WUHAN UNIVERSITY PRESS
武汉大学出版社

图书在版编目(CIP)数据

国际教育惩戒政策比较研究/尹雅丽,谢敏著.—武汉:武汉大学出版社,2022.5
ISBN 978-7-307-22829-0

Ⅰ.国… Ⅱ.①尹… ②谢… Ⅲ.国际教育—教育方法—研究 Ⅳ.G51

中国版本图书馆 CIP 数据核字(2021)第 274716 号

责任编辑:黄金涛 责任校对:李孟潇 版式设计:马 佳

出版发行:**武汉大学出版社** (430072 武昌 珞珈山)
(电子邮箱:cbs22@whu.edu.cn 网址:www.wdp.com.cn)
印刷:湖北恒泰印务有限公司
开本:720×1000 1/16 印张:21.75 字数:310 千字 插页:1
版次:2022 年 5 月第 1 版 2022 年 5 月第 1 次印刷
ISBN 978-7-307-22829-0 定价:98.00 元

序

　　教育惩戒作为一种学校维护纪律的手段，通过对学生的行为进行规约，可以逐步强化学生对纪律的价值认同，进而促使其养成良好的行为习惯，是教育体系中必不可少的要素之一，对于维护教育教学秩序、促进学生全面发展意义重大。应根据各国国情及教育需求定位，诠释教育惩戒理念并制定相应的政策。纵观全球，一些国家已经制定了相对完善的教育惩戒政策与制度，详细规定了教师惩戒权的内容、形式和行使程序等。

　　20 世纪以来，伴随着国际教育政策的改革发展、教育理念的多样化、社会民主的进步以及权利意识的提高，教育惩戒已然成为当前教育领域中的重要议题。在全面推进依法治校、落实教育立德树人根本任务的时代背景下，党和政府对教育惩戒问题给予了高度重视。2020 年 12 月 23 日，教育部颁布《中小学教育惩戒规则（试行）》，将教育惩戒纳入法治轨道，并于 2021 年 3 月 1 日起正式实施，回应了社会关切。随着近年我国综合国力的提高，法治进程的不断推进，教育作为经济发展和政治稳定的重要基石，是促进民生繁荣与社会稳定的关键领域。对教育惩戒政策问题的探究，有利于学校教学中"以人为本"教学观的践行，有利于发挥教师的管理能效，也有利于培养学生的法治意识、规则意识和社会情感能力等，从而缓解师生间矛盾，提高学校管理水平。

　　此外，随着我国国际话语权的加强，我国在国际舞台上越来越活跃，对国际事务的参与程度也在不断提高，与此相应，我国也积极承担起一个负责任的大国所应该承担起的国际责任与义务，以习近平总书记提出的"人类命运共同体"理念为指导，进一步探索与完善教育惩戒政策，在实现教育公平与提升教育质量的双重逻辑上不断努力，为推动世界教育事业发展承担榜样之义。

作为研究教育惩戒政策的学术专著，《国际教育惩戒政策比较研究》内容丰富，具有较强的学术性与实用性。该书从整体性、纵向性和结构性的视角出发，对国际教育惩戒政策进行国际视域下的比较研究，分析教育惩戒政策中隐含的实践模式与内在价值取向，通过系统梳理现代教育制度下世界范围内出现的教育惩戒实践动向与趋势，呈现出教育惩戒这项活动具有系统性、多学科性、开放性等特点，其中涉及的内容涵盖了教育学、社会学、犯罪学、心理学和批判性安全研究等多学科领域知识中的交叉重叠部分，涉及的范围从国家到区域，从学校到相关主体，从历史梳理到理念溯源，从演化进程到案例分析，纵横交错，点面结合，对重塑学校的新发展提出了新的研究视角，对于完善我国国家教育惩戒政策框架，构建中国特色的教育惩戒实践模式具有一定的现实意义。在学术价值上，该书不仅能够为有志于从事教育惩戒政策研究和学校教育管理研究的学者提供参考，也有助于补齐教育惩戒国别研究中有关中小国家、跨学科知识、区域和学校案例等研究不足的短板。

此书作者在博士就读及高校工作期间，参与了与教育惩戒主题相关的大量研究工作，所发表的学术论文、主持的在研项目与本研究具有高度相关性，除了与作者在攻读博士期间进行的深度思考、学术训练和多年从事高校教学管理工作积累的实践经验密切相关之外，也与作者具有外语专业相关教育背景，并曾前往英国赫特福德大学、加拿大爱德华王子岛大学访学的学习、生活经历有关，作者通过思考和研究将这些所学所闻转化为学术研究成果，表现出较强的科研意识和能力。目前，作者仍在关注该领域的前沿动态，我期待能读到她更多与该主题相关的著述。

马早明

2021 年 10 月 8 日于
教育部华南师范大学东帝汶研究中心、
国家民委东南亚文化教育研究中心
华南师范大学教科院国际与比较教育研究所

前　言

回顾历史进程，自从人类在奴隶社会时期开始产生教师教书这一活动之时，随之而来的就是教师惩戒行为的出现。但由于不同国家文明与教育的发展不同以及惩戒情况的不同，教育惩戒的研究在各个国家以及国家的各个阶段也不尽相同。从世界范围看，在 20 世纪 70 年代，西方学者们开始重新关注教育惩戒和现代学校之间的关系。正如法国社会学家爱米尔·涂尔干(Emile Durkheim)在 1922 年提出的，教育"首先是社会不断重新创造其生存条件的手段"。20 世纪 70 年代，学者们开始重新研究学校纪律和工作场所之间的关系，声称教育是社会结构再生产的手段。保罗·威利斯认为现代学校是工人阶级为其在工厂中的就业做准备的机构，基本上，他们是在"学习劳动"。此时，现代学校作为社会文化过滤的一个重要场所，是使年轻人遵守预期规范和价值观的一个重要机构，而教育惩戒作为一种学校纪律的维持手段，越来越成为世界各国政策制定者和实践者要面对的一个重大问题。

从理论层面上看，对当前有关教育惩戒的文献进行回顾，发现对教育惩戒概念化的阐释较为模糊，造成了语义模糊的状态，有关教育惩戒的表述较为含混与抽象，同时，有关于教育环境中的惩戒问题也少见相关研究，集中表现为教育管理理论与教育实践脱离。因此，重新对现行学校教育惩戒的概念性、原理性问题进行审视，从而对其剖析与重构，成为了当今人们的重要使命。此外，从实践层面上看，学校教育不仅对塑造年轻人的生活具有意义，还在塑造家庭、社区、工业和其他社会机构方面存在重要意义。从国际范畴来看，现代社会逐步出现了一些新趋势，比如教育与刑事司法系统之间的联系日益紧密，家庭与学校的紧密耦合，从新自由主义的学校政策到课程的军事化，学校关于安全和纪律新制度的出现等等。

笔者在梳理当前国内外有关教育惩戒政策的各类法律政策文本、历史书籍、学术研究、期刊论文、学校做法等大量资料与著述的同时，发现现有文献已对教育惩戒政策及其实践活动进行了一定的研究，是构成本研究不可或缺的基础和要件。然而，随着笔者近年来对该主题的深入挖掘和不断探索，在研究中对现有文献亦不断产生了新的困惑与重新解读，认为现有研究的尚存不足之处为：第一，教育惩戒研究界限存在含混现象。由于我国已有研究对教育惩戒政策及其相关理论的提炼和概括程度仍比较低，导致教育惩戒研究界限存在含混现象。第二，教育惩戒研究视角相对单一。现有研究局限于特定的学科视角，尤其缺乏从教育管理的治理视角开展研究，无法适应国家教育惩戒政策调整与实施的需要。第三，从学校场域出发的教育惩戒研究起步晚、关注度低、成果少。已有研究缺乏对各类学校的深度观察，不能全景式地、深刻地反映其遭遇的教育惩戒实施困境。

教育惩戒政策作为国家层面推动、地方政府监管、学校最终落地的治理实践，在政府层面的变迁逻辑和演化过程是什么？在法律层面上做出了哪些推进和保障？在社会各类因素的交织影响下产生了何种走向？在学校的实施现状如何？该如何落实？存在哪些影响因素？能否找到有效对策？这些问题皆为本研究意欲探究和解决的重要问题。最终笔者决定从全球视角出发，首先对理论溯源和现代教育惩戒实践动向两大主题进行系统梳理，选取具有代表性的美国、英国、澳大利亚、加拿大、南非、加纳、塞拉利昂、刚果、新加坡、韩国、日本，对各国教育惩戒政策的体系进行分析和对比，尽管这些显然无法覆盖教育惩戒政策的全部，但笔者希望这些研究成果能为人们对教育惩戒这项教育活动"所为何人？所为何事？如何开展？"等问题提供参考和启迪，从而助力我国顺利、高效推进教育惩戒政策的实施提供国际视角的借鉴与启示。

　　本书筹备近 3 年，在写作过程中得到了许多人的热心帮助。首先在此感谢在华南师范大学攻读博士研究生期间给予我悉心指导与帮助的各位尊敬的老师们，如葛新斌教授、卢晓中教授、胡劲松教授等。其次我要感谢我优秀、勤勉的师兄妹们，如胡雅婷博士师妹、常甜博士师妹、俞凌云博士师妹等。赣南师范大学研究生院院长李萃茂教授、教育科学学院副院长邱小健教授、赣南师范大学基础教育研究中心主任周先进教授、外国语学院院长何明清教授、国际教育学院院长张静教授、外国语学院副院长陈学斌教授也为我提供了帮助。我的学生，包括硕士生李琴、本科生王思敏、硕士生刘勇等几位同学参与了本书的一些资料收集工作。此外，我的导师，教育部华南师范大学东帝汶研究中心、国家民委东南亚文化教育研究中心、华南师范大学国际与比较教育研究所所长马早明教授为本书的写作提供了极为宝贵的意见和建议，特别感谢马早明教授为本书写序。在此对他们无私、真诚、耐心的帮助和支持表示由衷感谢！

　　由于教育惩戒活动涉及的历史更迭、哲学思想、社会环境、文化背景、法律法规等要素错综复杂，国内外可供参考的相关研究离散程度较高，加之笔者学识水平有限，书中难免存在不足之处，敬请各位专家、读者不吝指正。

目　　录

第一章　国际教育惩戒：概念界定、理论基础与政策取向

古今中外，教育发展史都伴随着教育惩戒的影子。教育惩戒作为一种学校维持纪律的手段，是教育体系中必不可少的要素之一，对于维护教育教学秩序、促进学生全面发展意义重大。它通过对学生的行为进行规约，逐步强化学生对纪律的价值认同，进而促使其养成良好的行为习惯。

20世纪以来，伴随着国际教育政策的改革发展、教育理念的多样化、社会民主的进步以及权利意识的提高，教育惩戒已然成为当前教育领域中的重要议题。从实践层面来看，随着近年我国综合国力的提高，法治进程的不断推进，教育作为经济发展和政治稳定的重要基石，是促进民生繁荣与社会稳定的关键领域，对教育惩戒政策问题的探究，有利于学校教学中"以人为本"教学观的践行，有利于发挥教师的管理效能，也有利于培养学生的法治意识、规则意识和社会情感能力等，从而缓解师生间矛盾，提高学校管理水平。

在全面推进依法治校、落实教育立德树人根本任务的时代背景下，党和政府对教育惩戒问题给予了高度重视，2020年12月23日，教育部颁布《中小学教育惩戒规则（试行）》（以下简称《规则》），将教育惩戒纳入法治轨道，并于2021年3月1日起正式实施，回应了社会关切。但直至目前，我国教育惩戒的执行缺乏法律依据，尚无具有可操作性的细化准则，导致学校在行使教育惩戒权的实践过程中易于出现教育惩戒的缺失和过度滥用的"两极"问题。在此背景下，为了更好地推动教育公平，进一步提升教育惩戒政策的实效性，很有必要对教育惩戒政策的历史轨迹、运行机制、治

理逻辑、成效评估等方面开展深入探究，以期更好地展示教育惩戒政策的改革路径与前景，为推进教育惩戒有关立法及其完善改进提供理论基础，从而理出政策层面所要达到的效果。

此外，随着我国国际话语权的加强，我国在国际舞台上越来越活跃，对国际事务的参与程度也在不断提高，与此相应，我国也积极承担起一个负责任的大国所应该承担起的国际责任与义务，以"人类命运共同体"理念为指导，进一步探索与完善教育惩戒政策，在实现教育公平与提升教育质量的双重逻辑上不断努力，为推动世界教育事业发展承担榜样之义。

通过对相关文献的统计分析，发现我国近年来对国际教育惩戒的相关研究呈现增长趋势，研究成果已有不少，但总体研究更倾向于对国际教育惩戒政策的实践活动进行研究或者对若干国别之间的教育惩戒政策进行比较研究，对于国际教育惩戒政策的概念辨析、内涵理解较为薄弱，对历史与理论的溯源缺乏整体思路。在涉及国际教育惩戒政策的研究框架与理论视角等方面的专著中，也多关注于宏观视野与经验性的总结上，涉及的内容也比较宽泛与浅显，且对于本世纪及近年来出现的外国学者理论动向和实践趋势较少提及，尤其缺乏从多学科角度出发，全面系统地挖掘教育惩戒开放性、动态性、交叉性的特质的著述。

在更广泛的意义上讲，笔者还希望从对国际教育惩戒政策的研究中，得到具有普适性意义的思考和结论，希望通过对这类个案的讨论，跳出仅仅关注教师行使教育惩戒权的局限思路，对一般意义上更多的教育主体参与国际教育惩戒的过程、程序、机制和效果提供新的研究视角和知识积累，揭示相应领域内国家政策的发展趋势，从而为更好地推进我国教育惩戒政策改革，为更多有关国际教育惩戒问题的经验归纳和理论分析作出贡献，为树立负责任的教育大国的国际形象提供参考。为此，本研究基于整体性和系统性出发，对国际教育惩戒政策进行研究，分析教育惩戒政策中隐含的实践模式与内在价值取向，系统梳理现代教育制度下世界范围内出现的教育惩戒实践动向与趋势。本研究对于完善我国国家教育惩戒政策框架，构建中国特色的教育惩戒实践模式具有一定的现实意义。

教育惩戒是一个较为宽泛且历来存在争议的概念，鉴于各国历史国情各异性和教育惩戒活动的丰富性，国际教育惩戒的内涵也在不断被充实，然而作为研究国际教育惩戒政策模式与发展问题的逻辑基础，教育惩戒的核心概念需被清晰认知，同时也应对支撑国际教育惩戒政策的理念和思想进行深入探索。为此，本书第一章节就相关研究背景与现状进行评述，对本研究所涉及的核心概念作出解释，与此同时，对国际教育惩戒政策的支撑理论作出进一步说明，以期更好地把握国际教育惩戒的实践模式与发展脉络，了解其本质与方向。

第一节　国际教育惩戒概念的界定：词源与概念

一、"教育惩戒"概念的源起

对当前有关教育惩戒的文献进行回顾，发现对教育惩戒以及与教育惩戒相关的概念阐释较为模糊，造成了语义模糊的状态，有关教育惩戒的表述较为含混与抽象，同时，有关于教育环境中的惩戒问题也少见相关研究，集中表现为教育管理理论与教育实践脱离。[①] 因此，重新对现行教育惩戒概念的词源问题进行审视，从而对其剖析与重构，成为了当今人们的重要使命，为此，首先应回到教育惩戒的上位概念"惩戒"来进行词义溯源。

(一)教育惩戒的词源分析

惩戒的英文词源为"discipline"，教育惩戒在多数西方国家被认作为"shcool discipline"，也就是被理解为是学校惩戒或学校纪律。"惩戒"的释

---

① Beyer, Landon E. Uncontrolled students eventually become unmanageable：The politics of classroom discipline education[M]. NY：State University of New York Press, 1998：51-81, 103-125.

义需要依托具体的情境，大多数常见词典中对其的定义为："通过遵守规则、命令而获得的控制，是对不良行为进行的惩罚，是一种与训练、服从、自我控制和秩序相关的行为方式。"在当前社会实际生活中，惩戒出现频次最高的现象为：在政党、组织或群众中，为维护集体利益、确保工作正常运行而对其内部成员所作出的行为约束。无论是受教育者在学校经历过的各类班规、校规，还是社会劳动者需要遵守的各类员工守则、职业规范，或是作为公民必须承担的法律义务，又或是开展社会活动要依照的规定和章程等等，皆被是某种纪律形式。

在与惩戒当前语义关联的教育情境中，"惩戒"一词指的是对行为的控制，该词的名词版本主要提出了三个主要方向，但都集中在"行为控制"上。从"获得控制"到"行为方式"再到"行为"本身，都与个人的外部行为有直接联系，重点在于强调从外部控制到了解人的内在行为。"惩戒"的名词形式为"纪律"，"惩戒"作为"纪律"的动词形式，即一种外部行为的控制手段，常指操作性条件反射过程中某些行为的减弱。与"纪律"和"惩戒"相关的同义词往往包括"控制""谴责""约束""实践""教育""方法""操练""行为""秩序"等，几乎都与控制行为的外部手段有直接关联。

研究趋势表明，文献的产出时间越早，对惩戒的研究就越偏向于对外部行为的极端控制。究其根源，对惩戒的词源可以回溯到公元前 8 世纪的斯巴达教育系统中，作为当时具有单纯军事体育性质的斯巴达教育系统而言，惩戒是其不可或缺的一部分，其目标是培养身体健康、心理自律且受控的男性。又如柏拉图的教育理想中使用的"训练"和"塑造"，或者柏拉图所指的城邦，皆出现惩戒的概念。现代性惩戒研究的起点则从马克斯韦伯开始，韦伯之后的学者们大体上都是在他的惩戒理论基础之上形成理论形态建构。①

---

① Beyer, Landon E. Uncontrolled students eventually become unmanageable: The politics of classroom discipline education[M]. NY: State University of New York Press, 1998: 51-81, 103-125.

（二）教育惩戒概念的理论阐释

根据社会学家、教育学家等对现代社会惩戒的一些突出表现的理论，我们可以总结出三种有关惩戒概念阐释的主要观点。

1. 惩戒概念的背景说：分析具体情境

有学者提出，有关惩戒概念的理解其实存在一种悖论，即脱离了惩戒的具体背景进行的概念讨论将相互为悖。不同的人常以不同的方式理解惩戒，且惩戒对于不同人、事物、文化的意义亦有所不同。例如，不论我们是否知道在某些特殊情况下惩戒的"哲学"含义，但倘若向任何教练提及此词，他们大都会做出积极回应，在他们眼中，惩戒是受欢迎的，成功需要惩戒。同样的情况也适用于军队、公共服务人员、医疗健康人士等等。但是，一旦对与学校环境有关的教育工作者、家长或学生提及此词，通常的反应则截然不同，他们往往会做出负面的理解，并将其与拘留、停学、驱逐等词联系起来。也就是说，如果从发生对话和以惩戒作为自我控制的角度来解释惩戒的概念，其反应不可避免地会产生积极的两面效应。为此，对于教育惩戒的理解应限定在教育环境当中，考察其根植于学校教育中有关课堂管理、教学、教师教育等领域的教育理念。

2. 惩戒概念的方法说：做出价值判断

有关惩戒的认知价值论是一种对其概念进行价值分析的方法论，通过演绎逻辑来增加对惩戒概念的理解，亦可理解为对惩戒概念进行价值判断的过程。哈珀（Harper，2012）认为，"虽然概念分析作为一个过程，在大多数情况下会产生实例，但在其认识上仍应有价值的假设和价值判断"。为此，哈珀提出认知价值的三个层面：首先，基本认知价值是关于概念的认知目标。对惩戒的理解，围绕其本身产生的目的进行剖析，发现惩戒处分要达到的目的是否反映了某种旧时清教徒式的课堂惩罚秩序？其次，过程性认知价值。过程性认知价值是由主体内部发生的信念形成，但惩戒往往会因外部认知导致被"贴标签"，被默认为是一种对"有问题"的学生采取的行动。最后，标准性认知价值。这一价值观主要帮助我们确定某一概念的价值标准："根据它在多大程度上帮助我们选择正确的过程和最大化我们的基本知识价值来判断某个概念的价值。"在哈珀看来，在某些情况下，学校的惩戒显然有助于教师控制教学秩序，但惩戒可能在其他某些领域并无益处，为此，看待学校教育惩戒自然应从学校教育的标准出发。以上三个关于惩戒认知价值的方法论为我们更好地理解教育惩戒提供了"思想过滤器"。①

3. 惩戒概念的前提说：厘清三类术语

厘清有关惩戒的术语通常被认为是对惩戒概念作出定义的前提条件。第一种术语是有关惩戒的短语。此类短语常被理解为"未说明的含义"，这一类术语往往指的是被假定为惩戒或看似同义但实际上与惩戒没有任何关联的一些概念。第二种术语是"概念化"。概念化是当事物被感知与思考时促成了人们观念的形成并与他人和其他文化产生的互动与冲突。第三个术语是"意识形态"。意识形态是集体和组织在某一概念构成的思想和理念体系中所公认的学科语义。相比意识形态，概念化处于正在进行并始终运动中，具有变化性、流动性，而意识形态是最主流与最普遍的概念定义，具有静态性和具体性。第四个术语是"域"。域是指占主导地位的环境，尽管它并不属于惩戒的语义意识形态，但却与惩戒紧密相关，涵盖了惩戒的产生及衍生部分，这四类有关惩戒的术语对于惩戒的研究具有重要作用。②

(三)"教育惩戒"概念的主流认识论

对有关教育惩戒的文献进行搜索，发现其主要涉及三个研究领域：教师教育、教学活动和课堂管理，其中较多分布在课堂管理研究领域中，较少出现在教师教育或教学活动研究领域，而文献中不断提到与惩戒有关的一个概念，是"惩罚"，尤其是早期的文献中出现此概念较多。

---

① Harper A S. An oblique epistemic defense of conceptual analysis［J］. Metaphilosophy LLC and Blackwell Publishing Ltd, 2012：43(3), 235-257.

② Bergin C., Bergin D. Classroom discipline that promotes self-control［J］. Journal of Applied Developmental Psychology, 1999：20(2), 87-92, 189-206.

1. 惩戒即惩罚

这种观点认为惩罚是惩戒的概念化替代词，大量文献将惩罚的各类形式认定为惩戒的一部分，但此类文献主要是从负面角度进行阐释，且年代久远。这类文章表达了当时的学界将惩罚描述为一种行为主义，是惩戒的必要部分。随着惩罚的思想逐步被摒弃，惩戒的概念也逐步脱离了惩罚，尤其是以体罚为形式的惩罚。惩戒与体罚得以区分开来，但从理论上讲，惩戒和惩罚几乎总是在文献中共同出现，被统称为教育环境中的纪律现象，且经过大量理论和实践研究，惩戒作为类似惩罚的概念，被认为是十分有效并充满活力的一种管理手段，并与安全概念等同起来。

惩戒等同惩罚的观点基本是从布查特（Butchart，1995）开始的，源自于他关于课堂纪律的演讲。此外由布查特和麦克尤恩 Butchart and McEwan（1996）在《美国学校的课堂纪律》一书中提供的多个案例，也认为惩罚和安全是纪律的一部分，彼此具有高度相关性。惩戒即惩罚的观点大量出现在历史文献中，现今仍然被大多数人所认知。这种惩罚往往有负面影响，且在很长一段时间内无法消弭。布查特首先详细论述了学生管教的历史，并无意中加强了惩罚的概念化，认为在社会基础界，教育惩戒是一个目前很少受到关注的领域，但同时也是一个对教师成功至关重要的领域，承认并强调了惩戒在教育领域占据的位置。此外，布查特（Butchart，1995）、拜尔（Beyer，1998），Carson（1996），Sunshine（1973）和 Kaestle（1978）等人都表现出不愿意放弃体罚的想法，并强化了惩罚等同惩戒的观点。①

2. 惩戒即控制

惩戒即控制，这种控制从概念本质上是与惩罚和安全并列类属的基本概念。控制作为一种概念化的用法，仅次于安全性带来影响。乌拉克斯基（Wlodkowski，1982）首次提出惩戒即控制的观点，作为一种消极的概念，惩戒是"一种巨大的但却虚无的希望"。他认为惩戒缺乏明确的成功教育所

---

① Butchart R L., McEwan B. (Eds.). Classroom discipline in American schools: Problems and possibilities for democratic education [M]. Albany, NY: State University of New York Press, 1996: 106-115.

需的意义和价值。乌拉克斯基指出："在学校，对惩戒这个词最广泛被接受和实践的解释就是控制——学生无条件接受或服从教师的权威。"据此观点，惩戒是所有正式教师和实习教师都关心的问题，但却是一个没有明确术语的概念，它最明确的意思便是控制："因为惩戒经常被应用为控制，它作为一种直接或间接的威胁形式呈现在学生面前。"该观点不否认在课堂上需要控制，但认为这种惩戒没有考虑到威胁带来的情绪副作用，而这种副作用本质上会带来充满怨恨和消极的情绪，其造成的困难需要补救措施，并永远不会以积极的方式促进教育过程。①

在以上两种界定模式中，教育惩戒的"教育"被理解为惩戒发生的领域，教育惩戒特指发生在教育活动中的惩罚和控制等行为。我国学者关于这类界定模式主要围绕顾明远对教育惩罚的界定做补充论述，"教育惩罚是指对个体或集体的不良行为给予否定或批评处分，旨在制止某种行为的发生"。② 有的学者认为教育惩罚是针对学生的问题行为或过失行为的一种教育手段。有的学者认为教育惩罚是一种对违规行为的强制矫正手段，包括精神上的和行为上的。有的学者认为教育惩罚针对的是学校中的个人或集体的不良行为的措施，具体包括批评、记过、留校察看、开除学籍等多种方式。这种界定把教育惩罚理解为教育管理的手段，显然在这个意义上，"教育惩罚"等同于"教育中的惩罚"。而实际上"教育中的惩罚"不仅包括教育性的惩罚，也包括非教育性的惩罚。如果以此作为"教育惩罚"的概念，也就否定了教育惩罚的教育性，背离了教育惩罚的本意。因此，这种界定模式从现代教育的发展趋势而言，已经变得不可取。③

3. 惩戒即管理

斯利(slee, 1997)从管理的认识论角度阐述了惩戒的概念，他认为，教育惩戒和行为管理是两个领域，两者在教育政策方面进行了相当大的

---

① Wlodkowski, Raymond J. Discipline：The great false hope[J]. Viewpoints, 1982：120，3-18.

② 顾明远. 教育大词典[M]. 上海：上海教育出版社，1990：694.

③ 王琴. 论教育惩罚的正当性及限度[D]. 太原：山西大学，2020：45.

"竞争和斗争"。斯利试图区分作为课堂管理话语的惩戒和作为课堂管理的惩戒教育理论，并为此提出"斜坡论"。斯利发现管理话语和控制话语的行为出现了两大斜坡，两者从未在关于学校惩戒讨论和辩论中建立在彼此间的任何明确的概念区别，为此惩戒逐渐滑入课堂管理的概念化意义中，并进入行为主义阵营，惩戒作为一种教育过程，已经植根于其控制性的使用过程中，并将学科视为机械性的而非社会的行为。① 维因斯坦·汤姆森克拉克和卡伦（Weinstein·Tomlinson-Clarke & Curran，2004）在讨论文化响应式课堂管理（CRCM）时，假设新手教师因缺乏多元文化能力加剧了其在课堂管理方面的困难，明确地从学科和课堂管理的角度出发对惩戒进行讨论。温斯坦等人（2004）建议："教师教育者和对课堂管理感兴趣的研究人员必须开始将文化多样性融入其对话的一部分。"此类学者认为课堂管理的目标并不是合规，而是为所有学生提供公平的机会。"总而言之，教师应明白惩戒是课堂教学为社会正义服务的管理手段。"②列侬（Lennon，2009）也从课堂管理的角度探讨了惩戒问题，断言课堂氛围是影响学生成绩的一个有力因素。列侬认为，在寻求解决学生行为不端和破坏问题的答案时，有许多变量需要研究，学生的喜好在很大程度上影响了教育惩戒理论的成功与否。他强调，在保持高质量的课堂管理方面，一个共同的主题是创造一个积极的、培养性的环境，让所有学生感到安全和舒适。列侬反复在"惩戒"和"课堂管理"这两个词之间来回切换，并将教师个性作为一个突出性因素进行探讨。③

在这个界定模式中，教育惩罚中的"教育"具有双重含义，"教育"既指惩罚行为发生的领域，又指惩罚的性质，教育惩罚是发生在学校教育活动

---

① Slee R. Theorizing discipline—practical research implications for schools[J]. American Educational Research Association, Chicago, IL. 1997: 10-18.

② Weinstein C, Tomlinson-Clarke S, Curran M. Culturally responsive classroom management: Awareness into action[J]. Theory in Practice, 2004: 42(4), 269-276.

③ Lennon S. Maintaining discipline: Conceptualizations towards the understanding and controlling of classroom behavior (Unpublished doctoral thesis). Valdosta State University, Valdosta, GA.

中的、具有教育性的惩罚，区别于教育中的一般惩罚，特指具有教育性的惩罚。我国学者刘丽君认为教育惩罚是通过一定的负性体验以实现受教育者身心全面发展的教育手段。① 来维龙认为教育惩罚是采取使学生感到痛苦的手段来实现教育学生改过迁善的教育目的。② 石诗认为教育惩罚通过否定性的体验来促进学生改过迁善的教育手段。③ 以上这些定义都肯定了教育惩罚的教育性，说明了教育惩罚的最终目的是通过各种手段促进学生全面发展和改过迁善，这里明确指出了教育惩罚区别于教育中一般惩罚的特殊性，这是区别于以往界定模式的进步之处。但是，这些定义仍然不够清晰，缺乏对惩罚者、惩罚对象、惩罚内容，以及惩罚标准的有效界定，难以形成统一的标准。概念的内容比较模糊，难以落实到具体的教育实践中。同时，也没有说明教育惩罚使受罚者实现改过迁善这个过程的作用机制。④

二、教育惩戒的相关概念

考虑到本书内容以探讨国际教育惩戒为主，主要关注国际社会公共教育领域的教育惩戒活动，因此，本书所涉及的主要概念包括教师惩戒权、惩戒教育和教育惩戒领域讨论最多的惩戒合理性、惩戒界限等问题。对这些核心概念的界定和讨论，将构成开展本研究的主要依据和出发点。

（一）教师惩戒权

"权利"是属于法律范畴的词汇，与"义务"相对。通俗来说，权利是一种价值回报，是法律对维护或实现权利主体利益的一种认可与保障。而"权力"，则更多地被归类为社会学词汇，指在社会活动中，权力主体在其

---

① 刘丽君. 教育惩罚研究[D]. 长春：东北师范大学，2015：25.

② 来维龙. 基于学生改过迁善内在动机的教育惩罚研究[D]. 济南：山东师范大学，2006：63.

③ 石诗. 教育惩罚的实质及其实现[D]. 长沙：湖南师范大学，2013：79.

④ 王琴. 论教育惩罚的正当性及限度[D]. 太原：山西大学，2020：26.

职责范围内的支配和领导的力量，权力具有社会性、阶级性和强制性。教师惩戒权，既是教师作为教育管理者对学生行使的出于教育目的的带有强制意味的"权力"，亦是教师在依法行使教书育人"义务"的同时应该依法享有的一种管理学生的"权利"。① 综上，作为教育教学工作的承担者，教师有权管理和安排教育教学活动的具体实施，当然，对于被教育者，教育者有权对其不规范行为作出公平合理而又有法可依的惩戒，以惩戒那些违反校规校纪的学生，并以此减少和杜绝学生不规范行为的再次发生。教师惩戒权，顾名思义，肯定来源于教师对学生的管理权，而这项权力是教师所拥有的一项重要权力，它的行使过程便是教师执行其管理权的过程。教师惩戒权行使目的在于教育和戒除，而非单纯的惩罚或管教。教师惩戒权是指教师对学生违规行为进行惩戒的权力，其权力主体是教师，相对方是学生，对象是学生的违规行为。为此，本书将教师惩戒权定义为：教师在教育教学活动中以一定的法律法规为依据，对学生的违纪行为给予强制性矫正，让其认识到自己的错误并防止再次发生，从而实现教育目的并保证教学秩序的一种管理权利和教育权力。②

（二）惩戒教育

惩戒教育是一种教育的方式和手段，关于惩戒教育的概念，不同学者有着不同的定义，1997 年学者顾明远主编的《教育大辞典》中，将惩戒教育定义为"对个体或集体的不良行为给予否定或批评处分，旨在制止某种行为发生，为学校德育采用的一种教育方法，有利于学生分辨是非善恶，削弱受罚行为动机，达到改正的目的"。明确指出惩戒教育的教育性和目的性。③ 2004 年教育学学者向葵花对惩戒教育的范围界定为：惩戒教育属于

① 朱淼．哥斯达黎加公立中学惩戒教育研究［D］．石家庄：河北大学，2020：87.

② 朝月霞．英国中小学教师惩戒权研究及启示［D］．石家庄：河北师范大学，2010：28.

③ 顾明远．教育大辞典［M］．上海：上海教育出版社，1997：46.

道德教育的范畴。他认为惩戒教育应该仅仅针对学生的道德问题，不应该在其他方面随意使用。"惩戒是一个伦理概念，表示对某种行为方式的否定，在认知领域中惩戒有过错的学生有违教育的道德原则。"[①]2016年我国学者蒋一之对惩戒教育进行了定义："惩戒教育是在不损害失范者身心健康的前提下，依据已有的规章制度，通过实施相应的强制性处罚措施，使失范者感受到痛苦，从而纠正其不良行为和思想观念的教育活动。"蒋一之对惩戒教育的定义强调不损害失范者身心健康，有一定的依据。具有强制性，旨在纠正其不良行为和思想观念。[②]

综合上述分析，惩戒教育是一种以教育、教化学生为根本目的并以一些惩戒措施来完成这些目的的有效方式。在惩戒教育中，重点在于教育，当学生出现违规、违纪等超出教育主体认知范畴的行为时，教师以及学生管理者就可以通过惩戒的方式来引导学生发现错误、认知错误并深刻的改正错误。惩戒教育是教育体系中的一个重要内容，对教师和学生管理者有着较高的要求，只有这样才能够避免将惩戒教育发展成为一种体现个人意志的行为。因此，惩戒不是目的，而只是一种教育的手段，需要施教者灵活掌握惩戒的实施方式和尺度，既能够警示学生，又能够让学生心悦诚服地接受这个过程，最终实现教育学生的目的。

(三)教育惩戒政策

与正规学校教育的许多方面一样，教育惩戒政策受到各级政府的法律、法规、政策和制度的影响。以美国为例，在美国联邦层面，《无枪学校法》、《每个学生成功法》等法律都包含了一些条款，要求对特定的违法行为采取某些惩戒措施，或为使用学校教育惩戒措施作为学校问责计划的衡量标准进行质量突破(美国教育部，N. D.)。同时，美国联邦教育部经常围绕学校的惩戒问题发布指导意见，如排斥性惩戒和体罚等(美国司法

---

① 向葵花. 重新审视惩戒教育[J]. 中国教育学刊，2004，(02)：24.
② 蒋一之等. 惩戒教育的理论与实践[M]. 杭州：浙江大学出版社，2016：8.

部和美国教育部，2014）。在美国州一级，与教育惩戒有关的法律范围很广，形成了与不同的惩戒方法、学校资源官员的使用、围绕惩戒的专业发展以及监督和报告等问题有关的法律体系。美国教育部最近编制了一份与学校纪律和安全有关的州法律，涵盖许多州近期执行的或正在修订的学校教育惩戒政策的各个方面内容，长达 4000 多页。

从世界范围的主要发达国家来看，教育惩戒政策的制定和实施主要涉及学区、学校、教师、家长等各个主体层面的参与。首先，学区通过正式编纂学区政策以及对学校领导和学区人员作出统筹指挥，发挥对学校教育惩戒政策的影响力。这些政策通常来自更高层次的管理要求，如联邦法律的无枪学校法案，或州法规的禁止体罚等规定，此外，地区政策通常包含一些针对特定地区的规定。例如，许多地区政策禁止体罚，尽管所在州可能允许使用体罚。截至 2015 年，美国最大的学区中有近四分之一地区实施了教育惩戒政策改革，其中许多规定旨在减少使用排斥性纪律等手段。

在学校层面，校长有权力和责任制定全校性的政策行为预期，并对重大违规行为进行惩戒处置。关于教育惩戒政策的差异，根据记录表明，排斥性或零容忍教育惩戒政策更有可能在占较大比例的少数民族学生服务中的学校中使用，而恢复性做法在这些环境中则比较少见。校长在制定学校范围内的教育惩戒政策和管理纪律方面的直接作用成为不同学校之间学校安全与纪律水准差异的高度相关驱动因素。

在课堂上，教师可以选择何时、如何以及对谁进行惩戒。在政策实施的语言中，教师被认为是"街头的官僚"，由于他们在实施学校惩戒措施方面具有选择性，他们可以自下而上地调整政策，并享受一定权限范围内的自由裁量权。这些情况反映在教师围绕课堂管理计划和课堂规则的决策中，学校内部或学校与学校之间可能存在相当大的异质性。关于教育惩戒政策是否存在公平差异，有数据表明，根据教师的特点，如教师本身的种族或信仰，可以或多或少地影响少数民族学生经历排斥性纪律的可能性。

最后，家长代表了对学校教育惩戒政策有潜在影响力的利益相关者。

虽然在学校结构中没有其正式的决策地位，但家长仍然可以通过参加正式的组织，如家长教师协会等，或凭借在学校董事会选举和会议上的发言权以及与地区人员直接沟通的非正式压力等方式来施加影响，是一股不容忽视的对政策方方面面起着影响作用的主体力量。

（四）教育惩戒合理性

关于教育惩戒合理性的问题，首先应该建立在对教育惩戒具有正向价值持肯定态度基础之上。国内外现有关于教育惩戒的相关研究中，大多数研究者主要关注的是包括教育惩戒实践和理论在内的教育惩戒合理性研究。

一方面，研究者们从多学科角度为教育惩戒的合理性寻找理论依据。史密斯（2015）从教育学角度强调了关于教育惩戒的第一个悖论：作为一个过程，它是与人一起行动还是对人行动？史密斯提到了教育的社会性质与学校教育的物理性质的矛盾。梅耶（Meyer，1977）从社会的角度对教育的语义假设进行了更深入的解构，这对建立和理解学科所处的教育领域很有帮助。梅耶写道："学校是有组织的社会化经验网络，为个人在社会中的行动做准备。"他认为教育应根据受教育的年限和类型有力地分配成人的角色，为此他提出了一个关于教育惩戒从教育学角度出发的不同观点：一个将教育视为分配机构而不是教育机构的观点，不仅改变了对教育的看法，也为学科创造了一个更危险的陷阱。梅耶从社会化的角度来看待教育惩戒，称其为"一套有组织的社会化经验"，将教育惩戒作为一种分配而非教育手段。根据梅耶和史密斯的说法，教育惩戒被视为应对问题的机械性答案。当教育总体上保持社会性时，教育惩戒则呈现出更倾向于史密斯所提到的学校教育趋势和梅耶所提到的分配趋势，并在教育领域内形成了一种模糊的悖论，使得教育惩戒处于某种模糊且矛盾的状态，即有了一定的合理性。

国内研究者们对于惩戒教育的意义及合理性的研究亦较为完整深刻，主要集中在对惩戒教育在教育学层面、心理学层面、哲学层面和法学层面的分析。檀传宝从教育史和教育思想史、文化与法治、逻辑与伦理、心理意义、专业伦理的角度论述了教育中惩罚存在的合理性。① 景霞从哲学、心理学、教育现实、法律法规等四个方面来为教育惩罚的合理性寻找依据。② 刘军分别从教育发展的历史、国际经验、心理学、法律法规、伦理学等视角为教育惩罚的合理性进行辩护。③ 学者张丽从哲学层面探索了惩戒教育的合理性。从对人性的理解角度来看，性善论认为教育的作用在于使儿童摒弃恶念，以恢复其本身具有、与生俱来的善良本性，人的"善"的引导和传承要通过教育来实现，因此，惩戒在除"恶"存"善"方面具有不可忽视的伟大意义。性恶论则认为人生来便带着罪恶，而惩戒的作用就在于压制并杜绝这种恶。研究者们大多从其他相关学科领域来为教育惩戒寻找合理依据，虽然表述方式上有所差异，但本质上是一样的。④ 许小东从法理学层面阐述惩戒教育的合理性。他认为，从法律规范的构成要素来看，教育活动是集体性活动，学校必须有自己的校纪校规，才能保证校园秩序规范运行。其次，从禁止权利滥用原则来看，我国宪法规定在个人行使自己的权利时，不应妨碍、危害到他人、集体和国家的利益。校园违纪行为会侵害到其他受教育者的权益，甚至影响集体的利益。再者，从受教育权的内容来看，惩戒权是受教育权的一部分，没有惩戒的教育是一种脆弱的、虚无的、不负责任的教育。⑤

另一方面，研究者们从学校教育的具体实践为教育惩罚的合理性寻找依据，认为教育惩罚的合理性源于其实践价值。教育惩罚能够维护纪律精神，促进学生人格和道德品质的养成。⑥ 教育惩罚是维护学校教育教学活

---

① 檀传宝．论惩罚的教育意义及其实现[J]．中国教育学刊，2004，（02）：23-26.

② 景霞．刍议教育中的惩罚[D]．济南：山东师范大学，2006：39.

③ 刘军．中小学教育惩罚问题研究[D]．武汉：华中师范大学，2011：46.

④ 教师惩戒权的正当性研究[D]．长春：东北师范大学，2011：8-12.

⑤ 许小东．刍议法理学视角下教师惩戒权存在的合理性[J]．法制博览，2015：1-3.

⑥ 石诗．教育惩罚的实质及其实现[D]．长沙：湖南师范大学，2013：59.

动顺利进行和学生全面发展的必要手段，教育惩罚是实现一定教育目的的必要条件。①

（五）教育惩戒界限

关于教育惩戒的界限问题，现有研究更多关注的是教育惩戒的实践限度，即教育惩戒在教育现实活动中的使用限度。

从世界范围来看，国外学者亦非常重视"惩戒"（Discipline）与"惩罚"（punishment）的差别。1982 年学者威尔逊（Wilson. F. C）指出：尽管大多数人经常视惩戒和惩罚为同义词，但事实上并非如此，在学校系统中，学校对惩戒的普遍定义就是负强化，既惩罚，却忽略了惩戒中应当包含的良好初衷与想要达成的教育结果。通常会有人将惩戒与校园惩罚混为一谈，这是非常不对的。他认为合理的"惩戒"应是建设性的，是有益于儿童认知发展并符合其情感需求的，而"惩罚"则是具有破坏性的。"②

学者伊丽莎白（Elizabeth）在其 2017 年的研究中指出，根据 2007 年联合国儿童权利委员会意见，体罚违反了《儿童权利公约》，特别是第 19 条关于保护儿童免受一切身体和精神暴力的保障的规定，第 37 条关于保护儿童免受残忍、不人道或有辱人格的惩罚的规定，以及第 28 条关于学校纪律应符合儿童的"人的尊严"的规定。根据"终止一切体罚儿童行为全球倡议"，截至 2016 年，全球有 128 个国家的学校在法律上禁止体罚，69 个国家（占比 35%）允许体罚。几乎欧洲所有国家以及南美和东亚的大部分国家都禁止体罚，在澳大利亚、韩国和美国三个国家，部分地区允许体罚，大部分地区禁止体罚。如在澳大利亚，8 个州或地区中有 5 个禁止学校体罚，而在美国，50 个州中有 31 个禁止公立学校体罚。但是各国对于惩戒与体罚的界限也不十分明朗。这 69 个国家法律规定中的教育管理者或者教师对学生的教育体罚权力也都遵循着严格的实施原则和适度的实施方法，以减

---

① 牛丽霞. 教育惩罚异化及其化解探究［D］. 长春：东北师范大学，2014：95.

② Wilson F C. A Look at Corporal Punishment and Some Implications of Its Use［J］. Child Abuse & Neglect，1982：23.

少或避免过度体罚对学生造成的身心伤害。比如美国，在学生发生了违规行为时，会视情节严重程度受到不同的处罚，分为一般的纪律惩处、劳动处罚、罚学生规定日期内不让上学、退学、开除、勒令转校等。其中一般的纪律惩处包括：罚站、抄写、勒令离开教室一段时间、单独隔离、电话通知家长、剥夺参加课外活动的权利、惩罚早到校或者晚离校、休息日来学校读书等等。①

学者乌丘米（Kazuo Uchiumi，2015）关于英国惩戒教育的研究中显示，为了保证课堂秩序的有效进行，教师可以动手制止打斗、正在进行破坏校园公物和秩序的学生。当顽固的学生持续性拒绝"一般性纪律惩处"并作出更过分的举动，或者学生的行为有可能意外地伤害他人时，教师都可以使用"适当武力"对违纪学生进行惩戒。但在日本，除了基本的课堂惩戒方式外，还可以体罚，其中最常见的体罚方式为拍打（占总数的 61%）、"踢踹"（占总数的 9.2%）等。②

从我国的研究来看，有的学者从教育惩罚实施原则的角度对其进行了限定，这些原则为教育惩罚实施提供了可参照的方向，在此原则范围之内实施的教育惩罚都是被允许的。劳凯声（2003）③从教育惩戒的法律法规视角出发，提出教育惩戒的"权力"与"权利"的区别。任海涛（2019）④、胡劲松（2020）⑤提出规范教师惩戒权的立法构成要件。赖雪芬认为教育惩罚的实施需要在有法、有情、有度的基础上实施，合理的惩罚才能使学生口服

---

① Elizabeth T. Gershof. School corporal punishment in global perspective：prevalence，outcomes，and efforts at intervention[J]. Psychology，Health & Medicine，2017：28.

② Kazuo Uchiumi. Extra-curricular school sport（Bukatsu）and corporal punishment in Japan[J]. Asia Pacific Journal of Sport and Social Science，2015：32.

③ 劳凯声. 变革社会中的教育权和受教育权：教育法学基本问题研究[M]. 北京：教育科学出版社. 2003：109.

④ 任海涛. "教育惩戒"的概念界定[J]. 华东师范大学学报（教育科学版），2009，（04）：142.

⑤ 胡劲松，张晓伟. 教师惩戒行为及其规制[J]. 华东师范大学学报（教育科学版），2020，（03）：25-31.

心服，才真正具有教育意义。① 秦选强认为教育惩罚的实施需要融入温馨、高扬民主、彰显个性。有的学者从教育惩罚的实施主体角度对其进行了限定，认为教育惩罚的实施主体具有规定性。② 刘德林认为教育惩罚的最终目的是唤起学生的羞愧感。教育惩罚的实施者是学生心目中有威望的教师，要在公开性的场合实施惩罚，依据违纪学生的状况灵活地实施惩罚。③ 郝民认为教育惩罚的实施主体包括社会、学校、教师等三个方面。社会完善教育法规，学校制定合理校规校纪，教师强化培训和个人职业素质。④

第二节　教育惩戒的理论基础

如前所述，"惩戒"（discipline）的英语名词形式被译为"纪律"，教育惩戒的词源出现在大多数的国外文献研究中为"school discipline"，也可译为学校纪律，因此有关于教育惩戒的教育思想常被理解为与学校纪律相关的教育思想。为此，在本研究中，也将使用学界较为通用的"学校纪律"一说，使用学校纪律来指代有关教育惩戒的教育哲学思想。

一、夸美纽斯的学校纪律哲学思想

（一）产生背景

夸美纽斯 1592 年生于摩拉维亚，1670 年殁于阿姆斯特丹。在三十年战争的大部分时间里，宗教改革和反宗教改革在整个欧洲造成巨大的政治

---

① 赖雪芬. 教育惩罚手段的合理运用[J]. 教育评论, 2006, (03): 56-58.

② 秦选强. 构建走进学生心灵的惩罚教育[J]. 教学与管理, 2008, (35): 10-12.

③ 刘德林. 教育惩罚要唤起学生的羞愧感[J]. 思想理论与教育, 2008, (14): 4-8.

④ 郝民. 对学校教育中惩罚的理性思考[D]. 济南：山东师范大学, 2011: 23.

和意识形态动荡，沉重的意识形态压力来自重大科学发现以及它们对既定世界观、宗教和形而上学思维的挑战，而夸美纽斯作为神学家和教育家非常活跃。夸美纽斯在个人层面上受到战争的严重打击，失去了几个家庭成员，自己也在1621年因宗教迫害被迫离开摩拉维亚，之后他开始永久流亡的生活，周游欧洲大陆和北欧。在流亡期间，他出版了200多部剧本，其中最著名的是《舌门未锁》（1631）和《图画中的可见世界》（1658），其中许多剧本在西方教育的各个领域都具有开创性。

夸美纽斯于1627年出版的《迪达迪加·麦格纳》，是近代最丰富、最出彩的有关教育学思想的作品之一，在近代，它成为欧洲学校改革者和政策制定者的理论依据，直到今天，它仍然作为各种与学校有关的问题的核心思想而熠熠生辉。夸美纽斯在这本著作中几乎对学校教育的每一部分进行解释和指导，这些概念在今天或多或少都是教育思维中固有的、无可争议的部分，如"童年是学习的主要生活阶段"的想法、"知识进步"思想是时代教育的关键原则，日常教育的空间、时间和社会组织等诸如此类元素都是教育金矿。这本伟大著作也是理解夸美纽斯在教学领域的理念如何形成的重要视角，在一个将教育建设视为现代现象的高度形成化时代，这些领域的理念正处于不断变化的状态。

在这些作品的基础上，夸美纽斯的《大教学论》被看作在十六世纪和十七世纪早期重组教育学和教育治理的一部重要著作。夸美纽斯明确地将自己置于其他路德派神学家和教育学家的背景中，如马丁·路德（1483—1546）、菲利普·墨兰顿（1497—1560）、约翰·瓦伦廷·安德烈（1568—1654）和埃哈德·卢比诺（1565—1621），但他关于学校纪律的思想与德西德里乌斯·伊拉斯谟（1469—1533）的著作也有一定的相似之处。在宗教改革和反宗教改革之后，随着王朝国家的扩张和巩固，各种政府事务变得越来越重要。米歇尔·福柯以及在他的时代之前的埃米尔·涂尔干、菲利普·阿里亚斯和亨利·列斐伏尔等学者认为，这一时期是国家行政和纪律战略范式转变的开始，也包括教育领域。有关治理艺术的著作开始出版和传播，这也是在新改革的学校中启动的教学管理的情况。学校教育的组织化和集中化不仅意味着引入新的纪律原则，而且意味着学校越来越脱离和孤立于整个社会。

按照福柯(Foucault，2003)的说法，早期现代国家的主要统治思想形态仍然是大家庭为主的结构，在路德教各州，这受到特定的路德教行为准则及其权力分配的影响。① 目的是按照上帝赋予的等级秩序，创造忠于国家及其各种官员的下属。这些下属在生活中要顺从，在道德上和宗教上都要为来世做好准备。只是到了后来，在十八世纪及以后，国家的范围及其治理的雄心才从家庭成员逐渐转向普通民众，并转向创建一个政治和经济上独立自主的主体。福柯把 1760 年到 1840 年这段时期描述为欧洲转型的一个主要阶段，新的管理艺术需要新的学科技术和新的锻炼方法——惩戒权，基于权力的视觉性表现形式——旧形式惩罚做法，如公共体罚，现在已经逐渐被其他非身体且更微妙的忏悔和维护秩序的形式所取代。这一过程还依赖于改革后的人类行为监管机构，如现代监狱、学校等。福柯声称，这种新的学科艺术已经在王朝时代的学校、工厂和军队中得到发展，正是这种艺术后来被重新定义并应用于整个人类社会。

福柯的这些思想受到在他时代之前的夸美纽斯哲学思想的深刻影响，夸美纽斯处于向政府状态及其新的学科形式过渡的非常早期的阶段，他的主要理想与抱负是创建一个宗教的、顺从的、对国家教会忠诚的主体，他也表达了对教育在创建稳定的国家和改善他所处的时代和社会的人类状况中作用的肯定。

(二)主要观点

1. 学校纪律和教育空间组织

夸美纽斯在教育组织方面的座右铭是"无所不能"，这并不意味着他不关心纪律、惩罚等问题，反而在这方面非常积极和主动地思考。② 事实上，

---

① Foucault, Michel. Society must be defended[M]. London：Penguin，2003.

② Comenius, Didactica Magna[M]. Akal Ediciones Sa，1986：83.

《大教学论》广泛地阐述了儿童学校教育中的学科领域，同时给出了它的教学动机，学科的概念被缩小到应用它的特定社会背景，即学校。因此，在《大教学论》中提到的是学校纪律和正式教育，即指在教育机构中主要对男孩和年轻人进行管理和行使权力。日常的生活制度决定了人们对统治实践的看法，这也使学校教育在更广泛的教会领域、行会、军队、家庭、法院等方面类似的实践略有不同，早期的现代监管实践有其自身的社会结构、不同的场景、行为者、等级和纠正手段。夸美纽斯在他的教学理论中区分了学校纪律和家庭纪律，后者属于家庭中，是由父母管理的纪律活动。

2. 学校纪律和道德教育领域

对夸美纽斯来说，学科的使用主要与学校教育的纪律和道德领域有关，而不是与知识分支的智力训练有关。在这种情况下，道德教育或美德教育应该被理解为同一个教学领域，它至少部分地与一些学校科目如语言和科学知识中的智力训练相分离，另一方面与培养信仰相分离。学校纪律具有很强的社会维度，可以更好地被社会道德教育所定义。对夸美纽斯来说，道德教育的目的是教导学生他认为正确的道德和社会行为，包括采纳一套通用和可取的美德、社会能力和行为守则。这些美德、能力和行为准则与古典传统相呼应，反过来又为真正的信仰得以发展奠定了必要的基础。因此，信仰的教育与道德教育高度相关，但它也有自己的目标和方法。①

3. 想象中的学校教育：社会的堕落状态和对新教育形式的呼唤

如同许多当代路德派神学家和教育学思想家一样，对现有学校状况的批评以及在许多不同层面上对它的负面描述也是夸美纽斯的思想核心，同时也是他开拓新事业的出发点以及组织教育的更好思路。事实上，当时饱受战争蹂躏的整个人类社会都被视为在社会和精神生活方面处于严重堕落的状态，甚至有遭到诅咒的危险。夸美纽斯认为，糟糕的学校教育组织直接对社会有害，因此，解决社会问题的最佳方式是建立拥有熟练教师的良

---

① Comenius, Didactica Magna[M]. Akal Ediciones Sa, 1986: 101, 165.

好教育机构，因为从长远来看，这将有益于教会、国家和家庭。对夸美纽斯来说，正是这些制度构成了良好社会的主要组成部分。①

4. 教育治理：编织学校教育之网

对夸美纽斯来说，学校教育的组织是最重要的。他对这一问题的思考从学校教育的总体结构——空间、时间和社会前提一直延伸到教学管理和学科实践的细节，组织学校教育艺术的第一步是在一切事物中建立严格的秩序。夸美纽斯从宇宙和人体的构成、昆虫和动物的世界、机械、战争和印刷领域出发，显然也从他所认为的一种理想的社会状态中出发，这是一种法律和服从占主导地位的状态，这种状态处于统治者和被统治者之间权力的稳定分配中。对夸美纽斯来说，秩序构成了它自己独立的力量，真正将我们这个世界的结构连在一起的原则，即使小到最小的细节，都是秩序。也就是说，根据地点、时间、数量、大小和重量，适当划分前面的和后面的，上级和下级的，大的和小的，相似的和不相似的，这样每个人都可以很好地发挥作用，只要维持秩序，就能保持其地位和力量，当秩序停止时，一切就会变得虚弱、蹒跚和跌倒。因此，学校应该以这样一种方式安排，即所有的元素都是相互关联的，但仍然保持固定和独立的位置和功能。一旦实现，一个有机和谐的社会实体就会出现。总体来说，要从这个基础上实现良好的教育，所需要的只是"对时间、所教科目和方法的巧妙安排"。

5. 作为安全避难所的学校：确保空间安全和时间安排

夸美纽斯认为，至关重要的是学校的物理组织方式不能干扰教育实践，无论是来自内部还是外部的。② 因此，学校建筑应该放在安静的地方，要远离干扰因素和警报。学校的所有环境都应该以一种美学上令人愉快的方式设计，让孩子们在那里受到激发和鼓舞。一旦学校拥有自身吸引力，就将有利于维持秩序，例如，可以阻止学生去市场寻找食物和娱乐，换句

---

① Comenius, Didactica Magna[M]. Akal Ediciones Sa, 1986：184-186.

② Comenius, Didactica Magna[M]. Akal Ediciones Sa, 1986：146-147, 152-153.

话说，就是强调建筑作为一种学科技术的潜力，这在某种意义上与当代美学管理或美学治理理论有着非常直接的联系。对于学生而言，任何人都不允许逃学、懒惰或无所事事。对其他学生产生不良影响的不道德的同学友谊在学校或其附近是不被允许的。学生不能被暴露在亵渎、谎言、诅咒或其他不敬虔的行为中。为了与此相适应，学校使用的教学内容和书籍将被精心挑选，以便它们真正支持儿童向智慧、道德坚毅和虔诚的方向发展。夸美纽斯认为古典的异教作者是当代学校阅读材料的一部分是非常有问题的，即使他认为古典遗产蕴含着重要的智慧——例如亚里士多德、西塞罗和塞内卡的作品。但对夸美纽斯来说，塞内卡、爱比克泰德和柏拉图的文学作品。在夸美纽斯看来，《圣经》最终是知识的唯一必要来源，老师的主要任务是以正确的方法向学生教授它。

此外，组织教育的一个非常重要的部分是它的时间结构。对夸美纽斯来说，学校教育的整个理念和预期的形成过程应该及时地与他所认为的受法律约束的自然节奏相协调，这种节奏在夸美纽斯的思想中与儿童——主要是男孩的身体和智力发展相融合。① 从这个意义上说，年龄和知识之间的协调成为学校教育结构的关键原则。当然，除此之外，还有以学习周期、年、学期、月、假日、周、日、小时、课间休息、祈祷等为单位的日常学校教育的时间剖析，时间的调整对于安排教育和实现和谐的学校教育至关重要。

6. 治校艺术：教育服从和创造社会结构

在夸美纽斯的理想学校里，教师扮演着秩序大师的角色，像其他拥有社会权力的人，如国王、王子、公务员和牧师一样，教师应该明智地引领行业，包括传授下属如何成为下属的艺术，这样他们就会正确地知道如何遵守指令，不是通过武力和"驴一样的服从"，而是通过自由精神追求秩序和爱。夸美纽斯说："因为一个理性的生物应该被叫喊、监禁和打击所引导，而是被理性所引导。"

---

① Comenius, Didactica Magna[M]. Akal Ediciones Sa, 1986：247-253.

　　夸美纽斯的学校模式建立在大众教育的理念上，最多一百个孩子同时接受教育。在他看来，把这么多孩子聚集在同一个房间里，互相鞭策，互相监视，这本身就是维护秩序的一种手段。但是还需要辅助技术，其中包括一些学生被任命为团长，负有监督其他同学的特殊义务。此外，学生团体将被划分为由团长领导的几个分区，每个分区包含大约 10 名学生。在这些组织和领导基础上，再由其他的地方学生长官领导，一直到最高层的总司令再到老师。夸美纽斯把老师比作训练新兵的军事领导人，他应该坐在自己的办公桌前，在所有学生的众目睽睽之下，而不是在个别学生的教学中竭尽全力。这被公认为一种高度能效化和功能化的教学方式，但它要求老师完全控制学生的注意力，并凭借对自己知识的尊重和钦佩来训练他们。夸美纽斯解释说：只要掌握一点技巧，就有可能吸引学生的注意力，并让他们明白老师的嘴就是一个泉眼，知识的溪流从这里流出，流过他们的头顶，每当他们看到这个泉眼打开时，他们就应该把注意力像蓄水池一样放在下面，这样就不会有任何东西外流出去。维持秩序的另一种方法是建立一种惯例，在这种惯例中，对学生作业的检查是以系统的不规则性进行的，没有一个学生肯定不会被询问，此外，在老师或级长在检查学生阅读书籍和作业的同时，如果发现错误，将要对其采取适当的惩罚。①

　　7. 磨坊的水：学校纪律的原因、时间和方式

　　当夸美纽斯阐述学校纪律概念时，他用磨坊的水来做比喻。对他而言，学校纪律是维持秩序和促进教学进步的必要手段，纪律本身不是一个目标，而是使学校运转顺利的积极力量，因为如果把水从磨里抽出来，就会停止工作，如果剥夺了一所学校的纪律，就等同于剥夺了它的动力。夸美纽斯强调，他不希望学校"充满尖叫和打击"，只是希望在校长和学生之间的关系中，"警惕和注意"占上风。如前所述，纪律被夸美纽斯视为塑造弟子制度化身份的最直接方法，在这种背景下，教师对自己进行学校纪律方面的教育是很重要的，因为这样他就会"知道它的目的、主题和它可能

---

　　①　Comenius, Didactica Magna[M]. Akal Ediciones Sa, 1986：184-186.

采取的各种形式"以及为什么、何时和如何使用。

至于时间和方式，对夸美纽斯来说，重要的是纪律措施应该在学校中被经常使用，并作为指导儿童行为的一种手段而正常化。然而，不应该惩罚已经发生的事情。相反，所有的纪律行动都应该是前瞻性的，并旨在支持儿童的进步，纪律的目的是不再重犯这种不良行为。因此，实际的惩罚与治病类似，没有个人的"愤怒或不喜欢"，而是"坦率和真诚的目的"，并以父亲的方式。如果完成了这一点，弟子就会明白他是为了自己的利益而受到惩罚，并接受忏悔，就像开出的苦药一样。

此外，《大教学论》中认为学科实践有其独特的等级和技巧。首先，夸美纽斯呼吁老师对学生及其行为进行持续而彻底的监控——一种"永久的警惕"。其次，老师最初应该尝试责备和口头劝诫，让行为不端的门徒回到"理性和服从"的道路上，最后在没有其他办法的情况下使用体罚。但是这种尝试应该谨慎进行，并且只能帮助学生进步。纪律的目标不是学习进步本身，而是使学生巩固一种心态和一种方式，使他们敬畏上帝，寻求救赎，尊敬和热爱他们的教育者，并积极热情地寻求实现他们自己学校的教育目标。

8. 教师作为纪律代理人，应对学生使用软硬权力

如上所述，老师被赋予了维护秩序的重要使命，他不仅要在学校教育的所有领域发挥榜样的作用，还应该能够掌握纪律的艺术。他需要教导、劝诫、指挥、责备，必要时还需要体罚，正如所言，这应该用慈父的方式来完成，培养而不是瓦解学生。夸美纽斯声称，除非采用这种方法，否则孩子们很快就会学会鄙视和抵制改正。

为了帮助老师进行纪律工作，夸美纽斯提出了几个策略，他认为这些策略比体罚更能达到纪律的目的。一旦学生出现厌学情绪，老师应该放慢教学速度，努力找到更好的平衡，让学生回到正轨，并且这个过程应该在深思熟虑的温柔中进行，而不是通过暴力，否则目的不会实现。同样，音乐家不会用手指或棍子敲击七弦琴，也不会把琴扔向墙壁，因为它会发出不和谐的声音，当他着手研究其科学原理时，他会对其进行调整并使之有

序。只有采取这样一种巧妙而富有同情心的方法，才能把对学习的热爱灌输给我们的学生，而任何其他方法只会把他们对学习的懒惰变成反感，把他们的缺乏兴趣变成彻头彻尾的愚蠢。另一个可以使孩子学业成功的纪律策略是积极鼓励孩子更有激情地学习，这种鼓励包括在全班面前以训斥和严厉批评的形式进行象征性的纠正，或者公开表扬一些学生，并将他们与老师试图改善的学生进行比较。老师可以说，看某某参加的多好！看看他看每一点的速度有多快！而你却像石头一样坐在那里！根据夸美纽斯的说法，这些话是有用的。另一个策略是在同学面前嘲笑"落后"的孩子，以激励他们更加努力地学习："你这个傻家伙，难道你不明白这么简单的事情吗?"例如为了利用学生之间竞争和对抗所固有的力量和纪律潜力，夸美纽斯还建议教师每周或至少每个月应该在学生中安排竞赛，他们可以争夺好成绩或教室前排座位。通过这种方式，对批评和降级的恐惧以及对老师表扬和赞扬的渴望都会激发学习热情。夸美纽斯更喜欢象征性和非身体形式的矫正，而不是体罚，但这并不意味着纪律和惩罚在夸美纽斯的理想学校中变得不那么明显。相反，例如认同、竞争、比较和羞辱这样的策略作为教学方法的一部分，是非常明显的纠正手段，但它们要在封闭的环境中而不是在公共场合进行。他所做的是把纪律的目标放在最前面，同时把纪律的力量淹没在学校教育的内部。①

9. 榜样的力量是对教育的信念和懒散的威胁

夸美纽斯关于学习和教学的观点是基于需要榜样和实际例子的想法，儿童会模仿这些榜样。对夸美纽斯来说，这些榜样首先包括父母、护士、教师和同伴。如果父母是制定家庭纪律的称职而谨慎的监护人，如果家庭教师是精心挑选的，并且是具有非凡品德的人，那么对年轻人进行道德培训就会取得成功。因此，在学校环境中，教师起着核心作用，在学校开设的所有课程中，教师都应该成为榜样，一旦其角色扮演失败，所有其他的努力都是徒劳的。

---

① Comenius, Didactica Magna[M]. Akal Ediciones Sa, 1986: 261.

为了使孩子学业有成，重要的是父母鼓励孩子相信教育和学习是非常可取的，父母应在孩子面前称赞老师。如果孩子们因此能够感受到对老师的爱和钦佩，学业成功的机会就会增加。爱和钦佩被认为是应该在孩子中唤起模仿的情感，夸美纽斯认为这是学习的基础。反过来，老师应该表现得和蔼可亲，值得称赞，这样才能获得门徒的信任和爱。此外，学校管理层的其他工作人员也应该通过举行公开考试并奖励勤奋者来激励学生，为孩子们提供好的榜样。同样重要的是，应避免不良影响，比如坏同志、不恰当的语言、不良书籍和习惯。根据夸美纽斯的说法，人类本性使他们很容易受到不良影响，当这种影响产生时，根除它是非常困难的事情，无论他们是通过眼睛还是耳朵进入，这种腐败都是"心灵的毒药"。另一个主要威胁是懒惰，由于无所事事，孩子们很容易被坏影响和"恶行"所吸引，因此，老师要确保学生们总是忙于工作或玩耍。然而教师不可能完全控制学校里的不良和邪恶，为此严厉的纪律是必要的。夸美纽斯指出，老师应该根据情况使用"责备或惩罚，言语或打击"，应该总是"当场"实施惩罚，不道德的行为"可能一显露出来就被扼杀，或者尽可能地被连根拔起"。①

10. 体罚的作用

众所周知，夸美纽斯明确表示不愿意将身体暴力作为学校教育中的一种矫正手段。夸美纽斯的观点首先是，这种惩罚应该远离智力训练，只在涉及社会和道德的不端行为时使用。与此同时，所有形式的身体矫正都被视为失败，主要不是出于对孩子的关心，而是因为体罚被视为教学功能失调的迹象。如果老师设法以正确的方式教导和处理孩子的不良行为，那么这样将是如此鼓舞人心，以至于除了针对不正常的孩子之外，不需要任何惩罚行为。如果教学不成功，那么这是老师自己的错，他没有能力让弟子受教。身体暴力是一个糟糕的方法，并没有在孩子们中间产生爱和求知欲，而是产生对学校的厌恶。如同他同时代的路德派学校改革家埃拉哈德·卢比努斯一样，夸美纽斯也呼吁禁止在学校使用杆惩罚方法，他的观

---

① Comenius, Didactica Magna[M]. Akal Ediciones Sa, 1986：228.

点是，这种工具只应该用在具有"不正常和奴性倾向"的男孩身上，在某些情况下，不仅需要批评和警告，还需要体罚。为了证明他的观点，夸美纽斯将学生的错误分为三类，后果是不同的惩罚。学生中的骄傲、鄙夷、嫉妒和懒惰是一类，例如，如果有人拒绝帮助同学或拒绝辅导同学作业，这行为是对学习进步有害的。这种错误行为将被"海绵般的责备所抹去"。固执和故意的不当行为，如不服从老师或玩忽职守，被视为破坏了谦逊和服从的美德基础，这被认为是不公正的冒犯，应该立即和严厉地纠正。最后还有各种各样的不敬行为，如亵渎、猥亵或公开违法，用夸美纽斯的话说，这些是对上帝威严的侮辱，"应该用极其严厉的惩罚来弥补"，即体罚。因此，体罚首先与未能满足道德教育的要求有关。体罚还有最后一个功能，用来评估一个性格不佳的孩子是否真的是一个没有希望的案例，即使使用身体暴力也不能改善孩子的状况。但它的好处是用恐惧打击其他同学，从而起到警告的作用。

夸美纽斯可以被视为早期为教育、教学实践和学校管理勾勒出一个新的概念框架的伟大人物之一。因此，他也把自己定位成为所处时代的重要代表人物，他的思想可以被看作理解上述教育领域的一面重要的棱镜。加上福柯和列斐伏尔等人的理论视角，人们认为夸美纽斯是新兴政府在教育领域和政府治理过程方面转变的先驱，更准确地说，也许是一个致力于将福柯定义的主权模式修正为纪律形式的人。此外，关于列斐伏尔的空间生产理论，他也可以用于行政领域或达成其产生和扩大学校教育的主要空间表现形式的愿望，这些表现形式至少有可能对各种国家政策产生影响。夸美纽斯以开创性的方式想象教育，同时也在政策层面上微调学校教育的空间、时间和社会节奏。

夸美纽斯关于道德教育、学校治理和学校纪律作用的思想，与他关于教育的个人和社会目的、童年前提以及童年和学校教育之间关系的观点相联系。对夸美纽斯来说，儿童机构化寄养对社会和社会机构的福祉至关重要，这是他们坚持不懈的关键，但它也有其或多或少的自然主题嵌入儿童和童年本身。简而言之，用道德、生理、社会功利和宗教煽动来教育孩子，同样重要的是，要强调夸美纽斯关于孩子、弟子和整个教育空间的观点是性别化的，是男性的。①

在更具体的层面上，夸美纽斯对知识、学校教育的三大支柱以及道德教育的内容和方法的概述有助于更好地理解夸美纽斯思维中激活的一套潜在的道德制度，通过扩展古典和基督教美德，更好地将学校纪律的概念定义为学校治理的一部分。在继续讨论纪律的概念之前，夸美纽斯必须解决一个更重要的概念——秩序，当夸美纽斯提到秩序并通过详细而严格的规则和日常管理在教育中建立稳定秩序的重要性时，他不断触及空间的结构，如学校场地的地理位置及其材料的美学外观，以及保护其免受外部和内部威胁和有害影响。他还考虑时间结构，即根据自然的循环节奏、年龄和知识进步，精心安排日常学校生活、学校教育的组织和社会常规，所有这些领域都伴随着知识的产生和解决方案的争论，甚至进入孩子的内心领域。

最后，夸美纽斯思想中的纪律概念被定义为与秩序概念相关的一个子概念，主要与道德和教育相关。纪律措施与智力训练无关，如知识、语言等，但学校教育和学生行为要符合夸美纽斯理想学校所倡导的道德标准、美德和社会行为准则。反过来，体罚首先与道德教育中的不当行为有关，如果应用于比夸美纽斯提到的更广泛的学科，上述学校治理的整体结构显然可以被视为学科实践的重要理论。但对夸美纽斯来说，与福柯有所不同，纪律仅仅是方法，是一种活跃的、几乎是流动的力量，它启动了学校教育的机制。

二、赫尔巴特的学校纪律哲学思想

(一)产生背景

1776 年 5 月 4 日，约翰·弗里德里希·赫尔巴特出生于德国奥尔登

---

① Comenius, Didactica Magna[M]. Akal Ediciones Sa, 1986：253-254.

堡。他被后人被称为"现代教育学之父"。赫尔巴特 1794 年进入耶拿大学求学，1809 年前往戈尼斯堡接任该校康德哲学教师，于 1833 年回到格丁根担任哲学教授直到去世。赫尔巴特的教育体系主要包括分别与伦理学和心理学有关的两部分，这两部分分别从教学经验和哲学原理出发，通过分析性推理和合成性推理共同汇聚在其教育哲学思想中。

　　赫尔巴特的教育思想中有关教育教学实践哲学的思想体系从其 1806 年出版的《教育目的的一般教育学》中开始体现，有关于教育手段，尤其是教学手段的方法论，主要来自其心理学的思想理论部分，在其 1832 年写的一篇题为《论作为教育主要目标的世界的审美表现》的早期文章和《关于心理学在教育学中的应用的信》中开始发展。这些作品和其之后的一些作品中囊括了其有关教育目的、教学理论、性格与训育思想。其中，赫尔巴特的训育思想所包含的惩罚本质功能、惩罚手段等惩罚观对学校管理儿童具有较强的实践意义。在对赫尔巴特有关学校纪律和儿童惩罚的哲学思想进行讨论之前，很有必要对其教育教学的理论思想做一番简单的综述与了解。

　　赫尔巴特通过伦理学展示了最初关于教育目的的混乱想法是如何在道德观念的指导下得以发展的，赫尔巴特认为，"道德上的人格力量"这一美德是教育的最高目标。教育承担着通过施加"外部"决定的影响来使学生产生自主行动，教育如何做到这一任务要由心理学回答。赫尔巴特对"教育为何可能"这一问题的回答可以概括为以下公式：教育只有在事先被认为可以形成的思想基础上，即在充分指导的基础上，才可能形成。赫尔巴特的分析推理是基于经验和实验的，他从道德观念的角度思考教育的目的，此外，他觉得自己不仅要从理论上研究教育的可能性，而且要提供实际证据，证明"通过指导进行教育"是真正可能的。

　　起初，赫尔巴特试图对其学生的性格发展施加直接影响。然而，很快他发现，至少在 14 岁的少年学生路德维希身上，他并不像他所希望的那样成功。他得出的结论是，他必须"依靠路德维希的理解"，这是避免路德维希的性格凝结成"明智的、理智的和顽固的利己主义"的危险的唯一办法。在路德维希看来，唯一还能挖掘的塑造他性格的源泉是"他的理解力是一种被动的能力，是在他做好充分准备后，慢慢呈现在他面前的东西，希望这种微弱的火花有一天会产生积极的自我反思并按照其教义生活"。

赫尔巴特为理解他的学生而提供的教育指导有两个主要部分：一个是美学和文学，另一个是数学和科学。赫尔巴特向学生们展现了惊人的语言能力和对古代历史和文学的出色知识，在1800年前后，还特别介绍了当时新兴的自然科学实验方法。但这种指导不是教育性的，因为赫尔巴特认为美学和文学教育以及数学和科学教育的多种目标从属于性格的形成。最重要的是，赫尔巴特的教育方式是有意将他的教学作为道德教育的基本手段。

在赫尔巴特看来，教学的第一个目的是实现对世界和人的正确"理解"。然而，这种在教育指导下的"对世界的理解"并不仅仅是为了传授知识和技能，它主要是为了"道德意识"和"加强性格"，教学影响着性格的形成。对他来说，意志和感性在头脑中都有自己的位置，意志的力量和行为的恒定性被看作可以用认知结构的稳定性来解释的现象。相反，行为的迟缓和不一致是由于同一类型的行为的背景得到不同的解释。因此，人类意志的稳定性是一个结构化的认知视野的功能。在这种心理学理论的背景下，教学似乎是唯一有希望永久硬化性格的手段。然而，教育教学只有在其方法尊重学生的个性时才会成功。因此，必须把最高的抱负放在教学方法上，必须以这样的方式传授大量有用的知识、技能和才能，使由此获得的资格才能成为德行的基础和工具。①

（二）赫尔巴特的道德教育目的观

由此可见，赫尔巴特"教育目的是道德的"观点根植在其几乎所有有关于教育的哲学思想当中，赫尔巴特认为，道德教育始于指导个人如何看待他或她自己的人性。赫尔巴特借鉴了卢梭的"爱我"和"预爱"的概念，对于

---

① Herbart J H B. Pädagogische Schriften. Zweiter Band：Pädagogische Grundschriften〔Écritspédagogiques：Écrits pédagogiques essentiels〕. Sous la direction de Walter Asmus. Stuttgart. 1982，（02）：108.

赫尔巴特和卢梭来说，只有当一个人能够与他或她自己的人性相联系时，他或她才能想象并与他人相联系。其中内在审查员是道德教育的一个关键概念。在《教育的科学》中，赫尔巴特的教育理论可以被看作是对卢梭的自由和意志理论的延伸。

1. 内在审查员是道德教育的一个关键概念

赫尔巴特的作品为教育者提出了一个重要的观点：自由并不意味着一个人可以为所欲为，而是指使自己不至于自私地放纵自己的欲望，而不顾他人的感受。

在赫尔巴特看来，要使一个人的内在自由，或者说是内在自由行事，就必须有一个从倾向、欲望和激情中构造出来的意志。这种性质的自由涉及学习者对自己的自我约束或审查，这种自由的理念承认，个人可以选择按照自己的意志行事或不行事。对于赫尔巴特来说，道德是来自学习者内心自由的判断，而不是来自他人的任意限制、恐吓、恐惧或奖励的承诺。

赫尔巴特提出：如果我们考虑到一个人在自己身上保持这种良好意愿的力量和抵抗力，以对抗那些与之对立的情绪和欲望的运动，那么道德，原来只是一种属性，一种意志的决定，对我们来说就变成了这种决定的意志的美德、力量、行动和效力。与这两者不同的是属于合法性的思想，即对道德法则的正确理解，而与一般法律的知识，甚至与普通生活中公认的义务规则的知识不同的是，个人对在特殊情况、特定时刻，在他的生活中的正确判断与人类和命运的直接接触，是要做的、选择的，或避免的。一个人真正的自由在于他的行动是他自己的，因为这些行动是由他的意志所驱动的，并由他的内心审查员所调解。

赫尔巴特将良好的意愿描述为"一个人将自己视为普遍约束的法律下的个体的稳定决心"。它包括内心审查的发展，有助于从道德上指导一个人的意志。赫尔巴特的内在自由概念也与康德的"绝对命令"概念中提出的自由和意志的概念直接相关。"以这样一种方式行事，即你总是把人性，无论是你自己还是任何其他人的人性，永远不只是作为一种手段，而总是同时作为一种目的。"对康德来说，推理和理性的能力必须存在于个人之中，这样他才能想象和反思自己的意志和行动，这种技能使他能够知道什么是好的，什么是不好的。对于赫尔巴特来说，内在审查员的形成是通过体验和推理的一致来实现的。也就是说，它是理性和审美启示的结合和对话。"个人必须从道德的角度来考虑他在这个世界上的整个位置；他必须告诉自己，他的最高利益是如何被环境所青睐或损害的。他必须用理论的观点来加强实践的观点；他必须相应地采取行动。"总体来看，赫尔巴特理解的道德行动既包括理性也包括感觉，道德教育的目的是让理性和审美成为强大的动力，通过指导行动来尊重、重视和保持人性，从而保护人类。

2. 教师的任务在于唤醒道德兴趣

在赫尔巴特看来，道德教育必须为学习者提供机会，反思自己的思维，质疑自己的假设，形成超越偏见和成见的论点，并在此过程中培养同情心。当把这些道德教育的概念应用于现代教育背景时，教师必须考虑到学习者的道德发展应该包括理性和自我审美的自然体验。换句话说，教师的职责是为学习者提供经验，让他学会为自己的行为辩护，感受自己的欲望，通过理性和感觉反思后果并想象未来的可能性。

这种由教师发起，但由学习者体验的经验，应该让学习者有机会理解他人的人性，而不是把他或她置于他或她觉得高于或低于他人的境地。这些经验不应该是把他或她的自我扔在别人不适当的苛刻的判断、指责和反对之下的经验，而应该让他或她考虑别人的"责备"，"而不是通过羞辱性的补充使其变得令人厌恶"。对于赫尔巴特来说，这涉及教师"将试图引导的不是缰绳，而是握着缰绳的手"。当教师引导学习者的手，也就是他或她的判断，而不是他或她的"缰绳"或意志，他或她就会以一种基于自由和自主的方式来构建教育。因为学习者会意识到，由于他或她通过与自己的人性相联系而发展了自爱，他或她不仅可以合理化和作出道德决定，而且还可以知道自己应该做什么，因为这也是感觉良好和正确的。学习者明白不要把别人当作达到目的的手段，他或她可以自己解决问题、思考、反思和想象。在赫尔巴特的理论模型中，教师作为道德指导者，参与对话，打断学习者的思考和行动。在这种观点下，道德引导需要与学习者进行一种对话，通过这种对话，教师向学习者提问，引导学习者质疑他或她自己，也就是质疑他或她自己的假设和行动动机。这样一来，与学习者的对话就涉及打断学习者习以为常的思维模式，并以培养学习者内心斗争的方式行事，从而使学习者开始发展内心的审查。

通过这种方式，教师同时吸引了学习者的理性和审美，通过了解学习者所有的道德能力，教师不仅引导学习者，而且最终教会学习者如何倾听和引导他或她自己。因此，道德指导需要一个熟练的教师和一个与学习者一起行动的教师。对于赫尔巴特来说，教育是一条让学习者从为自我服务走向为他人的人性着想的行动方向的道路。"学生自己在选择好的东西和拒绝坏的东西时发现的一种创造，这就是性格的形成，毫无疑问，这种自我意识人格的提升应该发生在学生自己的头脑中，并通过他自己的活动来完成，如果教师希望创造出真正的力量本质，并把它灌输给学生的灵魂，那将是无稽之谈。"当学习者发现他正在选择善，如上所述，这意味着学习者是从一个与他自己的人性相联系的地方选择的，一个与内在自由和意志的其他关系相一致的自爱和尊重他人的地方。学习者必须在这种联系中找到自己，不管是愉快的还是不愉快的，都要在这个地方实现自我改造。当这种感觉是愉快的，学习者就会轻松地知道该怎么做，而当这种感觉是一种内心的挣扎时，选择就变得更加多面和困难。它变得困难是因为学习者面临着选择他的自我或遵循他内心的审查。然而，"这些内心挣扎的时刻是很重要的，因为它们为自我转变创造了条件，也为学习者选择正确提供了可能"。"为了让学习者开始以不同的方式看待自己，也就是说，看到自己有能力以尊重他人的方式思考、判断和行动，他的一些道德行动尝试必须成功。"正是在这种多方面的条件下，当学习者独立做出道德决定时，真正的性格形成才会发生。

（三）赫尔巴特的学校纪律观

1. 通过咨询进行道德教育

在赫尔巴特的教学活动理论中，咨询是教师或教育者与学生之间的一种互动形式，应该引导后者一步步实现完全的独立，尤其是在道德领域。赫尔巴特有意将 Zucht(纪律)一词翻译为"咨询"，而不是"纪律"，正如亨利和埃米·费尔金翻译《教育科学的一般原则》时一样，对纪律做了另一番理解。赫尔巴特意识到纪律一词会成为误解的来源，因此在有关这一概念的章节的第一句话中，解释了该如何正确理解它，出自赫尔巴特英文版本的这句话释义如下："从 Zucht(纪律)，到 Ziehen(画画)，从而 Erziehung(教育)这个词就衍生出来了。"可以看出，赫尔巴特并没有想到在学校里把惩罚合法化，而是把教育降到了等同于饲养动物或种植植物的水平，即将德语中 Zucht(纪律)有关"栽培"、"繁殖"的意义挖掘出来。

在教育中进行体罚的传统可以追溯到亚里士多德，直到 20 世纪，这种做法被认为是无可争议的。然而，惩罚不仅与上述通过指导进行教育的概念相冲突，而且也与赫巴特所确立的咨询意义相冲突，后者是其教育学互动理论中的最后一个发展阶段。在成长中的人从学校学习过渡到独立和负责任的生活时，如何采取行动以过上道德的生活是一个重要目标。赫尔巴特认为惩罚的主要问题不在于强迫学生按照教师和教育者的意愿行事，而在于教他们如何做出独立的道德判断和知情决定，以及如何按照这些决定行事。

赫尔巴特将咨询教育分为四个循环阶段，这些阶段是"对话互动的形式，旨在通过培养学习者扩展思维的能力，使学习者开始质疑自己，从而进入道德的自我关系"。他认为教学内容不应该是这些对话交流的主题，教学的主题应该是学习者的经验。赫尔巴特对性格的客观部分的理解是，每个人都通过自己的行为创造了这样的性格，而性格的主观部分，在他看来，与道德与良心有关，由于它的作用，个人能够判断自己的客观性格。性格的客观部分的结构包含两个元素："意志的记忆"和"选择"。记忆意志储存了过去的意志行为和随后的行动，它们的痕迹决定了未来决策的方向。通过在动机和行动形式之间做出选择，可以看到性格的客观部分的整体性。

在赫尔巴特看来，一个人在特定情况下的选择并不完全来自于性格的客观部分的内容，而是同时依赖于原则，其来源是性格的主观部分。这些原则决定了对性格的客观部分的内容和未来行动的形式的评价标准。如果它们提出了相互矛盾的主张，那么在性格的主观部分就会出现冲突。其结果取决于性格的客观部分是否会保持不变，或者是否会转变为道德。道德的结构是以一种类似于性格的方式构建的，即根据基本的伦理观念，如：内在自由、完整、仁慈、正确和正义，对意志行为和后续行动进行分析和评估，被赫尔巴特称为"道德的积极方面"。比如说，主体被带到一个内部法庭，以进行自我评价，从讨论性格的主观部分时描述的冲突来看，这意味着尽管做出了好的决定，主体可能没有足够的精神力量来完成某些行动，坚守道德观念有时需要强迫自己去做。

赫尔巴特认为，如果成年人被禁止将自己的意愿强加给青少年，那么不可能对他们产生教学影响，因为这将阻碍独立性的形成，而咨询教育的目的正是鼓励和准备独立判断、决定和行动，性格的结构被他理解为心理发展的阶段，而道德结构则是道德发展的阶段。辅导教育被置于这两个结构之间，作为一种类型的桥梁，拥有自己的动力。赫尔巴特将这种动力解释为"道德指导"，具体来说，（1）给学习者"暂停"，使其不会任性行事，记得过去的选择，好的和坏的，并与过去的决定保持一致；（2）帮助学习者"阻止"，与"为善的温暖"相符。（3）要求学习者在这些选择的基础上为未来的行动"创造规则"；（4）"支持"学习者基于对好的或正确的事情的新理解的行动。

2. 赫尔巴特的儿童惩罚观

赫尔巴特认为惩罚具有管理和训育两种价值。惩罚既是管理手段，又是训育手段。他认为管理是为了营造一种守秩序的氛围，同样惩罚作为一种管理手段，其目的是为了维护教育教学秩序。在他看来，维持教育教学和社会秩序是惩罚的最终目的。但他在考虑惩罚问题时，仅关注了惩罚的外在作用，忽略了惩罚的内在作用，没有意识到惩罚也应遵循儿童的身心发展规律。

一方面，当惩罚作为管理手段时，惩罚更多着眼于失范行为造成的结果，对儿童施加的影响往往是表面的、暂时的。另外，作为管理手段的惩罚还是使儿童社会化的一种手段，儿童通过接受惩罚感觉到自己是作为社会人被对待的，他必须为未来生活做好准备。决定惩罚程度的主要因素是儿童失范行为的背后是否有一定意图。另一方面，惩罚具有训育价值。在赫尔巴特看来，具有训育价值的惩罚应尊重儿童的内心感受，不能违背教育目的，不能激起儿童的对立情绪。此种惩罚对儿童的影响是潜移默化的。因此，只有让儿童心悦诚服地接受惩罚，才最有可能有效发挥惩罚的原本作用。此外，作为训育手段，教育者实施惩罚还要考虑尚未付诸行动的意图，即潜在行为的意图。①

在惩罚手段上，赫尔巴特主张威胁与体罚并存。赫尔巴特坚持要以教师为中心，学生对教师要无条件服从，教师可以体罚学生。他将体罚包含在了惩戒的概念之中，将惩戒分为批评、警告、剥夺自由、禁止吃东西、关禁闭、打手心、记过等。② 赫尔巴特以教师为中心的观点，在西方教育史上影响重大。"教育即管理"理论极大程度上反映了他的教育惩戒观，赫尔巴特在其著作《普通教育学》中开篇就提出教育与管理的关系：满足于管理本身而不顾及教育，这种管理是对心灵的压迫，而不注意儿童不守秩序行为的教育，连儿童也不认为它是教育。③ 赫尔巴特提出了"管理先行"的理念，在他看来，管理的方法，第一是恐吓，第二是监督、命令、禁止，第三是包括体罚在内的教育惩戒。此外，威严和爱是作为辅助的管理方法。他认为教育就是要培养完美德行的人，因此他认为学生在接受教育时必须受到严格的管理，从而实现教育的最高目的——道德。道德教育的目的是让理性和审美成为强大的动力，通过指导行动来尊重、重视和保持人性，从而保护人类。可见，赫尔巴特不反对体罚，但也不赞成体罚的频率过高，尤其是那些伤害性过高的体罚。

---

① 毕钰. 赫尔巴特与涂尔干儿童惩罚观之比较及实践指引[J]. 教育评论，2018，（10）：150.

② 冯增俊. 当代西方学校道德教育[M]. 广州：广东教育出版社，1993：9-10.

③ 赫尔巴特. 普通教育学[M]. 赫尔巴特文集(第三卷). 李其龙译. 杭州：浙江教育出版社，2002.

3. 赫尔巴特的儿童管理观

赫尔巴特的"管理论"跟现代教育管理理论不同，它的侧重点在教学管理的基本看法：儿童生来并无意志，有的只是一种不服从的烈性，在这种烈性和欲望中成长起来的儿童很容易产生反社会倾向，这其实是对人性做出假设。① 赫尔巴特认为，德育既直接影响了孩子的心灵，还间接影响了他们的情绪、欲望和行为，形成他们的个性。德育的方法应该取决于学生现有的美德。教师需要善于发现学生的优点，发现学生的善良品质，甚至是学得不好的学生特质。他认为德育的方法包括：限制学生；制定明确的行动规则；使孩子的心灵"安静和清晰"；用奖励和批评来鼓励孩子；家长需要保证孩子正常的生活方式，确保孩子生活在一个合理的秩序中，同时帮助学生辨别是非，抵制不良社会习惯的侵袭。

赫尔巴特建立的儿童管理系统曾在西方国家普遍推行，但这种制度的弊端是抑制了孩子的创造力，使他们绝对服从大人的权威。教学的第一个目的是实现对人和世界的正确理解。然而，这种在教育指导下的对世界的理解并不仅仅是为了传授知识和形成技能与资格，它主要是为了培养道德和强化性格。教学影响着性格的形成。赫尔巴特将道德教育分为四个阶段，分别是：道德判断、道德热情、道德决定和道德自制。② 赫尔巴特不再认为知识、感性和意志是独立的能力或力量，赫尔巴特的心理学中找到了这条道德教育的道路，它推翻了旧的院系心理学。对他来说，意志和感性在头脑中都有自己的位置。意志的力量和行为的恒定性被看作可以用认知结构的稳定性来解释的现象。相反，行为的迟缓和不一致是由于同一类型的行为的背景得到不同的解释。因此，人类意志的稳定性是一个结构化的认知视野的功能。在这种心理学理论的背景下，教学似乎是唯一有希望

---

① 许文果. 在压制与放任之间——从赫尔巴特的"管理论"再探其"学生观"[J]. 华南师范大学学报（社会科学版），2007，（02）：109.

② Herbart J H B. Pädagogische Schriften. Zweiter Band：Pädagogische Grundschriftern [Écritspédagogiques：Écrits pédagogiques essentiels]. Sous la direction de Walter Asmus. Stuttgart. 1982(02)：125.

永久硬化性格的手段。然而，教育教学只有在其方法尊重学生的个性时才会成功。

赫尔巴特把整个教育过程分为管理、教学和道德三方面，缺一不可，并认为管理儿童的首要任务是使其身体发展和形成"秩序精神"，从而为教学和德育创造前提条件，而教学实际上又是为德育做准备的。在赫尔巴特教育理论中，德育是最为重要的内容，他认为如果没有牢牢抓住管理的缰绳，那么任何教学都不可能成功。赫尔巴特告诫我们的正是这种中庸之道：教师要尊重学生，但是真正的纪律必不可少。在教育领域，我们不能无视真正的纪律。现代心理学研究表明，儿童在从他律到自律的成长过程中，外部的约束必不可少，但给予学生自由绝不意味着抛弃一切外部的约束和指导。

三、杜威的学校纪律观

（一）产生背景

约翰·杜威（1859—1952），作为 20 世纪上半叶美国和全球最具影响力的教育哲学家，因其对教育思想和教育实践的重要贡献，被公认为是实用主义和进步主义的先驱，但是很少有人关注到他对教育管理领域的影响与贡献，尤其是他关于纪律的观点。在其于 1922 年底大体构思完成并于 1925 年正式出版的《经验与自然》中，杜威对学科的本质主义与自由主义进行了批判，他声称，前者被设想为外部约束的应用，导致了对学生的外部训练与行动模式不统一，使其无法愉悦；第二种理论则以自由的名义减少约束，导致学生行为表达的冲动，无法促进其反思性思维。①

综合来看，约翰·杜威对纪律和学校管理方式的看法与之前大部分学者的观点有所不同，认为应该用一种活跃、动态、开放的方式取代静态、

---

① J. DEWEY. Experience and Education［C］. The Collected Works of John Dewey：The Later Works, Vol. 13. Carbondale［M］. Southern Illinois University Press, 1988：32-33.

恣意和负面的纪律状态，支持与采纳"以人为本"的课堂纪律管理理念。这位具有世界深远影响力的教育理论家从不同的学科角度将具有现代性的纪律的共性进行融合，产生了一种不同以往的纪律观，一种全新的纪律哲学，揭示了纪律并不是与教育分开的孤立实体，其本质活动不是在做减法而是在做加法，是一种驱动学生积极参与的教育生产性活动。

杜威关于纪律的思想相较于其民主主义思想及进步主义思想而言并不突出，其关于纪律的思想大量散见于其诸多言论及著作中，但其阐发的各类思想彼此交织并产生着深刻影响。

有很多教育研究者就杜威关于民主思想的见解产生误读。民主真正的含义是少数服从多数，若要实施民主决议，断然离不开强制性的手段作为配合。惩罚虽会带来消极影响，但倘若只是针对犯错的人施加压力，就不能将这种行为视为完全的消极。它往往会给受害人带来积极的支持与抚慰，并使围观者受到警醒与教育。

再把目光转向进步主义。首先，进步主义是一种具有突出性、依附性的学科意识。其次，就进步主义产生的影响而言，当前的教育仍然受到进步主义的巨大影响。杜威作为进步主义思想的代表性人物，并不同于对学校纪律持否定态度的其他大部分学者，认为强制性的学校纪律必然会引起儿童的消极情绪反应，在杜威看来，纪律首先是积极的，其次是建设性的。杜威认为"控制"是为了有限空间中的自由。① 杜威 1927 年在其关于自由的表述中指出，"一个人在与自己拥有的知识相协调的范围内是自由的，自由意味着对已知情况的理解和掌握"，学生应该自由地按照他们所拥有的知识行事，但纪律的管理方式必须不会阻碍通向这条和谐之路。作为一个典型的进步主义人士，杜威认为学校纪律应当在进步主义理论的关照下，只要纪律符合其规定的基本合理的情景，对违纪者作出的处分就是在教育学生并使其懂得遵循常规的行为准则。

---

① Dewey J. Democracy and Education[A]. Boydston, J. A. The Middle Works of John Dewey, 1899-1924(vol. 9：1916)[C]. Carbondale and Edwardsville：Southern Illinois University Press, 1980：268.

　　杜威关于纪律的思想与其成长背景不无关联，其早年受到的诸多遭遇皆反映在其后期关于纪律的思想和言论当中，如其父亲参与内战大屠杀的经历和其母亲强烈的新教思想对杜威造成的反叛心理，以及杜威本人在威斯布鲁克佛蒙特大学的学习经历，其在1879年毕业后的三年时间里教授高中的过程中，同时见证了快速增长和工业化带来的多样性的社会状况等等。

　　杜威在其出版的一篇关于弥合理论的文章中对纪律作出了精确的理论定义和实践构想，他假设所有的孩子都有与纪律相关的内在与外在的关注，内在关注也可称为内在注意力，是一种"心理成长的基本条件"，亦是"思想赋予的第一手资料和精神力量的个人发挥"；而外在关注或外在注意力是指儿童将注意力转移给教科书或教师，而内在注意力往往最大化地保留给了头脑中的真正工作。

　　这种思想是杜威关于纪律一般性观点的代表，为此杜威还将游戏规则与学校纪律进行了类比，儿童游戏有其自身规则，并决定着参加者的行为模式，这也反映出社会控制的几个特点。第一，规则在游戏过程中生效，参与者在不知不觉中接受外部约束，且始终认为自己处于游戏状态中。第二，参加者即便有时会出现不满情绪，但情绪本身并不是对游戏规则有所排斥，而是对违反规则的他人行为作出排斥。据此，杜威得出的结论是：游戏规则出自于儿童的内在关注，并不是来自外部关注，要想维持良好纪律，最可靠的办法就是让所有学生都将学校活动视为游戏。面对维持课堂秩序这个"紧迫而实际的问题"，要严格依据"次要性"的外部关注进行纪律行动。可见在其进步取向中，杜威极其关注学生进入学习状态的整合性过程，并认为该过程主要是通过学生的内在注意力来完成。可以看出其关于学校纪律的最初观点是通过教师经验习得的，在其有关理论与实践的讲话中，杜威认为学科发挥了更加突出的作用，"纪律提供了对实现目标所必需的手段控制以及对学科评估和测试的能力"。①

①　Dewey, J. Democracy and Education[A]. Boydston, J. A. The Middle Works of John Dewey, 1899-1924(vol. 9：1916)[C]. Carbondale and Edwardsville：Southern Illinois University Press，1980：268.

（二）理念缘起

综合来看，杜威形成的有关学校纪律的理论体系和实践思想主要体现在其以下几种理念中的思考：

1. 与经验主义有关的纪律思想

杜威对纪律的思考始于其经验主义思想中对形而上学的理解。1919年，在对形而上学的思考中，尤其是关于经验与自然的理解中，杜威极力反对与他同时期的大多数传统哲学家所主张的形而上学是从存在的角度记录、描述和解决终极的现实问题的观点，而提倡进行彻底的哲学改造。杜威更加深入地针对"学校日常"的"原创素材"和"事务体验"等体验活动进行思考，认为体验包含关系互动等多角度因素。

1915年，杜威在一篇题为《形而上学探究的主题》的文章中指出，传统的形而上学观点支配着大多数人对"认识论"的理解，同时提出自己的质疑，即杜威强调的形而上学，如其《经验与自然》中所表达的，是一种植根于科学和科学的进化过程中的经验，形而上学是为了帮助理解我们拥有什么样的世界。杜威以发生学方法论（genetic method），即把达尔文进化论直接应用于哲学的产物，在实用主义体系的重要影响下，对传统哲学二元论的认知方式进行了改造，重构了哲学的出发点，认为哲学的核心概念是"经验"，经验与自然的分离将成为必然将塌的墙。杜威并不反对两者的分离，相反的是，他认为两者具有连续性的特征，经验不是自然的面纱或障碍，而是一条通往整个自然世界的道路，人类正是通过对经验的不断获取，进而对自然世界发生认知、改造和导向等活动，从而获得对于未来的掌控与想象的机能。经验可以从发生学的结构性生成机制上担当起联系与沟通历史、了解当下与获知未来的中介。①

杜威将经验视为事物的相互作用，具有必不可少的交互特性，认为经

---

① J. DEWEY. Experience and Education//J. A. BOYSTON（Ed.）. The Collected Works of John Dewey：The Later Works，Vol. 13. Carbondale［M］. Southern Illinois University Press，1988：32-33.

验与自然之间的战斗不可避免，事实上，在他用"经验"构筑起的经验主义哲学大厦之下，其有关宗教、哲学、知识、教育等观点都是从生活世界为原点开展的思考，映射在其对传统权力和进步主义关系的思考中，纪律也存在传统权威和教育手段之间的斗争，两者在彼此张力中都将发生变化，并且最终会在有机体的持续相互作用中解构、破坏、重建，纪律要成为这个宇宙的一部分，它也必须是活跃的并具有被解构、破坏和重建的能力，从而成为有机体与环境二分法的等同部分，如何调和两者之间的关系才是关键问题。

2. 与进步主义有关的纪律思想

19 世纪末 20 世纪初起，以帕克(Francis W. Parker)为首的同时期教育家发起了一场十分轰轰烈烈的进步主义教育运动(progressive educational movement)，使得以美国为代表的西方国家进行了课堂管理模式的改造，一种以儿童为中心的纪律管理方式席卷而来。根据莱夫斯坦(Lefstein, 2002)的说法，进步主义一词描述了"试图用更科学先进的思想"促进学生的学习成就。杜威和大多数进步人士认为学习应该是一个根植于儿童自身，具有整体性、真实性、持续性的体验过程，"进步教育是一种良好的学习过程，是让孩子参与到语言和身体活动中的完整活动"，进步式(或可理解为渐进式)的课堂管理活动永远不要求学生统一，因为"学生有不同的兴趣、风格和步伐学习"。①

进步主义教育运动对之后的西方国家教育系统产生了巨大影响，杜威也为此表示："这仿佛如同哥白尼将天体中心从地球送往太阳一般，儿童一夜之间成为了太阳，有关教育的种种措施都围绕着这个中心开始旋转"，此时的学校开始强调要淡化教师的权威意识，加强合作精神，主张儿童培养社会生活能力，儿童才能真正决定学校的课程和各类活动，要根据儿童成长的不同阶段给予最合适的教学方案。在进步主义教育盛行时期，美国

① Lamont, C. Dialogue on John Dewey[M]. NY: New York Horizon Press, 1959: 69-90, 120, 139-150.

一部分进步教育家率先开办了一批以"人本化"为学校纪律管理理念的学校。如帕克于马萨诸塞州昆西市开办的昆西学校，但由于这类教育家过分强调儿童的自我个性和自主兴趣，加之学校管理过度松弛，导致了学生知识量掌握不足、教育质量严重下滑等一系列弊端，引发了社会各界不满。①

虽然"以学生为中心"亦是杜威的重要主张，但与此类学者有所不同，进步主义教育的先驱者杜威保留着自己的独立的见解，在他看来，个体是不能脱离社会群体而独立存在的，杜威反对任何形式的"个人中心论"和"社会中心论"，认为个人的充分发展是社会进步的必要条件，社会的进步又可为个人的发展提供更好的基础。他反对过分强调个人自由和竞争，提倡人与人之间的合作，强调社会责任和理智作用的新个人主义。他认为，民主是社会政治组织的最好形式，可以有效地促进社会成员的成长与发展，有利于社会成员之间自由地发表思想见解，自由地沟通，从而增大个体之间不同生活方式的影响与联系，为此教师在课堂上不应采取完全"放手"的策略，任由儿童放任自流是一个根本性的错误。但是同时他又主张给予学生自由，反对通过惩罚、警告等消极的方式对学生进行言行约束。

由此可见，杜威对待自由与纪律之间的态度存在着微妙的平衡关系。但总的来说，在进步主义教育理念的影响下，人本化的课堂纪律管理开始注重学生的人格养成，关注教师与学生的人际关系，使得纪律管理逐步由"外控型"转向"自主型"模式。

3. 与道德哲学有关的纪律思想

首先是杜威通过习惯引发的纪律思想，也被视为杜威道德哲学中的一个基本要素。在杜威看来，任何生命过程都是通过习惯性活动来满足个体的自然需求，习惯性活动主宰着生命过程和人类行为。杜威十分推崇用现代生物学的方法来研究人类的行为和道德，杜威将习惯称为类似于呼吸、消化、视觉等同的生理功能，是生物体所独有的属性，而要使这些功能成

---

① Boisvert, Raymond. D. John dewey: Rethinking our time. [M]. Albany, NY: State University of New York Press. 1998: 102-108, 177-190, 242-256.

为完整的过程，就必须与环境保持和谐与平衡。为此，他相信所有的美德或恶习都是个人能力与环境相结合的工作适应力强弱的结果。杜威认为，习惯是个人与世界产生的互动，习惯不会发生在道德的真空中，而需要必要的环境基础。

杜威提出："如果纪律遵循的道路是惩罚性正义，即将学生与学校其他人员进行隔离从而离开集体环境，那么社会和学校便是以逃避责任为目的将所有责任归咎于个人。"根据杜威的说法，个体的性格取决于其习惯性的持续运作与个体间的平等互动。显然在与教育相关的纪律问题上，破坏了学生的习惯性活动会进入错误的轨道。杜威尤其反对"零容忍"的教育惩戒政策，该政策其实施的"停学""拘留"等手段，使得学生中止了与环境的互动，离开了集体环境，使学校纪律管制成为了"通向监狱的管道"。①

其次是杜威通过道德想象力引发的纪律思想。杜威的道德想象力模式是一种基于人性化的道德思考与实践的方式，亦是其哲学思想中集大成的产物。它十分强调人的情感与想象力的意义，即在道德感知过程和判断过程中所产生的作用，以及在道德选择中得出的道德方式与后果。杜威认为，传统教育如同象牙塔，灌输式的教育只能生成出冷漠无情、与世隔绝的人。纯粹指向道德原则的课堂教育往往使得学生无视社会实际以及他人的需要，让他们缺乏情感投入而对现实道德问题漠不关心。道德教育不应是一种纯理性的机械式训练，而应是一种包含情感与想象、互动与交流的思考与实践，或称为道德的反思，而这种反思的核心要义便是杜威提出的道德想象力模式。

对杜威来说，想象力是道德行为的前兆或早期阶段，想象力是由个体所产生的整体性感觉经验再加上个人与环境产生的互动所生成的，个体通过想象的方式，再加上互动与交易的方式来进一步产生习惯，"想象力构成了一个全新的拓展环境"。杜威反复提及两个关于"想象力"的判断，他

---

① Dewey, J. Democracy and Education［A］. Boydston, J. A. The Middle Works of John Dewey, 1899-1924（vol. 9：1916）［C］. Carbondale and Edwardsville：Southern Illinois University Press, 1980：268.

认为想象力既是同理心，也是创造力，同理心又被杜威称之为移情投射现象，他认为同理心是道德判断的动画模型，它就像拍摄中的动画与图片，他人的感觉、兴趣、忧虑被复制出来，仿佛成为了自身的感受，而同理心似乎需要一些想象力才能完成互动过程。创造力是一种构建有机体和环境的工具。为此杜威使用即兴创作作为比喻进行描述，即兴创作往往包含几个要素：投入的乐手、观众的互动和音乐的延续。即兴表演与现场观众的互动往往呈现出真正意义上的交互，一旦出现提示，这种交互就不是真正的交互。根据杜威的说法，人们在行为方面通常有两个极端：一个是即兴创作，另一个与即兴创作几乎完全相反，"一个依赖于常规的目的、固定的学说或封闭的系统，遵照现成的原则；另一个则不依赖任何深谋远虑或纪律规定而导致草率、无组织、随意性的行为"。对杜威而言，虽然这两者行为可能会对道德想象产生不利影响，但这毕竟只是类比，相对而言，他在道德想象和伦理方面更加看重的是即兴创作，因为即兴创作是才最为真实的互动形式。

杜威指出，想象力能够深入到世界上的"硬物"并对其产生作用，尤其是通过同理心和创造力可以达到出其不意的效果。正是每个人都是有机体—环境复合体中独特的一部分，想象力才能够积极地促使身体和社会经验产生互动，继而构建出思想与行动的新关系。杜威的这种观点为指导人的行为提供了新的目标与方式，也引起了人们对于学校纪律的讨论。①

(三)杜威的生产性纪律哲学观

发展纪律哲学并非易事，但把纪律归入哲学领域加以研究却十分必要。直至今日，法学、经济学、社会学、伦理学、心理学等学界的代表人物对于纪律的观念皆存在一定的局限性，他们将纪律看作一种纯理性或上层建筑的现象，对纪律从概念到运用都归结为等同于"服从""规则""执

---

① Lamont, C. Dialogue on John Dewey[M]. NY: New York Horizon Press, 1959: 69-90, 120, 139-150.

行""遵守"等负面性行为，是一种做减法的行为规训。但纪律与秩序不能混为一谈，纪律是人们在共同的社会场域中进行共同活动所必须开展的一种特殊的联系与交流形式，是保证组织、集体、团队和谐性的必要手段，但同时也是个人获得思想信念和社会价值的最为重要的标志之一，教育环境中的纪律一旦不利于积极的教育过程，则将对教育结果造成不可忽视的伤害。①

如今教育界学者亦出现将纪律管理作为工具性研究的趋势，如艾伦（Allen，2010）提出通过学校纪律研究解决校园欺凌问题，卡纳（Caner & Tertemiz，2014）提出通过纪律研究解决英语语言教学计划（ELT）问题等等。但关键性问题在于要直面纪律的根本性，如果仅仅是将其用作达成其他教育目的的手段，将导致纪律问题不但无法解决，还会纠缠在更多的概念化和未知的含义中，造成越来越深的理解歧义。

如前所述，杜威关于纪律的思想体系来自其对经验与自然的判断，对杜威而言，纪律应依靠经验的视角，即经验主义，并根植于客观性，是一种标准的刺激与反应的呈现模型。综合来看，杜威对于纪律的关键理解在于认定其具有交互性、积极性与建设性，在教育环境中，纪律是一种生产性活动，它不应与教育过程的任何部分孤立并脱离关系，而是时刻处于斗争和紧张的相互关系中。② 杜威的生产性纪律哲学观主要体现在以下几个方面：

1. 学校纪律具有互动性

杜威的生产性纪律哲学观是一种全新的学校纪律观，一种关注于儿童运动空间而不是儿童控制的纪律观。他认为有机体之间的相互作用是与环境进行的一种交易，学校纪律应该以一种平衡的方式与其环境开展互动，而不能简单等同于商品政策、权力训练、安全规则等等概念，不是单纯受

①　Wlodkowski, Raymond J. Discipline：The great false hope[J]. Viewpoints, 1982：120, 3-18.

②　J. DEWEY. Experience and Education/ /J. A. BOYSTON (Ed.). The Collected Works of John Dewey：The Later Works, Vol. 13. Carbondale[M]. Southern Illinois University Press, 1988：32-33.

外部控制或自我控制的单一行为。当前的学校纪律往往被设计为限制儿童移动和操纵儿童空间的方式，如隔离措施，人为地造成了生物体和环境之间的斗争和紧张。杜威进而提出，纪律的目标是确保个人有办法符合大众文化规范，纪律意味着确保教育过程既不会太有创意也不会太有建设性，尤其是在学生互动方面，纪律通过其有形的两个主要特征：客观性和空间结构主义，最终确保学生、教师和家庭都符合学校的主流文化规范。

2. 学校纪律具有连续性

杜威强烈建议学校纪律是知识生产的一部分，是一个连续性的过程。作为一个后现代主义者，杜威在其认识论中反对纯粹理性地对自主与自由进行干涉，每个人都可以用不同的方式接近认识论。杜威将知识视为一种向内互动的转向，知识既是稳定的，也是移动和变化的，也是可修改的，它因流动而自由与真实，永远不可能是静态的、机械的、对与错的二元论。根据杜威的观点，纪律的连续性和互动性这两个特性并非彼此分离，他们以形成经验的方式进行相互抵牾与融合，是经验的"纵向和横向"两个面。具体来看，连续性是指不同客体之间的相互生成与促进。在杜威看来，教育存在于一个不断扩张和收缩的世界中，他相信每一次经历都会影响未来体验的质量，无论该经历是好或是坏："每一种经验都会在一定程度上影响客观条件发生进一步的演化。"杜威清楚地认识到：体验不仅是发生在身体和头脑中的内在生成，也来自外部生成，即与环境产生的相互作用。为此，教育环境不能将纪律视为一种商品来拥有、使用、控制和管理，教育过程是教师与学生互动的过程，是一种连续性的过程，为此纪律不能被孤立，它必须像所有其他教育过程一样可以构造知识。

3. 学校纪律具有创造性

杜威在教育过程中也看到了知识是一个参与共同建设的过程，具有"与生俱来的创造性"，生产性纪律是一种积极的、创新的、即兴的创作行为。这种创造性的行为主要表现为：纪律是社会和经验呈现，在自由和控制之间不断寻找平衡，在紧张的气氛中不断进行演变与迭起，并在进程中开展自我修复，是一种交互与斗争的矛盾张力。首先，纪律必须重构当前的学科空间，以对抗生物体-环境的二分法悖论。生产性纪律必须确保空间的构成方式允许主体的自由性，赋予主体和其他有机体平等地占用环境和空间的权利，因而不能剥夺主体的空间运动方式，不管是学校为惩罚学生专门建造的隔离室还是限制区空间都不符合情理。其次，学校必须超越其二元维度结构。学校往往将学生置于对与错的二元维度中，其有关纪律的制度往往表明学生要么出现纪律问题，要么没有。缺乏中间区域或特定模式的情形，这种有形的和机械性的结构必将导致错误的方向。最后，纪律要遵循破坏-重建的循环规律。杜威强调新事物必须以旧事物的终结开始，纪律的建设性与其破坏性并不矛盾，生产性活动必须包括一个破坏当前事物的过程，以便创造全新的事物。生产性纪律是一个对社会进行协调与建设的过程，它不需要回避冲突，不需要消除挣扎或紧张的状态，相反，冲突实际上会产生下一步的建设行动，导致有机体寻求与其他生物和环境的协调关系。①

　　杜威有关生产性的纪律哲学观以交互建构主义的方式理解学校纪律，将纪律呈现为有机体之间以及有机体与环境内部之间的平等与相互作用，是一种全新的哲学观，它摒弃了之前仅从学校管理者视角出发的局限性，解决了学生内部性的价值问题，对传统的学校纪律观带来冲击。"纪律作为生产性活动必须推进教育过程并与他人和环境保持不断的联结，纪律严明的学校会给予学生更多进入学校社区的机会，而不是与学校和社区隔绝……"

四、福柯的学校纪律思想观

（一）产生背景

　　米歇尔·福柯一生的大部分时间都用在研究权力的主题上。权力在教

---

　　① Hook，S. Introduction［A］. Boydston，J. A. The Middle Works of John Dewey，1899-1924（vol. 9：1916）［C］. Carbondale and Edwardsville：Southern Illinois University Press，1980：109-260.

育环境中被视为具有重要影响力的工具，教育惩戒虽然并不直接涉及权力，但它却将权力视为一种未阐明的隐藏因素。

米歇尔·福柯于1926年出生于法国普瓦捷，因其对西方历史的大量深刻研究而在世界学术领域声名显赫。福柯代表作《规训与惩罚》奠定了其学校纪律观的主要思想基石。在这本书中，福柯重点研究了18世纪至19世纪以来，西方近代的监狱史、惩罚史、纪律形成史等问题。在历史变迁的过程中考察了权力机制的变化和被支配对象的处境，试图在知识、真理和权力的路径中分析现代社会和现代人。① 按照德雷福斯和拉比诺的说法，福柯认为，对人的研究在十八世纪末发生了决定性的转折，在"人开始被解释为认识主体"和"自己认识的对象"的转变之际，纪律问题也发生了重大转变。德雷福斯和拉比诺观察到"福柯的早期著作集中于对历史情境制度和话语实践的分析"，对福柯来说，话语实践是对现实产生的一种参照，而纪律必然是历史情境系统的重要元素。

纪律作为学校教育中必不可少的要素之一，对于维护学校教育教学秩序、促进学生身心健康发展具有重要意义。它通过规约学生的行为来逐渐深化学生对纪律所体现的价值的认同，进而养成良好的行为习惯。但在现实中，学校纪律并没有带给人们预期的效果，反而在本质、功能等方面出现了偏差。因此，重新审视现行学校纪律出现的异化问题并对其进行剖析与重构，成为当今人们的重要使命。福柯在《规训与惩罚》中对这种走向规训的学校纪律进行了批判，他从微观的视角揭露了教育领域中规训的存在。具体地讲，福柯揭露了学校纪律中微观权力的运作以及个体主体性被学校纪律改造并产生的整个过程。福柯还从权力观、知识观、话语观等多角度对学生的"虚假"主体性进行批判，他指出，在学校纪律中的规训权力

---

① 炊国亮. 西方社会的罪与罚——读福柯《规训与惩罚》有感犯罪与改造研究，2019(08)：76.

作用下，个人主体性逐渐丧失，学生被塑造为"虚假的主体"。① 他的种种观点切中了现代学校纪律的症结所在——规训化倾向。因此，研究福柯的规训理论以划清学校纪律的界限并寻求相应解决方案，势在必行。

要深入理解福柯的学校纪律思想，首先要对其权力思想进行一番探究，即首先需要建立一个对福柯权力观及其生物政治学思想转变理解的背景体系。福柯认为权力来自两个特定的类别：主权和纪律。福柯认为主权是政府或君主的权力，根据福柯的观点，惩戒权是君主权力的结果，权力并不是一个具体的或语境中的概念，权力是一种活跃的、在矛盾张力中不断变化的关系。②

（二）主要观点

1. 权力与空间

福柯深受尼采的权力观影响，摆脱了从国家权力这一角度分析权力的老路，转而走向了对权力的微观分析。福柯笔下的权力也是处于关系中的权力，以网络的形式展开运作。这种权力无处不在，疯人院、精神病院、学校、监狱、工厂，处处皆有它的身影。德勒兹就曾指出：他们二人关于力量的看法具有传承性，福柯的权力，如同尼采的权力，并非归结为暴力，也就是说，并非归结为力量与生命或客体的关系，而是归结为力量与它所影响的乃至影响它的其他力量的关系。在福柯看来，权力通过对人类整体的获取而控制了所有的生命，而这种整体不仅仅是文化上的，它是一个包括生物终点的整体，权力能够将人的生物本性即存在的生命部分交给国家控制。

福柯强调了这种对生物特征的控制是一种权力的转移，这种转移是通

---

① Beyer, Landon, E. Uncontrolled students eventually become unmanageable：The politics of classroom discipline education［M］. NY：State University of New York Press, 1998：51-81, 103-125.

② Foucault, Michel. Discipline and punishment：The birth of the prison［M］. NY：Random House，1977：88-97.

过传统主权理论的变化发生的。福柯提出的生和死的权力是一种"奇怪的权力"。

从某种意义上说，主权者拥有与生俱来的生杀大权，君主可下令处死别人或者让人活着，就关系而言，这是将主体降低到无地位的状态，受试者既没有活着，也没有死去。主体沦为中立地位，这在本质上减少了主体的生或死的权力，使其成为君主的唯一权力。根据福柯的说法，这种生与死的权力是不平衡的，这种不平衡总是倾向于死亡的一边。纪律中的空间问题变成了生与死的问题，因为生与死的权力也是惩罚的权力，而这种权力属于君主。这是最初的权力问题，对个体身体的锻炼也体现在纪律中，但是随着时间的推移，这些权力发生了涉及空间的变化。

福柯认为空间与其说是一种创新，不如说是一种交集。他认为，空间的历史是空间和时间中各种场所的历史，是神圣的和世俗的、受保护的和开放的、来自城市的和乡村的等等。对个人的惩罚往往发生在公共场所，个人必须服从君主，个人对君主的反叛是由于表现为焦虑的混乱和偏执。①在中世纪，空间被福柯称为安置空间，正是这种安置空间被伽利略和他关于太阳系的想法所打开，这种对开放空间的呈现确定了真正的"人类焦虑"是来自空间焦虑。与学科相关的概念化和未陈述的意义反映了焦虑和语义混乱大多数本质上是空间的，很少涉及或关注时间。焦虑实际上不是一个学科问题，而是一个空间和时间的问题，空间才是真正的问题，因为在这两个问题中，空间是可以被人类通过力量控制的。

2. 纪律与空间

空间和学科的理念是福柯权力观中较为突出的理念。在福柯看来，教育环境中的纪律在许多情况下被简化为有形的目标，即有影响力的工具，空间成为这种工具的简化的行动点。福柯解释空间主要有两种类型：内部和外部。我们的梦想和激情所在的地方是内部空间。内部空间属于我们自

---

① Foucault, Michel. Discipline and punishment：The birth of the prison[M]. NY：Random House, 1977：88-97.

己，即使君主的权力是针对个人和身体的，内部空间也是不可触及的。外部空间是我们与他人生活的地方，外部空间把我们拉出来，"利爪般啃噬着我们"。福柯将这种外部空间称为异质空间，这是一个有关系集合的空间，这些关系集合描绘了我们的生活空间，按照福柯的说法，这些场所是"彼此不可约的"，永远不会"叠加"在一起。包含权力关系的是外部空间，是主权权力要求的空间。

福柯进而提出有两个主要的外部空间：乌托邦和异托邦。按照福柯的说法，没有真正地方是乌托邦的场所。它们是完美的，完美的形式使它们成为不真实的地方。乌托邦可能存在于内部，但不存在于外部，在外部只能看到异托邦。福柯认为，异托邦存在于每一种文化中，他在描述异托邦时写道，"作为一种同时存在于我们生活空间中的神话和现实的争论，这种描述可以被称为异托邦"。① 福柯用镜子比喻乌托邦和异托邦，他认为镜子是一个乌托邦，因为它是一个不存在的地方，但他也认为镜子是一个异托邦，因为它确实存在于现实中。乌托邦和异托邦在纪律方面很重要，因为两者都是以空间为中心的结构。福柯将学科定义为异质空间，因为空间是它的主要手段。杜威的交易观点也清楚地将纪律定义为空间。

为了阐明学科是一个异托邦，福柯又提出了六个原则。第一个原则认为所有的文化都有的异位：危机异位或偏离异位。危机中的异托邦往往是为危机中的成员保留的特权或神圣空间。偏离的异托邦是社会为那些行为偏离规范的人留出的空间，这些空间正在迅速取代危机中的异位。第二至第六原则都反映了空间。第二个原则指出，异托邦往往有一个具体的功能，反映了他们存在的社会。第三个原则指出，真正的异托邦能够将多个不相容的空间合并成一个空间。第四个原则指出，真正的异位与真正的"时间切片"相关联，并将打破传统的时间流逝。第五个原则指出，异托邦有一套指导如何进出空间的系统。最后，第六个原则指出，异托邦与空间

---

① Harper Collins. Foucault, Michel. Of other spaces：Utopias and heterotopias[M]. Architecture/Mouvement/Continuite，1965：1-9.

有一种特定的关系，即作为幻觉或补偿而存在。①

福柯思想中关于纪律与空间的核心问题仍然是不变的空间。通过这种方式，福柯与杜威站在了一起，福柯提出了一个在空间建构中寻找当前学科的有力案例，即从空间问题转移到内部和外部问题二分法。福柯通过他的生物政治学观点提出，甚至我们的内部空间也不再安全。生物政治是对个人内部空间的攻击，是对生物的攻击。对福柯来说，生物政治学确定了从当前世界主权者的权力到下一个世界的主权者的权力的过渡，死亡在权力关系范式之外，除了死亡之外，任何权力都无法触及。对福柯来说，问题不在于这种权力控制了死亡，而在于这种权力不承认死亡，实际上无视死亡，这是对内部空间的攻击，是我们建立自我的生活空间。福柯对此写道："这是一种旨在建立一种动态平衡的技术，不是通过训练个人，而是通过实现一种保护整体安全免受内部危险的整体平衡。"由此可见，福柯发现了权力关系是异位和生物政治的权力关系。

根据福柯关于外部空间的观点，勒弗斯坦（Lefstein，2002）提出，学校环境中的纪律通过四种不同的技术来运作，这四种技术是异托邦的表现：空间的分布、活动的控制、等级的观察以及正常的判断和检查。对于学生来说，对活动的控制是通过每天的时间表、课堂规则、考试或体育运动来进行的。无论是对教师的管理还是对学生的管理，都是通过监督来管理并分层观察，学校将通过多种评估手段对学生的成绩进行预期，或者通过学校和课堂行为预期来管理判断和考试的规范化。通过这四种技巧，权力不一定要活跃才能产生影响，这一概念拉近了福柯和杜威的思想距离。勒弗斯坦写道："在福柯的分析中，权力不一定要由教师积极自觉地行使，它分布在整个学校结构中，在空间、时间和组织安排的微小细节中。"②同样，空间问题以异位方式和生物政治方式呈现。勒弗斯坦断言，这些策略处于

---

① Harper Collins. Foucault, Michel. Of other spaces: Utopias and heterotopias[M]. Architecture/Mouvement/Continuite, 1965: 1-9.

② Lefstein, Adam. Thinking power and pedagogy apart-Coping with discipline in progressivist school reform[J]. Teachers College Record, 2002, 104(8): 1627-1655.

"学校权力关系的前台"，被老师们积极采用，但有时也会遭到学生们的积极抵制。教育环境中的纪律试图消除这种阻力，但福柯和杜威一样认为这种阻力是必要的。

勒弗斯坦为此提出了一个解决方案，用来协调进步的意识形态和他所谓的"认知分割"中学科问题的一致存在，即权力和教育学的相互分离。①他建议将学习理论、课程、教案和教学方法集中在教学领域，而将问题学生、学科策略、激励和惩罚集中在学科领域。勒弗斯坦的方案中的分离本质上是用象征性的墙壁来完成，这是对空间的操纵。从思想上讲，纪律关乎许多事情，它是控制、是空间，也是惩罚和管理，它既有进步的趋势，被认为是可触摸的，也同时被认为是权力，其制定似乎与进步主义有很大不同。然而，福柯的自我调节和自主的紧张关系理论暗示了更多的东西，纪律生活在一个具有矛盾性质的教育领域，允许不同的概念化和未陈述的意义容易产生滋生和依附，眼前的问题是权力如何以空间实现，以及它如何体现为纪律。

3. 疯狂与惩罚

福柯在《规训与惩罚》中提出，从 1660 年古典时期到 19 世纪末，所有人都以规训的形式审视权力，福柯将这一时期描述为许多现代性制度和结构的诞生时期。②《惩戒与惩罚》是一部关于各种刑罚制度如何产生以及它如何以权力形式处理惩罚的历史。1977 年，当福柯开始分析这个问题时，他将其定义为"整个惩罚被重新分配"，"为了以异位的方式获得权力，我必须从刑罚体系和惩罚开始讲起"。福柯提出监狱是一个明显的异位的例子，其分析始于一个重大变化：酷刑作为一种公共奇观的消失。这是一个突出的案例，因为这一变化不仅仅是从社会中消除酷刑，而且也是权力关系的两个转变中的第一个转变，从针对人的身体和个人化的转变到针对作

---

① Lefstein, Adam. Thinking power and pedagogy apart-Coping with discipline in progressivist school reform[J]. Teachers College Record, 2002, 104(8): 1627-1655.

② Foucault, Michel. Discipline and punishment: The birth of the prison[M]. NY: Random House, 1977: 88-97.

为一个物种的集体人的转变。

福柯指出，在 17 世纪中期，以酷刑形式出现的惩罚是一个让所有人都看到的奇观，这种转变远离了个人的公共景观，而转向了刑罚过程中"最隐蔽的部分"。福柯指出转变的几个后果，尽管这种转变看起来是积极的，远离了公共惩罚，将惩罚转移到了更抽象的意识中，它的效力从可见的强度转变为惩罚的必然性和确定性，但是这两种转变都给国家带来了更多的惩罚和理解的责任。福柯对此写道，"因此，正义不再为与其实践相关的暴力承担公共责任，全社会在目睹公众对个人的惩罚时所承担的责任现在有了不同的分配"，根据福柯的说法，证人的公共性已经转移到审判和惩罚的判决，福柯将这种转移称之为"大众化"，它将惩罚指向人。根据福柯的说法，这种转变标志着关于惩罚的"对身体控制的放松"，身体不再被触摸，它现在成为一种工具。在这种情况下，剥夺个人自由既是国家留给个人的权利，也是国家留给个人的财产。这种转变不仅加强了国家对集体人的作用，对教育环境中的惩罚也非常重要。这一转变的每一个因素都是空间的异位。

为此，福柯将疯狂与惩罚联系到一起。根据福柯的说法，在精神病理学中，精神疾病最初被认为与所有其他疾病非常相似，仅限于在结构化人格中拥有现实和意义。福柯用与教育环境中的纪律相似的语言定义了精神疾病，福柯写道："事实上，精神疾病会消失，一方面，它抑制，但另一方面，它强调，精神疾病的本质不仅在于它所掏空的空虚，还在于填补空虚的替代活动充满着积极与充实。"[1]

教育环境中的纪律可以定义为强调服从和抑制不服从，在学科内部可以找到积极的、丰富的替代活动。疯狂有许多概念和附属于它的未陈述的意义，以一种非常类似于纪律的方式改变它的语义，并把它减少为一个有形的目标。福柯断言，只有在近代历史上，疯癫才被认为是当前语义之外

---

① Foucault, Michel. Madness and civilization：A history of insanity in the age of reason[M]. New York, NY：Random House，1965.

的东西。根据福柯的说法，事实上，在十九世纪之前，西方世界的疯狂体验是非常多态的，在1650年之前，西方文化对那些被认为是疯子的人很友好，他们被允许自由漫游，不被视为威胁，他们没有被限制。福柯断言，大约在十七世纪中叶，发生了突然的变化，根据君主的命令，以监禁的名义取消了他们自由。

按照福柯的说法，君主通过决定夺取生命和让生命存在的方式来行使旧的权利。福柯建议将主权转移到一种"新的相反的权利"，一种拥有"制造"生命的权力和"让"死亡的权力的权利。根据福柯的说法，这是一种新的学科技术，一种与旧技术相吻合的技术，这是非惩戒性的权力，不是应用于人的身体，而是应用于作为一个生命体的人的生命。过去的纪律满足了人的多样性，并通过可以被监视、训练、使用和惩罚的身体，努力将人从集体成员分解成个人。

新的学科技术试图解决多重性，而不是个人化，形成一个控制全球的统一体，福柯称之为生物政治学。福柯所称的疯癫的"心理化"，赋予了疯癫一种心理状态，但它也将疯癫插入了制度或道德价值的压制中。一旦进入这个系统，与疯狂相关的罪恶感和不道德行为就被嵌入到疯狂的意识形态中，但是因为疯狂已经通过控制被限制在不同的意识形态中，那些相同的嵌入过程就被附加到不同的意识形态中。从危机到偏离有一个明显的转变，福柯提出，"所有的知识都与残酷的本质形式联系在一起，疯狂的知识也不例外"。排斥的根源在于异位，惩罚也在朝着这个方向发展。在对人类自然真理的教育追求中，疯狂被认为是一种障碍。福柯提到，那些文化开始积极表达自己的运动时，会产生那些与积极相反的运动，而这些运动又会被拒绝，不管它们是积极的还是消极的。

4. 权力即惩罚

福柯提出了一个被普遍接受的命题，无论是对身体的惩罚还是对作为身体代表的灵魂的惩罚，惩罚系统都位于身体所处的政治、经济中，惩罚问题最初是针对身体的，身体直接参与政治领域，因为权力关系对它有直接的影响。①

随着惩罚从物理领域转移到认知领域，疯狂变成惩罚进入认知领域的必要因素。福柯提出权力最初是被行使的，而不是被拥有的，它既没有特权、没有获得，也没有保存，它被那些被支配的人的地位所证明和扩展。作为肉体惩罚的权力对身体施加了压力，身体一如既往地试图反抗，但这是徒劳的，从而给现有的权力增加了更多的权力，这就是体罚的本质。福柯认为，这些"权力"关系"深入到社会的深处"，不仅仅是国家和公民之间的关系，而是更深、更具体的关系。福柯指的是主权权力向他所谓的生物政治学的转移，如前所述，生物政治学呈现了两个权力极：第一个极侧重于个人和身体，作为一种控制手段；第二个是关注生物政治或集体。福柯将生物政治学称为一套过程，如出生率、死亡率、繁殖率等，结合经济和政治问题，成为控制集体的手段，正是像这样的微观关系过程导致了权力的建立，尤其是在摆脱了肉体的个人惩罚之后，这些微观关系植根于空间结构，不再关注个人，而是瞄准大众。福柯认为，正是在这些权力关系中，推动了知识的产生。②

福柯判断，在这些权力关系中，权力产生知识，反之亦然，没有知识领域的相关构建就没有权力关系，也就没有同时构成权力的知识，这也是教育环境中有关纪律的一个要点。简而言之，并不是知识主体的活动产生了一个有用的或抵制权力的知识语料库，而是产生了权力知识，这个过程和斗争必须穿越它并由它组成，这决定了知识的形式和可能的领域，没有权力或纪律的经验所创造的斗争，就不可能发现或产生任何知识。然而，纪律和知识的关系是否和之前提出的一样？纪律和知识需要共存吗？福柯提出权力关系中的斗争是知识生产的一个促成因素，这场斗争发生在哪里？答案要回到福柯提出的紧张、挣扎的相互过程产生知识主体同时也产生力量的必要条件这一判断中。

---

① Foucault, Michel. Society must be defended[M]. London：Penguin, 2003.

② Foucault, Michel. Madness：The evolution of an idea[M]. New York, NY, 1954.

福柯主张权力和知识是相互关联的，这意味着权力永远是教育过程的一部分，因为它是知识产生所必需的要素。福柯提出，没有权力就没有知识，这证明了教育中纪律的存在。这暗示着权力将永远是教育过程的一部分，本质上，这也是福柯的生物政治学及其一些实践的起点。随着惩罚从身体的个体身体转移到身体的灵魂，进而转移到集体整体中，正在出现的不是对人类的新的尊重，而是表现为一个围绕新组织的司法权力的更好的司法系统，一个集中于控制被视为物种的"人类或人类之间的关系"的系统。从身体到灵魂的转变是对存在的生命部分的转变，这种转变将"判断的权力"从主权保留的特权转移到了公共权力。通过生物政治的分配效应，这种新的生物政治体系假定所有的公民都接受了社会的法律，而任何违反这些法律的行为的犯罪者都被定位为"自相矛盾的人"，破坏了与所有其他人的契约。

福柯指出，"惩罚的权利已经从主权者的复仇转移到捍卫社会，这证明了集体惩罚的权利"，福柯主张刑罚和犯罪之间的关系应由违法行为对社会秩序的影响来决定，因此他建议刑罚应着眼于现有的未来，作为通过现行刑罚预防未来犯罪的一种手段。人们可以在零容忍政策的学校中的纪律制度找到类似的心态，即后果根据犯罪的严重程度来决定，着眼于未来，很少或根本不考虑当前的罪犯。在教育环境中，后果更多与社区观念和未来预防联系在一起，而不是与对学生的关心联系在一起。福柯提出，"一个人必须惩罚得足够精确，以防止未来的重复"。① 这种说法可以随意地存在于刑罚体系或教育环境中。

通过一种惩罚性标志的技术，即用惩罚的权力来指导刑事行动，这种技术主要落在六个主要规则内，这些规则让人想起当前教育环境中的一些纪律政策。第一，最低数量规则，要求惩罚超过最初犯罪的优势。第二，充分理想的规则，它要求惩罚记忆的作用是防止罪行重演。第三，横向影

---

① Foucault, Michel. Discipline and punishment：The birth of the prison［M］. NY：Random House，1977：88-97.

响的规则，该规则规定，惩罚必须对那些与犯罪者有联系但没有犯罪的人产生最强烈的影响，以便犯罪者不会重复犯罪。第四，完全确定性规则，这一规则表明，每一项罪行都有明确和特定的惩罚，并有可察觉的后果，这一确定性是每个人都理解和遵守的。第五，共同真理的规则，确保所有证据和犯罪的核实成为首要任务。在提供证据之前，罪犯被认为是无辜的。第六，最佳规范规则，该规则指出，法律的沉默不会带来有罪不罚的希望。惩罚必须考虑罪犯的邪恶程度和罪行的严重性。有证据表明，这些刑事诉讼准则已经渗透到我们在学校对学生使用的纪律的政策或哲学中。

福柯用这六种规则指出了不断变化和新兴的惩罚概念。福柯指出，当时出现了一种要求宽大处理的刑罚人性化的趋势，同时引发了权力运用从身体向精神的转移，这是对体罚的一种背离。福柯想知道我们是否真的在刑罚体系中远离了体罚，这类似于文献综述中关于学校体罚的观点。福柯提到，当惩罚从肉体转移到灵魂时，需要一种新的表现技术来为犯罪找到合适的惩罚："统一刑罚的思想，只根据罪行的严重性进行调解就被放逐了"。禁闭或监禁成为了刑罚系统的统一刑罚。

监禁作为一种普遍的惩罚形式，从来没有出现在任何刑法改革中，相反，监禁被认为是对特定罪行的惩罚。问题不在于监禁，而是如何确立一种统一的惩罚手段，涵盖广泛的犯罪。监禁被认为不符合一般惩罚的作用，因为在过去，这是一种表现君主权力的方式，会被认为是在滥用权力。对福柯来说，权力在空间上表现为监禁的惩罚，原因有几个。首先，监禁是许多犯罪的通用方法，也很容易被公众接受。其次，监禁对公众没有实际影响，因此，一旦判刑就被遗忘。再次，许多监狱改革者认为监狱没有用，因为它没有能力改造囚犯。最后，监狱是通过生物政治学内部的空间结构进行集体惩罚的完美技术。为了将罪犯驱逐出社会，监狱通过监禁的方式达成目标。由于这些原因和其他各种各样的因素，监禁或拘留成了首选的惩罚方法。

学校系统中的监禁表现为拘留、停职和开除。这三种手段都是根植于生物政治理念的空间限制形式。权力在刑罚体系中总是表现为惩罚，但是在这么短的时间内，监禁和拘留是如何成为最普遍的惩罚形式的？福柯指出："通常给出的解释是，在古典时代形成了许多惩罚性惩罚的伟大模式。"福柯列举了监狱兴起的几个原因，每一个原因都表明，在没有改革的时候，改革是存在的。①

福柯提出，隔离给因犯提供了一种冲击，激励其重新思考他曾经拥有的和可以重新获得的生活。在精神上，监狱是精神皈依的机会。监狱也象征性地代表了两个世界之间的纯净空间：天堂和地球。监狱将为因犯提供一个改正的机会，然后重新建立生活。但是，对于福柯来说，监禁和拘留兴起的最重要原因是控制。福柯指出："毫无疑问，最重要的事情是，这种行为的控制和转变伴随着——作为一种条件和结果——知识的发展个人的权利。"根据福柯的观点，即使是日益增长的了解个人的欲望也是权力作为控制的一种表现。因此，权力表现为空间结构中的控制。

5. 权力即约束

在《疯狂与文明》一书中，福柯称禁闭是一种"大规模现象"，其迹象可以在整个十八世纪的欧洲找到。② 福柯称之为"警察的事情"，并引用伏尔泰和科尔伯特的话来支撑这个术语的使用。禁闭有空间结构和异位倾向，因为它作用于空间。多年来，排斥一直是对那些不受欢迎的、与众不同的人的回应。福柯认为，消极的排斥措施第一次被禁闭所取代，禁闭是空间限制的创造。失业者和穷人不再被放逐或惩罚，取而代之的是，国家通过把他们放在自己创造的空间里进行照顾，代价是他们的自由和他们以前占有的空间被占用了。他们有权得到照顾，但他们必须接受身体、道德和空间限制。这种禁闭的趋势蔓延开来，整个欧洲都可以找到关押失业者、闲散者和穷人的禁闭所，每次出现危机，这些场所就会增加。因此，正如福柯所写的那样，禁闭变得"不再仅仅是把那些人限制在工作之外，而是把

①　Foucault, Michel. Discipline and punishment：The birth of the prison[M]. NY：Random House，1977：88-97.

②　Foucault, Michel. Madness and civilization：A history of insanity in the age of reason[M]. New York，NY：Random House，1965.

工作交给那些被禁闭的人，从而使他们为所有人的繁荣作出贡献"。随着这些空间在国家工业化地区变得普遍，它们与廉价劳动力的关系变得十分紧密。

福柯指出，劳动与禁闭联系在一起，很快成为禁闭的一个被接受和假定的部分，所有被限制在空间内的人都必须为此空间工作，他们的报酬只有别人的四分之一，但这对于国家为他们提供的空间来说是一个很小的代价，这改变了与禁闭相关的语义，也改变了劳动的语义。在德国，禁闭之家与家庭成员完成的某些任务联系在一起，福柯就这一变化写道，"因为工作不仅仅是职业，它必须是富有成效的"。根据福柯的说法，从道德开始的行为已经转变为经济行为，古典时代"以一种模棱两可的方式"使用禁闭，它试图扮演双重角色：重新吸收失业者和控制成本，但是，由于劳动力中使用失业者，它很少很好地涵盖这两个角色。

福柯提到，到十九世纪初，整个欧洲的大多数监禁场所要么消失了，要么被重新用作监狱。将监禁室重新分配给监狱是对现有空间的重建，国家为此不愿意提供更多的空间。这场运动的结果是将劳动和贫困对立起来，成为彼此"成反比"的关系，劳动不是通过其生产能力，而是通过其道德魅力来消除贫困。"劳动的有效性之所以得到承认，是因为它建立在伦理超越的基础上"，人类将通过武力赎回土地和空间并继续劳动，但前提是上帝代表他进行干预。根据福柯的观点，禁闭中的劳动具有伦理意义，是对被禁闭者的救赎，劳动力将是为占用的空间付出的代价，劳动变得不仅仅是行动，而是成了一种道德解决方案。对福柯来说，禁闭是一种制度性的空间创造，具有重要的意义。禁闭具有"创造性"的价值，作为一个空间，它的出现被标记为一个决定性的事件，但当时也是疯狂被视为贫穷的时期，因为两者将占据相同的空间，两者都与禁闭空间导致的无所事事有关，因此与无法工作和无法融入社区有关，从而将疯狂视为一个问题。行为不端的学生也是如此，行为不端的学生通常被认为是懒惰的，是没有能力工作也不能融入学校或班级的一个群体，对他们的惩罚通过空间的限制表现为拘留、暂停上学和驱逐，通过空间造成了一种不幸的结构。

6. 权力即训练

根据福柯的说法，纪律作为训练的理念是十七世纪初形成的。福柯认为，将纪律表达为训练的想法隐藏在控制、征收和选择的欲望中，纪律被视为训练，"纪律'造就'个人，这是一种权力的特殊技术，它将个人视为行使权力的对象和工具"。① 福柯将这种训练称为一种"适度的、可疑的权力"，它作为一种被计算但永久的经济发挥作用，这表达了与福柯的权力视角相一致的张力悖论。就权力而言，监视和观察是一回事，观察永远是监视，特别是当权力作为训练时，两者都是权力空间结构的一部分。在训练中，观察通过空间的使用而存在。福柯将军营作为理想的模式。这种模式的城市是一座在特定空间内根据命令建造的短命人造城市。根据福柯的观点，在完美的军营中，所有的权力都是通过观察来行使的，每一次观察都是一种调节的手段，军营通过空间的方式为权力的功能作出贡献。军营在一个固定的空间里发挥着许多功能，但其中一个功能是进行矫正训练。福柯非常详细地描述了营地结构，包括路径的几何形状、帐篷的数量和分布、入口和出口的方向以及文件和队列的布置，这些都是为了监督和观察营地空间内的人而精确定义的。根据福柯的观点："阵营是一种权力的图表，它通过普遍的可见性来行动。"无论好坏，这个营地都是一个隐蔽监视的空间，训练的理念根植于观察的理念，而空间的使用使观察成为可能。

旧的禁闭和封闭手段正在被新的空间利用所取代，计算出的开口以及填充和排空的空间、通道都可以创造观察机会。军营是从以个人和个人身体为中心的旧纪律技术过渡到以生活为中心的新纪律技术的一个例子，这种新技术将人口聚集在一起，同时试图控制发生在"活体群体"中的事件。这两种技术显然都是身体的技术，但一种是将身体作为被赋予能力的有机体而个性化的技术，而另一种是身体被一般生物过程所取代的技术。

这种调整是一种"人口现象"，更多地集中在集体过程上，集体过程更

---

① Deacon, Roger. Truth, power and pedagogy: Michel Foucault on the rise of the disciplines[J]. Educational Philosophy and Theory, 2002: 34(4), 435-458.

具有人类群体的特征，而不是人类个体的特征。军营是在其空间中组织的，因此大多数人可以以自然的集体方式被观察到，进而控制自然作为正常化的一种手段出现。甚至医院建筑也更多地被组织成医疗行动的工具，而不是医疗保健的工具。医疗建筑也被用作正常化的手段，对病人的观察被认为有助于更好的护理，这是一种通过空间进行控制的手段。学校建筑没有什么不同，是为了观察空间而建造的。"同样，学校建筑是训练机制的体现。"①学校建筑就像医院和军营一样，现在成了观察空间。这个想法是通过锻炼、保健和教育来训练强健的身体，从而达到理想的标准。空间结构在每种情况下都很重要，有助于观察，而这些学科机构是作为控制机器而创建的，其功能类似于显微镜，所创造的一切都是为了观察和控制，从而通过空间手段建立规范。

完美的制度是一种能够不断地、一目了然地看到一切的制度。"监视因此成为决定性的经济操作手段，既是生产机器的内部部分，也是纪律权力的具体机制。"杰里米·边沁的《全景监狱》描述的是一个始终围绕着一个想法建造的监狱，一个单一的凝视会让每个人都受到观察，这是对空间的完美利用和理想的异位。然而，福柯并没有错过监视与教育的联系，他在基础教学的重组中也提到了同样的想法。监督的细节变得有层次，通过监督和惩戒权被纳入课堂结构和教学方法，这种分级监视被呈现为太空中的力量，它不是一个被占有或转移的东西，而是像一台机器一样运转，在它所控制的空间里作为一个整体，发挥最好的功能。

这种机器般的组织使惩戒权既绝对又轻率，它无处不在，时刻保持警惕，没有一个区域是自由的，监督着每一个人，纪律通过关系权力的运作使这成为可能。正是通过"监视技术"，"权力物理学"再次控制了个人身体，"这是一种看起来不那么'肉体'的力量，因为它更微妙"。然而，通过监视获得的力量又回到了物质身体，身体不再受到物理控制。相反，控制

---

①　Butchart, R. L. & McEwan, B. （Eds.）. Classroom discipline in American schools：Problems and possibilities for democratic education［M］. Albany, NY：State University of New York Press, 1996：106-115.

通过空间的方式来控制整个存在。

福柯把教育称为根植于正确训练的教育。但是，由于这种教育植根于矫正训练，所以它也接受惩罚手段，尽管它是一种不同的、不那么粗暴的形式。惩罚这个词是通过教育矫正训练的方式重新回到通用语言中的。随着这个词的出现，各种各样的惩罚形式出现了，它们都是以矫正训练的名义，都被引用为纪律处分。惩戒与其说是对愤怒的君主、法律或公民的报复，不如说是对为矫正训练预留空间的有效利用，旨在从众。福柯也提到了锻炼的作用，它也被纳入了矫正训练的范畴，因为大多数接受它的人都从惩罚的角度来理解锻炼。

根据福柯的说法，惩罚在矫正训练中只是双重制度的一个要素。① 这个系统是一个满足的系统——惩罚系统，训练和纠正的过程都发生在一个特别设计的空间里。教师的角色根植于这种二分法，这种二分法只在有限的空间内起作用。为了有效地使用惩罚，老师必须确保课堂上的奖励比惩罚更丰富，也就优点和行为成为决定学生空间的两个要素，同时加强了教师的力量。福柯认为惩罚的艺术既不是为了"赎罪"，也不是为了"镇压"，相反，惩罚学生使五种操作在教育中发挥作用，这五种操作都以空间结构为基础。第一，学生行为被视为一个整体，作为比较的领域。福柯称之为"分化的空间"和"应遵循的规则原则"，两者都是对空间结构的应用。第二，学生通过遵守校规与其他学生区别开来。这些规则代表了学校的规范，学生要努力达到这些规范。第三，以安置为目的，从数量、等级、价值、能力、水平和性质等方面衡量学生，这是另一个识别和细分学生的方法。第四，从众的约束以微妙的方式引入学生之间。第五，学生的限制被追溯到定义学生的差异。根据福柯的说法，这五个操作通过控制学生的空间结构，使学生正常化。福柯判断，这些纪律机制在学校里"隐藏了一种对规范的惩罚"，"规范的力量通过纪律显现"，这种说法对学校教育惩戒

---

① Foucault, Michel. Discipline and punishment：The birth of the prison[M]. NY: Random House，1977：88-97.

影响深远。①

福柯通过引入标准化教育和纠正性培训在教育中建立了规范。福柯提出，监视成为了权力的伟大工具之一，尤其是在教育领域。标准化是空间的标准，存在于教育内部，要把标准化作为达到目的的手段，把空间的同质性作为矫正的手段。标准化以测量和矫正的名义对学生进行个性化，使他们脱离群体，以符合文化规范。通过矫正训练，规范的力量以平等的形式系统地发挥作用，使所有空间相似。在一个根植于同质性的体系中，平等是保证规范的规则。考试是惩罚机制的辩护手段，在考试中，权力的仪式、实验的形式、武力的部署和真理的确立都被发现了。福柯就考试赋予纪律的权力写道："在纪律程序的核心，它显示了那些被视为对象的人的服从和那些被服从的人的客观化。"考试消除了关于谁掌权和谁控制教育空间的任何疑问，所有的力量都在一个非常公共的场所展示。②

对福柯来说，这种审查成为一种权力技术，在客观化的机制中保持其效力的迹象，惩戒权通过空间中学生的排列显示了它的效力，同时还将个人置于监视区域，让他们参与进来，捕捉他们，并将其固定在一个限定的空间内。当学生参与到伴随着巨大压力的行动中时，他们更容易被观察到。考试把个人变成了案例，允许个人以矫正训练的名义被描述、判断、测量和与他人比较。最后，考试巧妙地将个人置于一系列程序的中心，这些程序以矫正训练的名义将个人简化为一种效果和一个惩戒权力的对象。

矫正训练及其所有组成部分创造了一个环境，使权力更加匿名和功能化，一旦它们在一个封闭的空间里，这种力量往往会变得更加强大。福柯认为，个人是由被称为纪律的特定权力技术制造的现实，这种现实依赖于空间的管理。福柯在谈到权力时写道："我们必须一劳永逸地停止用负面的术语来描述权力的影响，比如'排除''压制''审查''抽象''掩盖''隐

---

① Bergin, C. & Bergin, D. Classroom discipline that promotes self-control [J]. Journal of Applied Developmental Psychology, 1999：20(2)，87-92，189-206.

② Lefstein, Adam. Thinking power and pedagogy apart-Coping with discipline in progressivist school reform[J]. Teachers College Record, 2002：104(8)，1627-1655.

藏'。权力通过对空间的控制继续产生现实。福柯提出，权力超越了知识的产生，直到成为知识。当涉及空间和运动时，权力不仅仅是一种限制和约束，而是通过关系产生，它产生了"事物的领域和真理的仪式"。权力是连续的、相互关联的，它不会因为我们停止而停止，权力需要空间才能存在。

对福柯来说，权力的表现方式之一是空间建构，在这个空间，疯狂、权力和惩罚、禁闭和训练等领域都得到了解决，在每一个领域，空间结构都在权力的表现中发挥了作用。福柯提出空间要么是乌托邦空间，要么是异位空间，乌托邦空间是完美而虚幻的，而异位空间是真实的，分为危机空间和偏离空间。① 福柯提到的空间结构的概念对纪律在教育环境中的表现非常重要，权力的转移是福柯式异位结构内部公认的转移，从危机到越轨的转变是文化向教育的转变，危机的异位空间是罕见的。然而，作为空间中一部分的人群仍然存在，问题是，这些群体不再被视为处于危机之中，而被视为异类，这种看法与他们所占据的空间有关。主动权始于在社会公共空间中对物理个体身体的折磨，作为主权者确实不容置疑。随着个人肉体折磨得消除，君主转向了灵魂；在对人的禁闭中，空间问题变得更加强大和突出。禁闭和监禁的重要性、用途和影响都在增加。最终，另一场从个人到集体的运动发生了，生物政治开始发挥作用，集体使用的权力仍然作用于空间的表现。

第三节　国际教育惩戒政策的价值取向

现代学校是社会文化过滤的一个重要场所，是使年轻人遵守预期规范和价值观的一个重要机构，正如法国社会学家爱米尔·涂尔干（Emile

---

① Harper Collins. Foucault, Michel. Of other spaces: Utopias and heterotopias[M]. Architecture/Mouvement/Continuite, 1965: 1-9.

Durkheim）在 1922 年提出的，教育"首先是社会不断重新创造其生存条件的手段"。20 世纪 70 年代，学者们开始重新研究学校纪律和工作场所之间的关系，声称教育是社会结构再生产的手段。保罗·威利斯认为现代学校是工人阶级为其在工厂中的就业做准备的机构，基本上，他们是在"学习劳动"。从那时起，进入后工业化的大部分国家已经看到了教育系统中出现的种种变化，此时的学校教育不仅在塑造年轻人的生活，而且在塑造家庭、社区、工业和其他社会机构。教育惩戒作为一种学校维持纪律的手段，通过对学生的行为进行规约，可以逐步强化学生对纪律的价值认同，进而促使其养成良好的行为习惯，是教育体系中必不可少的要素之一，对于维护教育教学秩序、促进学生全面发展意义重大。

总的来讲，国际教育改革形势的变化与国际教育惩戒行为的复杂性使教育惩戒的开放性、系统性不断加强，单纯地以教师教育惩戒权为标准来总结国际教育惩戒政策的动向已经不能够很好地概述当前不断变化的教育惩戒实践，因此需要寻找国际教育惩戒政策中的内涵与实践逻辑，分析实践逻辑所呈现的价值取向以及背后所蕴含的理论基础。

（一）国际教育惩戒政策的立法价值取向

从当今世界各国的教育改革路向来看，大多数国家以追求教育公平、教育质量为导向，努力使更多学生享有受教育的权利，教育惩戒作为学校教育的重要组成部分，同样需要追求教育价值。教育惩戒制度是我国学校教育制度的重要构成，教育惩戒政策及其细则的制定是一个复杂的立法过程，具有特定的价值取向，因此对学校教育惩戒立法的价值取向进行研究分析具有十分重要的意义。

在各国对教育惩戒政策规范的制定过程中，教师教育惩戒权的发展历经波折，主流的教育观念对教师教育惩戒权的态度也曾多次反复，多个国家对教师惩戒学生在法律法规或政策上这一现象发生了从默认到禁止再到肯定的转变。例如，过去西欧国家将惩戒权视为上帝赋予传教士或教师的本职权力，尽管教师教育惩戒权并没有在法律上得到认可，但社会都默认教师有权对违纪学生进行适当惩戒甚至体罚。20世纪80年代末，英国媒体曝光了大量教师恶性体罚学生的丑闻，导致主流社会普遍反对教师惩戒学生，英国政府迫于舆论，先后禁止公立学校和私立学校教师对学生进行惩戒。随后出现的状况却是，对教师教育惩戒权的全盘否定引发了大量学校纪律问题，学校教育教学受到严重干扰。为此，英国又先后颁布了《1996年教育法》《2006年教育与督学法》《在学校合理使用武力》《学校中的行为与纪律：给校长和教师的建议》等法律法规和政策，逐步恢复了学校和教师惩戒学生的权力，学校管理和教学秩序逐步得以好转。① 纵观全球，国际教育惩戒政策的范围不断拓展深化。

我国历史上由于受专制集权主义、父权主义和夫权主义的影响，从封建时期开始，教育便沦为对统治阶级服务的政治附属品，几乎丧失了其本身的教育功能，此时的教育惩戒沦落为简单粗暴的体罚形式。1949年新中国成立后，学校教育状况有了翻天覆地的变化，逐步开始了对教育惩戒权的探索。1986年《义务教育法》中首次提出"禁止体罚"，同时《教师法》也规定教师拥有包括教育教学权、科学研究权、管理学生权、获取报酬待遇权、民主管理权、进修培训权等六项基本权利，《未成年人保护法》中规定"不得随意开除未成年学生"，教育部2009年8月印发的《中小学班主任工作规定》，专门在第十六条明确了班主任批评学生的权利："班主任在日常教育教学管理中，有采取适当方式对学生进行批评教育的权利。"但鉴于我国教育法学事业起步较晚，教育水平区域发展不均衡，学校各利益相关者之间模糊不清的法律关系等诸多客观因素，教育惩戒权仅仅停留在理论层面，并未真正恰当运用于教育实践。② 在新的时代背景下，党和政府对学校教育惩戒问题高度关切，自2020年底，教育部为解决一直以来备受争议的教师对学生"不敢管、不能管"与"过度体罚"等此类极端现象颁布了《中小学教育惩戒规则(试行)》，旨在使教师的惩戒权能够走向规范化。

① 代以平，马早明. 全球视野下教师教育惩戒权的发展：流变、动因及经验[J]. 人民教育，2019，(12)：27-29.
② 陈洁丽. 学校教育惩戒权的国际比较[D]. 广西：广西师范大学，2010：80.

　　从世界各国推进教育惩戒立法的整体趋势来看，各国虽赋予教师惩戒权，但现实的困局却在于教师往往享有约定俗成的教育管理权却没有真正掌握教育惩戒的决策权与实施权，缺乏教育惩戒权的量度与标准，更无可以参考的惩戒细节标准。总体来看，对学校教育惩戒立法难点进行剖析，主要体现在以下几个方面。第一，有关教师正常惩戒行为和越轨行为的界定。从学生的法律地位来看，其权利至少可以分为四个部分：公民基本权利、民事权、未成年人享有的权利、受教育权。以学生的受教育权为例，学生作为受教育者，在学校期间享有与受教育相关的权利，比如学籍权、参与教育教学活动权、教学设施和场地的使用权、学习自由权、获得公正评价权、毕业证书获得权、申诉与诉讼权等等，学校在实施教育惩戒的过程中也要对学生的这些正当权利进行维护与尊重，但往往正是因为存在这些复杂的情况，加大了教育惩戒的立法难度。第二，教育惩戒权的类型和执行量度难以恒定。例如美国相关教育惩戒条款规定的主要惩戒类型有：训示、剥夺权利、留校、学业制裁、短期停学、长期停学、惩戒性转学、在家教育等。关于其执行量度，《美国宪法第八修正案》规定："不得向公民处以残酷而异常的惩罚。"日本关于教育惩戒的类似规定也有所不同，在执行量度上，日本出台的《学校教育法》总则第11条作出了相关规定："根据教育需要，校长和教师可按照文部科学省的相关规定，对学生进行惩戒，但不允许体罚。"尽管世界各国在关于教育惩戒的类型和执行量度的立法各有差异，但各国普遍遵循联合国《儿童权利公约》第二十八条第二款的规定："学校执行惩戒的方式应当符合儿童尊严。"也遵循第三十八条指出的："要确保儿童不受酷刑或其他形式的残害，不能遭受不人道或有辱人格的待遇。"因此，学校教育惩戒的类型和量度不能超过教育需要，更不能成为伤害学生的"工具"。

　　综合来看，学校教育惩戒立法应遵守的教育价值取向主要围绕两个方面。第一，恪守法律政策依据。学校开展教育惩戒的目的主要是实现受教育者选择与追求身心发展的教育权利、观念、目标，而合法、合理、科学的惩戒手段则是保障学生教育价值实现的重要途径之一。如《中华人民共和国宪法》第二章规定的"中华人民共和国公民有受教育的权利和义务"及"国家培养青年、少年、儿童在品德、智力、体质等方面全面发展",《中华人民共和国教育法》第六条规定的"中华人民共和国公民有受教育的权利和义务"及"公民不分民族、种族、性别、职业、财产状况、宗教信仰等,依法享有平等的受教育机会"。上述相关法律条文的颁布,充分展示了学生拥有受教育的权利。对于学校教育惩戒的教育功能,我国法律也有明确规定,教育惩戒作为学校教育的重要组成部分,也需要恪守法律,合法性是实现教育政策有效性的条件之一,以国家强制力作为根本保障开展实施的法律制度往往具有最稳定、最强大的约束力。为此,依据法律保留原则,以国家立法形式获得教育惩戒权的合法性是教育惩戒活动开展的前提条件。

第二,现实依据。追求教育惩戒的教育价值不仅仅是法律的要求,也是基于学校教育的独特功能决定的。学生是学校教育与关照的核心主体,促进其身心的全面发展是学校教育的必然价值导向。教育惩戒应当以教育手段的正当性为基础,围绕育人的根本目的和任务开展工作,对学生的越界行为进行合法合理裁定,采取合理的惩戒过程,在完成评定与制裁后,应进一步关注其行为后果并给予及时矫正。然而要实现上述关照学生身心发展的目标,关键是要督促学生和教师共同严格遵守相应的规章制度、教学要求,两者合力才能确保上述目标的达成。在学校的各类教育活动中,鉴于学生处于青少年阶段,具有身心快速发展的特征,且责任意识和价值观养成仍需要一个漫长的过程,往往表现出来这个年龄阶段好动、爱争斗、冲动、自私等等特点,因而容易借助一定的身体活动,并以集体协助的形式和过程展示出来,但是往往有部分教师和学生违反学校制定的教育规律、规范、要求等,对整体教学环境带来严重破坏。因此,要实现学校教育中每个学生都享有受教育权利的目标,就需要借助教育惩戒中的合理规则约束违规违纪的行为,从而保障全体师生在学校教育中的主体地位和主导性。一方面,在学校教育活动中的教育惩戒立法要从学生主体地位出发,以学生为本,明确将维护受教育者身心发展的受教育权利、理念、目标作为教育惩戒立法的根本出发点和落脚点。另一方面，要明确教师惩戒权的界限问题，一旦学生言行越轨，教师就应当行使适当的惩戒权利，亮明戒尺，确保学生受教育权的同时不得对他人的受教育权造成侵犯与破坏。①

(二)国际教育惩戒政策的师生关系价值取向

作为教师在教育教学过程中的辅助性教育手段，教育惩戒活动历来有之，而且伴随着教育的产生而产生，甚至早于学校教育的形式就已经存在。从古今中外的传统来看，教育惩戒的实施需要以教师的权威和学生的服从为前提，学生势必处于弱势地位，与现代教学理念所倡导的"师生平等"观念相悖，因此为很多人所诟病。教育惩戒作为一个复杂的话题，在学界不断有新的研究成果出现，教育惩戒引发的问题以新闻事件等方式被社会关注，有关惩戒权行使的矛盾不断激化，教育惩戒亦受到来自多方面的负面评价，随着赏识教育、鼓励教育等多种教育理念的盛行，甚至有人开始怀疑乃至否定学校开展教育惩戒的价值，教育惩戒遭受到了前所未有的挑战。②

虽然从历史进程来看，自从人类奴隶社会时期开始产生教师教书这一活动，教师的惩戒行为也随之而来。但由于各国文明与教育的发展以及惩戒情况的不同，教育惩戒在各个国家以及国家的各个阶段也不尽相同。从世界范围看，在20世纪70年代，西方学者们开始重新关注教育惩戒和现代学校之间的关系。有一种较为普遍的观点认为，现代学校是社会文化过滤的一个重要场所，是使年轻人遵守预期规范和价值观的一个重要机构。正如法国社会学家埃米尔德黑（Emile Durkheim）在1922年描述的，教育

---

① 刘辉，朱朔熠. 学校体育惩戒立法价值取向及路径研究[J]. 林区教学，2020，(11)：79-82

② 代以平，马早明. 全球视野下教师教育惩戒权的发展：流变、动因及经验[J]. 人民教育，2019，(12)：27-29.

"首先是社会不断重新创造其生存条件的手段"。① 保罗·威利斯甚至认为教育是社会结构再生产的手段，现代学校是工人阶级为其在工厂中为就业做准备的机构，他们是在"学习劳动"，学校教育不仅在塑造年轻人的生活，而且在塑造家庭、社区、工业和其他社会机构。② 此时，教育惩戒作为一种学校纪律的控制手段，越来越成为各国国家政策制定者和实践者要面对的一个重大问题。

对教育惩戒历史演变的进行梳理，可以发现，西方国家于 19 世纪末 20 世纪初起就开始对惩戒主体、惩戒目的、惩戒与体罚边界等问题进行探索，无论是从立法层面还是从学术研究层面上看都是较为完善的。大多数国家对于教育惩戒是不是教师从事教学管理活动的正当手段这一问题持有肯定态度，并进一步通过较为详尽、不断推进的立法对教育惩戒的概念、条件、机制、程序、司法手段以及救济途径等作出了具体规定，试图在维持教育公平与提升教育质量，保护学生权益与纠正学生行为、发挥教师权威与尊重学生民主等关系之间寻求一种微妙的平衡。一方面，从国际视角出发，深入剖析教育惩罚的概念和实质，有助于澄清理论界存在的对教育惩罚概念混用的现象。另一方面，通过对世界各主流国家的政府、学校、教师层面关于惩戒教育政策的梳理及相关材料的整理，可以较为系统地把握理解当今世界基础教育制度和公立学校教育体系的改革潮流，总结、反思有利于学生发展的学校教育惩戒方式，进而深入探索教育惩罚的限度，有助于树立教育惩罚的认定标准，并为完善教育惩罚理论作出贡献。

在各国普遍追求教育公平与教育质量的目标下，教育惩戒的育人属性与师生关系平等性相契合，其规范属性与师生关系平等性的矛盾也逐渐得到缓和。在我国新时代"立德树人"的教育目标背景下，在实现依法治教、教育治理现代化等目标的推动下，无论是从教育学视角出发，还是站在教

---

① Durkheim, E.（1922/1956）. Education and sociology［M］. Glencoe：The Free Press，1922/1956：123.

② Bourdieu, P., & Passeron, J. Reproduction in education, society and culture (2nd ed.)［M］. London：Sage Publications，1977/2000：156.

育法学的视角下审视教育惩戒活动，都可以看出我国相关政策和制度在围绕"以学生为中心"的出发点、维护师生关系平等性方面作出了巨大努力，这些政策正确地把握了教育惩戒中的师生关系。

"以学生为中心"价值统领下的教育惩戒政策具有生态性的价值取向。根据生态正义论的观点，现代制度反映了人与社会之间和谐的基本追求，法律和行政体系是外在的强制力量，而伦理道德则靠人的认知与理性从内部对人的行为进行限制。教育惩戒可分为"教育"与"惩戒"两个部分，惩戒只是问题解决的外部表征，只有通过教育促进学生整体素养的习得，唤醒学生的内在道德，最终开发学生的积极行为，才是该制度得以生成的内在动力。如近年来，加拿大采取了一系列渐进式、积极式的育人与惩戒方式，"恢复性实践活动"和"社会情感学习"等干预性的教育方式不仅提升了学生的社会情感能力与亲社会行为，也促进了学校、家长等对青少年的沟通与理解，推动了师生关系的和谐发展，同时也有助于预防校园不良事件。澳大利亚在教育惩戒的措施上也采用了较为积极、人性化的处理方式，其中较有特色的做法有同侪调解（Peer mediation）和会议调解，这些做法有效地发挥了学生在教育惩戒政策中的参与功能，通过加大学生内驱力从而缓解师生关系的矛盾与冲突。① 可以看出，在学校内，教育惩戒的育人属性和规范属性都体现着"以学生为中心"，即遵循师生关系平等观的基本价值取向。②

首先，强调育人属性与师生关系平等观的契合。其一，教育惩戒要根据不同的学生类型进行因材施教。其二，教育惩戒往往会给学生带来一定的心理压力，所以要求教师在选择教育惩戒方式和手段时，要充分考虑学生的心理承受能力。其三，要充分给予学生参与教育惩戒的制定、执行、反馈等过程的权利和机会，让学生在这个过程中学会成长与沟通。教育惩

① 尹雅丽，马早明. 澳大利亚教育惩戒政策的演化、特征与启示[J]. 比较教育学报，2020，（02）：36-49.
② 王琪. 论教育惩戒中师生关系的价值取向[J]. 新课程研究，2021，（12）：61.

戒要求最大限度保护学生。其四，教育惩戒的实施要把握原则性问题，要以人的发展为中心。尊重和保护学生的受教育权、发展权、平等权、公平权等是教育惩戒必须遵循的重要原则。教育惩戒重心在于教育，只要达到"促使学生引以为戒，通过认知改正错误"的目的，教师就要根据学生的行为矫正情况随时改变或停止惩戒处置。教师实施教育惩戒的目标要一致，手段要灵活，即以"教育目的"为限度，力争以最小伤害的惩戒手段实现培养学生正确价值观的最佳效果。

其次，强调规范性属性与师生关系平等观的调和。为了修正失范学生对学校纪律的认知与理解，保持校纪校规对学生行为规范的持久作用，就需要借助一些适当的强制性的手段，采取权威性的教育惩戒措施才能发挥震慑与示范作用，树立起学生对纪律准则的敬畏之心，最终强化学生的自律意识。此时，教育惩戒制度中的相关法律法规就应当发挥效力，要通过明晰的规定从而终结当下校园中出现的"不把老师当老师""自己说了算"等荒唐现象，同时赋予教师必要的权威和自由裁量权。如 2006 年 4 月初，英国对教育中惩罚学生的手段新增了教师惩戒权，专门用来针对校园欺凌现象、学生破坏性和攻击性行为，新权力使学校和教师得以在教室内外教学活动中对学生的不当行为进行约束和遏制。此外，教师工会在该法律的制定与执行过程中也发挥了极其重要的作用，根据教师工会的不断要求，英国政府强调了要对那些无端、恶意指控教师对学生进行严惩的重要性。[①]然而，在现代教学不断倡导的民主、自由理念下，往往希望教师争取减少使用惩戒手段，设法做到循循善诱、春风化雨。如我国《规则》第五条第三款规定："教师可以组织学生、家长以民主讨论形式共同制定班规或者班级公约，报学校备案后施行。"为此，这也对教师提出了更高的要求，在严格遵循政策规范的前提下，探索出一条平衡教师权威与尊重学生民主的发展之道。

最后，强调教育惩戒的规范性与教育民主的调和。一旦对教育惩戒把

①　韩月霞. 英国中小学教师惩戒权研究及启示 [D]. 河北师范大学：18.

握不当，过于放大，则容易发展成为简单粗暴的惩罚形式，如责骂或体罚，过于缩小，则容易限制教师的教育活动权和惩戒权的顺利开展。因此强化教育惩戒的规范性尤为重要。这里主要要遵循两个原则，第一，要加强教师与学生的责任意识，不仅仅指的是学生的责任，而且还要强调是教师的责任。现代互联网信息带来大量便利的同时，现代科学技术也给教师和学生的教学活动带来许多新型的负面影响。如网络欺凌不仅对学生带来伤害，有一些教师也会受到来自互联网消息的骚扰，甚至不堪忍受诽谤和屈辱，不得不考虑放弃教师职业。如英国的新增教师惩戒权，允许教师收缴那些对他们进行恶意拍照的手机，有权要求提供信息发布平台的网站承担更大的责任。第二，教师在惩戒学生错误时，对于惩戒方式、惩戒地点、惩戒程度等一定要注意使用灵活性原则，当下不少人认为，教育惩戒要进行规范，就需要对教师惩戒行为列出非常详细的清单，要求教师需要严格依照行为清单对失范学生进行惩戒处置。然而，通过清单作出规范的方式并不一定完全适用于教育惩戒，原因主要有三个：其一，教育惩戒行为是教师的职业权利，在很多情况下需要教师做出自主判断；其二，普适性的行为标准并不能符合每个学生个体身心发展的差异性；其三，过于强化法律责任，进行强制性制裁，对身心尚未成熟的未成年学生容易造成误会与冲击，反而会偏离教育惩戒的育人目的。为此，我国出台的《规则》采用概括式的表述进行了一系列原则性规定，基于此角度考虑，也是为了给学校及教师留下一定的自主空间。①

（三）国际教育惩戒政策的程序价值取向

教育惩戒政策应根据各国国情及教育需求定位，诠释该理念并制定相应的政策措施，教育惩戒作为一种惩罚性行为，同时具有行政的性质，难以避免地会出现实施主体"权力越界"与被惩戒人"权利破坏"等现象，要实

---

① 王琪. 论教育惩戒中师生关系的价值取向[J]. 新课程研究，2021，（12）：62.

现其制度的公平公正性，首先必须体现在程序正当中。程序是指"依照一套规定的顺序、方法和手续来做出裁定的相互关系"，实质上是为了确保管理与决策应出于理性而非源自武断、恣意与个人裁量。任何教育政策活动都可以理解为实现其所选择的价值内容和价值目标的过程，而任何教育政策实行过程都要依赖于一定的形式价值标准。如果说教育政策的实质价值表征着教育政策的价值内容和结果，形式价值则表征着实现这些价值内容和达到这些结果的活动顺序、步骤和方式等一系列规则，也就是教育政策活动的程序。因此，形式价值又可称为程序价值，程序价值解决的核心问题是教育政策活动如何进行——即由谁决策、如何决策、如何实施。程序价值的主要功能就是保证教育政策活动按照确定的程序或秩序进行，这种程序或秩序则是教育政策实质价值必然被选择和实现的保证。所以教育政策程序价值的根本目标就是确保有利于教育政策实质价值选择和实现的政策活动秩序。①

首先是解决教育惩戒由谁决策和如何决策的问题。现代教育政策的主体往往具有多元性和多样性，普遍而言，政府、学校和个人是教育政策中的三类主要价值主体，因此构建一套完整的教育惩戒政策与制度体系，除了需要政府层面的法律支撑之外，还需要建立起中央与地方、地方与学校、学校与社会的协同机制，通过协调各方主体间的关系，才能最终保障教育惩戒得以规范行使。通常而言，教育行政部门主要采取两种形式对教育惩戒活动进行监督活动，即从上而下，或从下而上。从上而下模式简称垂直结构管理型，自下而上模式简称扁平结构管理型模式。其中扁平结构管理型的优点是信息广泛，不易缺失，但也存在管理成本高、信息冗杂、真假难辨等缺点。自上而下垂直结构管理型的优点则是高度集权，目标统一、明确。但缺点也较为明显：耗时久、管理成本高，并常因主客观条件限制出现信息失真或信息遗漏的现象。② 如加拿大安大略省出台的《145号

---

① 刘复兴．教育政策的价值分析[M]．北京：教育科学出版社，2003：109.
② 陈洁丽．学校教育惩戒权的国际比较[D]．广西师范学院：51-52.

政策》对教育惩戒的治理结构进行了明确规定，由校董会牵头，打通家长、家委会、学生组织、学校安全行动委员会、社会专业团队等利益相关方的沟通渠道，通过加强伙伴关系，为学生的综合发展提供全面支持，以减少学生遭受停学、转介、开除等严厉惩戒，即由校董会全面负责，协同社会各方主体，在政府宏观指导下开展工作，其管理架构呈现出多元、扁平的特征，管理权限由上级政府逐级下放，最终由学校校董会进行全面把关，并拥有决策权。这一特点在英美两国的教育惩戒政策中也得到体现，如英美两国均给予教师参与学校政策制定的权利，并充分采纳教师针对政策提出的意见，以确保教师对政策形成全面理解与高度认同。美国联邦政府、州级政府等层面，均规定了教师参与学校政策制定方面的职责。联邦政府层面，《资源指南》指出，家长、学生和教职工应参与学校纪律政策或行为准则的制定和实施。州级层面，各州通过相关规定，也明确要求学校将教师纳入行为与纪律政策的制定过程中。① 哥斯达黎加公共教育部在对全国教育进行统一指挥管理的同时，也给予了各公立学校自主制定规章的权利。哥斯达黎加完整而严谨的惩戒教育法律章程，为保障惩戒教育实施的规范性提供了基础。为保证对全国公立学校的有效管理，国家公共教育部下设监察委员总会，专门用于对各学校学生行为评估的监督和审查，并要求公立学校各自设立校园监察委员会，主要管理学生学业外的事务，包括日常生活、思想动态、档案管理等，尤其负责学生行为考核。② 总体而言，从这些国家来看，较为强调加强执行惩戒过程中的程序监督，从正面保护了教育惩戒的合法性和学生的权益不受侵害。在政府与学校的共同推动下，多元主体建构起惩戒"共同体"身份，严格遵循"决策—咨询—执行—监督"的一体化制度，建立自下而上和自上而下的两条并行的监督体系，确保了惩戒管理队伍职责明晰，组织有效运转。

随后是教育惩戒如何实施的问题。世界发达国家通常遵循的是一种基

---

① 董新良，彭学琴 英美两国教师惩戒比较及对我国的启示[J]. 教师发展研究，2020，（06）：9.

② 朱淼. 哥斯达黎加公立中学惩戒教育研究[D]. 河北大学：22.

于程序正当和公平的实施原则。如英国、美国、新加坡的相关原则可以归纳为三点，一是正当性程序原则。正当性程序原则无统一定义，基本上，正当程序是一个模糊概念，没有精确的内涵和外延，各国大多是根据惯例或特殊事实而决定其核心内容。二是正当程序采用与否的判断依据是学校惩戒的严重性，例如亚洲的新加坡，在一些无关痛痒的小违纪问题上，教师可以独立进行惩戒，不需报备上级行政主管部门。这种轻微违纪行为包括没有按要求穿戴校服、佩戴校徽等。只有面临短期停学、长期停学、惩戒性转学、学业制裁等争议较多的惩戒类型时，才会召开联席会议，讨论具体的惩戒事宜。这一点上，美国和英国的做法也大同小异。三是事前告知于听证会，这成为学校是否执行正当程序的最基本条件。①

澳大利亚实施教育惩戒的一切原则都基于程序公平的原则。澳大利亚研究委员会在其官方手册中指出：程序公平指的是"听证原则"和"获得公正裁决的权利"。然而，程序公正的潜在意义远不止这两件事，具体来看，澳大利亚各级学校在纪律政策中必须考虑的程序公平原则是：

1. 学生的知情权。学生和学生的父母有权知晓学校为何对其提出指控。邓文根学校的校长塞德利指出，当面临被学校除名的时候，一个学生有权亲自或通过父母知晓。他还说道："除非父母获取孩子面临惩戒的足够理由，否则这种惩戒将是无效的。"随后他又补充说："一个面临可能被学校除名驱逐的学生应知晓对其指控的性质。"

2. 充分告知学生惩戒后果。正如学生和其父母必须被告知惩戒理由一样，他们也必须被告知对其调查中可能产生的后果。在澳大利亚著名的Cob ham Hall 一案中，学校已经向学生及其家长表明了对某个女生有关学习成绩和行为的关注。但她被拘留了好几次，而且一直在"报案"，其理由是她从未被校方警告过如果不能取得进步，学校将会对她除名。因此她不得不离开学校的决定就像是"晴天霹雳"，并没有任何提前预警。在法官看来，这意味着学校违反了程序公正的规则。因此，当学生的不当行为严重

---

① 陈洁丽. 学校教育惩戒权的国际比较[D]. 广西师范学院：57.

到可能被停学或开除时，学校必须通知学生和家长。否则，学生可能意识不到问题的严重性，也不会意识到他们享有什么样的程序权利。

3. 提供学生及其家长解释或陈述的机会。一旦学生及其父母知道学生陷入困境的原因，他们必须有充分的机会做出回应。这意味着给他们时间考虑指控，并有机会在会议上亲自作出回应，且允许做出适当的书面答复。在澳大利亚 RV 英语学校基金会一案中，法院指出，学校和基金会并未听取学生及其父母为了对减轻其惩戒所作出的辩护。"这显然违反了自然公正。换言之，这是一种不公正的行为。"

4. 校方需确保对指控进行大量充分调查，并在听取各方意见并审议后作出相关惩戒裁决。

有人认为学校内部的调查不受证据规则的约束，然而，任何校方或教育部门的调查人员都必须遵循"公平、良知和公正"的原则。学校调查的相关证明标准是"平衡各方可能性"，无论指控有多严重，此类调查皆不构成刑事诉讼。因此，要认定一项指控成立，就需要在概率平衡的基础上提供证据——而这是澳大利亚民事诉讼中承担责任的一方当事人所要求的一般证明标准。在警方已经调查但决定不起诉的情况下，要求学校调查可能构成犯罪活动的指控行为并不少见，当警方认定没有足够的证据证明所指控的对象是无辜的情况下，校方有对刑事案件适当举证的责任，但警方不起诉学生的决定不能被学校视为调查对象不存在问题的证明。

5. 确保决策者公正无偏见地行事。在澳大利亚，大众普遍认为应该有一个中立的调查者和决策者。这类人员是客观和公正的代表。校长自认为是公正的，但如果与提出指控的人或被指控的学生有某种私人关系，就必然会有利益冲突。然而，案件的情况将取决于各方之间的特定关系是否重要到足以构成对公正与正义的剥夺。如斯托克纽灵顿学校有一个排他小组来做出开除的决定，倘若一名学生要被开除，必须由包括一名老师、学生和该校的年度校长的小组作出决议。法院认为该案自然公正的规则被打破了，因为虽然没有真正的偏见，但从合理的人性角度来看，由于成员是教师和年度负责人，因此，该生被开除的惩戒处置最终取消。

6. 允许学生有辩护人。在澳大利亚，学生拥有辩护人的权利被纳入了政府部门程序。此权利除了对学生有明显的保护作用外，有一名支持人员在场将有助于学校证明学生申请手续是正当的。在新南威尔士州的 Bovaird 一案中，法院指出：如果孩子不主动承认或否认错误行为，而且没有令人信服的目击证人，那么校长就应先咨询父母才能申请查处学生违纪情况。任何申请都应在辩护人和支持人在场的情况下进行，在没有成年人的情况下判决违反公平公正的原则。

7. 确保学生有机会处理对其不利的事情。在澳大利亚学校教育惩戒制度章程中明确指出，一个人的利益很可能受到权力行使的影响，他必须有机会处理与其利益冲突的相关事项，而权力部门在决定其利益时要将这些事项考虑在内。对其利益可能受到影响的人不必对每一条不利的信息发表评论，无论其可信度、相关性或重要性如何。在一般情况下，如果没有出现保密问题，应给予机会，处理对其相关和重要的不利信息。

8. 在某些情况下提供上诉程序。澳大利亚研究委员会提出"听证原则"，学生有权知道如何对其作出的决定进行复审。这表明，基于程序公平原则的纪律政策应包括复审权或上诉权。教育和社区法律事务部第 3 号公告提到，程序公正要求有权上诉。在程序公正公平的原则下，学校要考虑到所有情况并作出惩戒判罚，如果惩戒处分不管多么轻微，都受到学生和家长上诉，学校就不能运作。事实上，教育部本身在其停学和开除学生的程序中也认识到了这一点：尽管上诉权不一定是程序公正的基本要素，在政府学校对学生做出的停学和开除决定过程中纳入这种权利被认为是适当的。

从以上国家的做法可以看出，国际教育惩戒政策不断完善，其中详细规定了教师惩戒权的内容、形式和程序等，尤为强调教育惩戒的程序价值取向，整体呈现出由教育措施向惩戒措施过渡的主要特征，即在充分遵重学生受教育权利、平等权利的基础上，加强程序的公正性与渐进性，既包括通过干预性、积极式、教育性的手段引导与规范学生行为，也包括通过纠正性措施对学生的严重行为作出正式处罚等，是一个围绕"事前—事中—事后"阶段并由非正式教育手段转向正式惩戒手段的实施过程，呈现出层级性和过渡性。

第二章　美国教育惩戒政策研究

第一节　历史沿革与政策背景

一、历史沿革

早在 17 世纪的殖民期间，美国就开启了教育惩戒，至今已有一百余年。其后，因教师教育的需要，普通法授权允许合理惩戒处罚违纪学生。[①]虽然美国教育惩戒的目标在不同时期保持相对稳定，即维持秩序和安全，创设有利于学习的环境，但用于实现这些目的的策略已随时代潮流的变化而改变。教育的趋势，包括学校纪律，在很大程度上是社会文化价值观和社会政治环境的直接反映。

(一)工业革命时期

19 世纪美国最普遍的教育惩戒观是：惩罚尤其是体罚对教育至关重要。首先，教师可凭借学生对体罚的恐惧来维持课堂纪律。其次，体罚可以训练学生服从的品质，学生只有具备服从的品质，才有可能成为道德良好的公民。[②] 据当时文献记载，教师使用铁制工具、皮鞭、木棍、直尺等

---

① 陈洁丽. 学校教育惩戒权的国际比较[D]. 广西师范学院，2010：21.

② Immerman, J. Small Wonder: The Little Red Schoolhouse in History and Memory [M]. New Haven, CT: Yale University Press, 2009：32-37.

体罚学生是普遍现象,① 体罚的形式包括"掌掴、扯头发、拧鼻子,用书和尺子敲打儿童头部,长时间罚站、关禁闭等"。②

1826 年,美国法学家肯特将"为更好地实现教育目的,法律允许将父母对孩子的惩戒权下放给教师"这一法律原则引入美国。③ 1910 年,法律规定儿童必须上公立学校,从此儿童开始缺乏父母的指导,并置于教育者的权威之下,意味着其代替了父母的部分责任。各州的法律系统也开始发展处理少年犯规者的方法,旨在将他们与成年肇事者区分开来。

19 世纪到 20 世纪阶段是美国的一个重大发展时期。社会发展和工业革命导致了人口的扩张。大量移民使城市膨胀,并放大了经济不平等,正是在这一快速扩张时期,政府资助的学校得以建立。从后革命时代到工业化早期,正规教育的主要目标是培养有道德的公民。教育者依靠《圣经》来教导学生的道德,努力创造一个有知识、有教养的公民。美国法院借鉴了英国普通法,认为秩序是靠武力和恐惧维持的,惩罚应是严厉的,教师有绝对的权威,教师的职能是代行家长职责,因此教师被允许使用体罚作为惩戒学生的手段。只要体罚是适度合理的,而非过度的,就可以实施。

随着城市的发展和对公共教育需求的增加,教育的模式也必然发生转变,以适应更大的学生群体。美国教育工作者主张建立一个精心设计的监控系统,让孩子们互相监督并向老师报告。这种监控模式旨在教育大量的学生,并向他们灌输道德和自律。虽然部分教育工作者不赞成体罚,但依旧认为可以通过监督、奖励、竞争和羞辱来严格维持学校秩序。学生们根据自己的位置进行排名和就座,并在老师的授意下进行公开羞辱,再由同学们进行惩戒。而另一部分教育工作者则主张采用以儿童为中心的教育和

---

① 　Ellsbree, W. The American Teacher: Evolution of a Profession in a Democracy [M]. New York: American Book Company, 1939: 238.

② 　Jewett, J. P. The Fight Against Corporal Punishment in American Schools[J]. History of Education Journal, 1952: 9.

③ 　Hogan, J. C., & Schwartz, M. D. In Loco Parentis in the United States 1765-1985[J]. The Journal of Legal History, 1987, 8(3): 261-262.

管教方法。虽然教育的目标没有改变，即培养有道德的公民，但培养这种道德的手段却在不断发展。霍尔在《学校管理讲座》中指出，"教育的伟大目的是培养心灵的所有力量，并引导年轻人选择行为方式，这将使他们远离罪恶，并引导他们走上美德之路"。① 这些教育工作者建议教师要让学生参与学习，通过理性的自律教学来促进秩序的形成。随着国家人口的不断增长，义务教育法越来越深入人心，正式的排斥——开除变得更加困难。进步的教育学发展到学校纪律中，其中"不可教"的学生被安置在独立的教室或治疗性学校。这种方法在很大程度上是一种说辞，因为教师和校长经常利用"治疗性"教室来阻挠困难的学生离开学校，直到他们成长到可以离开学校。虽然进步教育学在专业话语中占主导地位，但在具体实践中，许多学校仍然依赖专制的纪律。学校继续依靠专制纪律的做法包括体罚，这种专制纪律以体罚作为统治和控制受教育者的手段。

(二)工业革命完成后

19 世纪末至 20 世纪中叶，美国教育受到了进步主义教育运动的冲击和影响。进步主义分为以桑代克为代表的管理进步主义和以杜威为代表的教学进步主义，杜威的教学进步主义强调教育以"儿童为中心"，教师要根据儿童兴趣、需求和发展阶段对其进行有针对性的指导。② 在学生管理方面，杜威认为，行为标准只有被学生认同，才能变得有意义，学生才会自觉遵守。因此，惩罚或许能起到立竿见影的效果，但并不会使违纪学生反躬自省，且该违纪学生有可能在以后受到一某不良诱因影响而表现出更严重的违纪行为。③ 因此，真正的纪律，源于学生的兴趣，一个有纪律兴趣

---

① Hall, S. R. Lectures on Schoolkeeping[M]. 3rd ed. Boston：Richardson, Lord & Holbrook, 1831.

② Thorburn, M. Progressive Education Parallels? A Critical Comparison of Early 20th Century America and Early 21st Century Scotland[J]. International Journal of Educational Research, 2018, 89(1)：4-5.

③ Ewey, J. Democracy and Education：An Introduction to the Philosophy of Education[M]. New Delhi：Aakar Books, 2004：29.

的孩子会很专注，他不需要受到严格控制和惩罚。然而以杜威为代表的教学进步主义仅在理念层面主导了美国的教育语言，在实践层面影响很小，甚至连大学教育学院中的教育学者都仍然采用以教师为中心的教学和管理模式。①

在 20 世纪初，学生们安静地坐着，死记硬背地学习，拥有良好的纪律。传统观点认为教育是控制学生行为的过程，同时信息从教师转移到学生，该模式继续塑造有关课堂活动和目标的概念。然而，这种模式的是"二战"后日益流行的斯波克理论，该理论不赞成僵化的育儿技术，并敦促成年人、父母和老师都更加亲切和灵活。斯波克理论的一些批评者断言，该理论促成了日益增长的宽容和相对态度，这模糊了儿童对是非的理解，激化了自私、懒惰和不服从等自我挫败的特征。

20 世纪 50 年代以前，美国几乎没有任何关于教育惩戒的规则条例。② 教师在学生违纪行为的惩戒方面拥有自由裁量权，其法理依据可追溯至英国，"根据英国法律，为纠正儿童不良行为，教师可代替家长实施适度和合理的体罚"。③ 20 个世纪 70 年代，教育惩戒第一次进入联邦最高法院的视野。在该案中，联邦最高法院第一次确立了一项关于教育惩戒的原则，即各行政州可自行立法准许是否允许惩戒，惩戒前是否通知、是否举行听证会、是否征求学生父母的同意。④

20 世纪 50 年代，学校管教的文化和教学方式发生了转变。学者们不再关注纪律的哲学和培养良好行为和道德的公民的长期发展，而是以学校秩序和安全为短期目标，专注于创建纪律的系统和模式。正是在这样的背

① Labaree, D. F. Progressivism, Schools and Schools of Education: An American romance[J]. Paedagogica Historica, 2015, 41(1-2): 275-288.

② Aubry, C., Geiss, M., Magyar-Haas, V., et al. Education and the State: International on a Changing Relationship[M]. New York: Routledge, 2015: 122.

③ arrell, G. R. Teachers and the Law[M]. London: Methuen and Co. Ltd, 1975: 277.

④ Nathan L. Essex, School law and the public schools 2nd Edition Allyn and Bacon, 2002。

景下，现代教育政策不断发展，排斥性惩戒率开始上升。

在 20 世纪下半叶，医疗保健专业人员帮助教育工作者改变了学校教育历史：他们更加了解学生的不当行为可能与生理或心理问题，如注意力缺陷障碍、多动症或情绪障碍之间的联系。家庭单位的变化、好莱坞暴力庆祝活动的增加以及非法吸毒事件的频发也影响了学生在学校学习的意愿和能力。此外，在 1990 年至 2000 年，一些青少年在学校财产上犯下了严重的罪状，其中某些行为将学校暂时地变成了战区。在应对这种严重事件上，许多人主张恢复对学生的严格控制，这在某些圈子形成了一致的对学生犯错零容忍态度。

美国教育部民权办公室宣布，从 2012 年到 2014 年，美国公立学校停学和开除的人数下降了 20%，这一消息受到那些反对频繁使用停学和开除手段惩戒学生的人的强烈欢迎，停学与开除称为排他性纪律。近年来，许多政策制定者和教育工作者呼吁采用替代纪律策略，让学生留在学校，就不会错过宝贵的学习时间。纪律改革的倡导者认为，停学是有偏见的，因为少数族裔学生和残障人士被更多停学。一些人还断言，减少停课将改善所有学生的学校氛围。

在美国，教育惩戒的目的是为了帮助学生戒掉坏的习惯，遏制不当的行为。实施教育惩戒的人，不必将学生的不当行为上升到品质问题或是人性问题，教育者发现不当行为应当立即制止，何种不当行为应该接受何种惩戒处罚是有明确规定的，适当的体罚在美国一半以上的州是得到法律允许的，但同时法律有明确的规定来保护学生的权益，以保证惩罚尺度在法律规定范围内。[①]

二、政策背景

美国教育立法历史悠久，教育法制系统相对完善，其中联邦和各州法

---

① 李美锟．美国公立中小学教育惩戒中的学生权利保护［D］．沈阳师范大学，2014：2-3.

院的教育惩戒经典判例由内至外地推动了其法律制度的完善，为美国各州公立中小学校教育惩戒权的合理使用奠定了外部环境基础。①

（一）法治体系

自 20 世纪 60 年代起，美国各州关于教育惩戒合理性与合法性的案件激增，公立中小学的教育惩戒权问题引起了美国社会的广泛关注。20 世纪 70 年代联邦最高法院首次在判例中解决了社会对教育惩戒适用法律条目的争议，即《美利坚合众国宪法第八条修正案》中提出的"体罚是否一种残忍、不寻常的惩罚手段"，以及《美利坚合众国宪法第十四条修正案》提出的"学校施行教育惩戒权前是否应当告知受罚人并给予听证机会"两条争议。② 该法案虽然未规定学校不可执行体罚，但要求学校不得对学生处以残酷而异常的惩罚，同时，规定学校在实施惩戒时需遵循正当法律程序，为学生提供救济途径。

与此同时，《美国宪法》及一系列修正条例赋予了学校和教师教育惩戒权，明确规定了学校和教师实施惩戒权的尺度。同时，依据《美国宪法》第十条规定，各州拥有所管辖区域内所有公立学校管理制度的监管权，能因地制宜地制定辖区内学校教育惩戒的制度。③ 目前，美国已有 23 个州的法律允许学校对学生实施教育惩戒，各中小学校在建立了教育惩戒规章制度的同时，也加强了对学校惩戒行为的监管。

以纽约市为例，2008 年 9 月正式颁布实施《全市纪律和干预措施标准》。每学期入学前，学校均要求学生及家长充分阅读该制度内容并签署统一遵守规定的契约。在标准中，明确规定了教育惩戒权的拥有者包括校

---

① 胡雅婷，马早明．全球视野下教育惩戒权立法的经验与启示——以英、美、日三国为例[J]．中国德育，2020，（01）：13-18

② DANIEL E，BRANNEN，RICHARD C H．Supreme Court Drama：Cases That Changed America，2nd Edition[M]．U·X·L Press，2011：821-1119．

③ NATTAN L．Essex，school law and the public schools：a practical guide[M]．Englewood：Prentice Hall Press，2002：68-69．

长、教师和学区管理者。其中校长的惩戒权主要包括体罚、开除、短期停学等；教师惩戒权主要包括训斥和劝告、逐出教室、课后留校、劳动作业等；学区管理者惩戒权主要是长期停学、强制转学等。① 为防止教师滥用权力，在实施惩戒前，实施主体应给予学生自我辩护的机会，同时赋予家长知情权，要求家长为学生接受惩罚签字确认，减少因家校沟通不足而产生误会或纠纷问题。部分州还详细规定了实施教育惩戒应遵循的法定程序：学生出现失范行为后教师需至少寻找一位见证人并告知学生准备接受惩戒，完成后需教师填写书面报告，见证人签字后送交校长室存档。②

2004 年《残疾人法案》颁布，虽然整个 20 世纪 90 年代和 21 世纪初的立法鼓励了排斥性纪律做法，但也有立法的平衡，例如个人教育计划，有一些程序性的保障措施，旨在保护有特殊需要的学生不会长时间地脱离学校教育。更具体地说，接受特殊教育的学生不能在没有听证的情况下被停学超过 10 天。此外，学校有义务告知家长——家长有去现场听证的权利。尽管有这些保障接受特殊教育的学生的具体措施，但接受特殊教育的学生被学校停学的比例仍高于正常发育的同龄人。③

(二)"零容忍"政策

自 20 世纪 60 年代以来，美国学校暴力事件发生率不断上升，学生对学校表现出强烈不满，校园犯罪、违纪成为普遍现象。国家教育统计中心(National Center for Education Statistics)的数据显示，"20 世纪 60 年代，全国每年都会发生大约 70000 起袭击教师事件，200 名学生死于校园暴力，

---

① 李美锟. 美国公立中小学教育惩戒中的学生权利保护[D]. 沈阳：沈阳师范大学，2014.

② 谭晓玉. 教育惩戒权的法理学思考——兼评《青岛市中小学校管理办法》[J]. 复旦教育论坛，2017，(2)：40-45.

③ American Psychological Association Zero Tolerance Task Force. Are zero tolerance policies effective in the schools?：An evidentiary review and recommendations[J]. American Psychologist，2008，63：852-862.

1974 年，美国学校发生了 12000 起持枪抢劫案、2700000 起盗窃案"。①

"零容忍"一词最早出现于 1983 年的美国反毒品政策中。② 1989 年，加利福尼亚州和肯塔基州部分学区开始将这一政策引入中小学系统，要求开除携带毒品和参加帮派活动的学生。1994 年，联邦政府颁布的《校园禁枪法案》加速了零容忍政策的普及。到 90 年代后期，几乎全美国所有学区均实施了零容忍政策，③ 其适用范围也不断扩大，不仅包括携带毒品和武器，还包括一切违反规则、扰乱秩序的行为，甚至学生会因骂人、逃学、吸烟、违反学校着装规定等轻微违规行为而处以停学 1 至 10 天的处罚。④ 时任美国教师联合会主席的尚克表示，"除非学校为师生提供一个安全、整洁的教学环境，否则教育改革无从谈起"。⑤

反对者指出，零容忍政策自实施以来，不但没有数据显示其能改善学生行为或学校安全，反而造成一系列的负面影响：第一，导致大量学生停学。⑥ 第二，造就了从学校到监狱的通道，大量学生被逮捕或移送到州少年司法部门，其中大部分是因为轻罪或行为不当。⑦ 第三，对学生以后的

①　Crews, G. A., & Counts, M. R. The Evolution of School Disturbance in America: Colonial Times to Modern Day[M]. Westport, CT: Praeger, 1997: 86.

②　Havemann, J. Reagan Sets Drug Tests for Sensitive U. S. Jobs; $900 Million Proposal Sent to Congress[N]. Washington Post, 1986-09-16(A1).

③　Curran, F. C. The Law, Policy, and Portrayal of Zero Tolerance School Discipline: Examining Prevalence and Characteristics Across Levels of Governanceand School Districts[J]. Educational Policy, 2019, 33(2): 3.

④　Martinez, S. A System Gone Berserk: How are Zero-tolerance Policies Really Affecting Schools? [J]. Preventing School Failure: Alternative Education for Children and Youth, 2009, 53(3): 154.

⑤　Katz, R. Two Centuries of School Discipline[EB/OL]. (2016-08-25)[2020-05-16]. https://www.apmrep-orts.org/story/2016/08/25/two-centuries-of-school-discipline.

⑥　Stucki, B. W. Breaking the School-to-Prison Pipeline: Rethinking "Zero Tolerance" [EB/OL]. (2014-06-10)[2020-05-17]. https://prospect.org/education/breaking-school-to-prison-pipeline-rethinking-zero-tolerance/.

⑦　Skiba, R. J. The Failure of Zero Tolerance[J]. Reclaiming Children and Youth, 2014, 22(4): 29.

心理及学业等造成严重影响，例如导致抑郁、自杀、辍学、监禁等。① 第四，导致对不同群体学生的不公平对待。2014 年，美国教育部民权办公室调查发现，少数族裔学生被学校停学或开除的比率是白人学生的 3 倍。残疾学生被停学的可能性是非残疾学生的两倍以上；② 第五，零容忍政策还会间接地对家庭、社会产生不利影响，增加财政成本。研究表明，被停学或开除的学生因无人看管，会作出更多的反社会行为。③

(三)排斥性纪律

自 20 世纪 70 年代以来，学校使用排斥性纪律，把学生赶出教室的案例成倍增加。尽管有无数证据表明，排斥性纪律措施，即停学、开除或替代性课程安排对遏制问题行为是无效的，但学校仍然以惊人的频率在使用这些惩罚措施。④ 学校使用排斥性纪律措施是由一系列因素造成的，例如1994 年的《无枪学校法》、零容忍政策、学生的个人特征、邻里关系与社区关系等，尽管学校停课和开除并不能有效遏制问题行为，但这种惩罚仍然是许多学校教育惩戒政策的基本手段。

在美国，停学分为两种具体措施。其一是短期停学，是指将学生逐出

①　Civil Rights Project. Opportunities Suspended：The Devastating Consequences of Zero Tolerance and School Discipline Policies［EB/OL］.（2010-06-15）［2020-05-17］. https：//civilrightsproject. ucla. edu/research/k-12-education/school-discipline/opportunities-suspended-the-devastating-consequences-of-zero-tolerance-andschool-discipline-policies/crp-opportunities-suspended-zero-tolerance-2000. pdf.

②　US Department of Education Office for Civil Rights. Civil Rights Data Collection Data Snapshot：School Discipline Students［EB/OL］.（2014-03-21）［2020-05-16］. https：//www2. ed. gov/about/offices/list/ocr/docs/c-rdc-discipline-snapshot. pdf.

③　American Academy of Pediatrics. Out-of-school Suspension and Expulsion［EB/OL］.（2013-03-01）［2020-05-17］. https：//pediatrics. aappublications. org/content/131/3/e1000.

④　Fenning, P. , Pulaski, S. , Gomez, M. , Morello, M. , Maciel, L. , Maroney, E. , Maltese, R. Call to action：A critical need for designing alternatives to suspension and expulsion［J］. Journal of School Violence, 2012, 11(2)：105-117.

学校 10 天以内的处分；其二是长期停学，是指命令一再违反校规或者违反重大校规的学生不得上学，时间为一季、一学期或者一学年结束为止，还包括退学处分在内。如果学生违反学区规章及行为标准，其违纪行为的严重程度又不足以被开除，则学区管理者通常会使用停学处分来惩戒该学生。停学既包括不允许学生来上学的短期校外停学，也包括不允许学生参加常规课程的学习和参加学校活动的校内停学，绝大多数法院的争议都集中于校外停学。①

排斥性的纪律措施会导致各种有害的结果，包括即时的和长期的。被停学或被开除的学生更有可能辍学或卷入刑事司法系统。这种做法对遏制问题行为没有什么作用，反而造成了学生成绩的差异。学生的个人特征、邻里、社区和家庭因素，都会影响到学校的纪律措施以及学生的成绩。此外，学校环境的特点，例如：教学时间和课程、人际关系的质量、组织结构，也就是所谓的学校氛围，对惩戒结果有明显的影响，尤其是对来自历史上被边缘化群体的儿童，如少数民族儿童。

（四）恢复性司法

最初引入学校的恢复性司法是仿照刑事司法系统中的程序来制定的，尽管许多教育工作者最初将恢复性司法作为应对有害行为的一种手段，但它的主要作用不是管理行为，而是对作出有害行为的人进行教育。因此，在大多数情况下，教育工作者似乎将恢复性司法解释为一种策略，用来更好地管理学生。在司法背景下，学校管理人员被恢复性司法的有效性所吸引。因为最初使用零容忍政策的尝试已经失败，所以许多教育工作者寻求解决暴力、欺凌和骚扰问题的同时，继续将这种方法与学生行为和管理策略联系在一起。

---

① 李美锟. 美国公立中小学教育惩戒中的学生权利保护［D］. 沈阳师范大学，2014：20-21.

第二节　美国教育惩戒政策的实施内容

虽然美国的教育惩戒历史悠久，并且有成文法及学校章程作为执行惩戒的法律保障，但是在具体的执行过程中，同样存在具体性或者程序性的问题。公立中小学教育惩戒中的一些惩戒措施以及执行程序，在美国社会一直存在争议，并且诉诸法律。一些经典的大法官判例，对教育惩戒在公立中小学的执行起到了指导性作用。在学校管理者可以采用的纪律处分措施之中，相当多的法律诉讼是由排斥性纪律争议和残疾学生的纪律处分争议所导致的。

在多种因素交织下，美国教育惩戒政策的具体实施是一项十分庞杂的工程。为了更清晰地了解其实践做法，本研究将通过美国几个典型地区与州的案例，以及在美国国内较为通用的一些特色做法，试图从一些不同的侧面进行分析，从而帮助读者对美国教育惩戒政策体系有一个更加立体的了解与判断。

一、案例

（一）哥伦比亚特区

自 2012 年以来，哥伦比亚特区在提高学生出勤率方面取得了巨大进展。特区实施了强有力的出勤法，并扩大了全区的支持系统并增加了干预措施，旨在提高学生的出勤率。然而，由于校外停学和开除的情况过于频繁，而且在某些群体中的比例过高，很多学生被剥夺了课堂教学的机会。此外，越来越多的证据表明，这种做法对儿童，甚至是对整个社会产生了长期的负面影响。由于排斥性纪律的弊端逐渐显露，哥伦比亚特区为了避免在排斥性纪律措施实施过程中的教学时间的损失，地方教育局提出以下建议，以帮助每个教育机构去除校外停学和开除：第一，地方教育局应评估其目前的纪律政策是否能够减少差异化和过度使用校外停学和开除的可能性；第二，地方教育局应要求在小学学生被停学或开除前有更高标准的记录和干预；第三，学校应将学前班学生排除在校外停学和开除的纪律处分之外；第四，学校应制定和实施考虑到学生发展和个人需求的纪律政策和做法，即对学生行为的期望应适合其发展和年龄，并包括对特殊教育需求者的考虑；第五，地方教育局应改进与纪律有关的数据收集，以确保哥伦比亚区从增加透明度和数据一致性中受益；第六，地方教育局应保证学校人员的专业发展并开展教师培训；第七，地方教育局应让学生家庭参与纪律政策的制定和实施。

为了消除教学时间的损失，哥伦比亚特区建立了统一的教育惩戒制度框架，使教育工作者、学生家庭和其他关键决策者共同努力，减少排斥性纪律带来的弊端。其主要内容为：第一，为学生提供程序上的保障，并通知家长；第二，要求地方教育局报告所有纪律处分的数据；第三，惩戒应首先以满足教育目标为基础；第四，采用对学生教育目标影响最小的纪律干预措施，同时也有效解决该行为；第五，明确禁止基于种族、肤色、国籍、性别或华盛顿特区人权法规定的任何受保护阶层的歧视实施纪律；第六，为学生提供与年龄相适应的纪律解释，使其了解其行为的期望和后果，以证据为基础进行预防、早期干预并应对危机。

由此可见，哥伦比亚特区建立的这套教育惩戒制度框架主要强调创设学校氛围和文化，从而提高学生的参与度，减少干扰。其主要宗旨在于解决排斥性惩戒带来的剥夺学生教育权力的问题，试图通过积极性和干预性教育惩戒手段，将学生保留在教育环境中，这无疑是一项具有挑战性的工作。

(二)罗得岛州

根据罗得岛州政府规定，每个学校委员会应建立和维护符合各州和联邦法律指导方针的纪律行为准则。因此，罗得岛州所有学校、地区一级的纪律政策必须制定对特定行为违规的详细纪律处理方法，如针对持有枪支和其他武器，或伴有长期纪律问题的学生，对其出现的逃学、欺凌和骚扰以及其他行为，必须使用排斥性纪律。① 为此，将学生赶出学校和教室的纪律措施继续在罗得岛州的公立学校中被使用。

2013 年，美国公民自由联盟罗德岛分会发布了《黑名单》，该报告分析了罗德岛所有学区 2004—2012 年的停学数据。调查结果表明，除白种人以外，其他外来人口被停学的比例极高，这些学生往往是因为非暴力的违纪行为而被停学的，如扰乱秩序或违反考勤制度。各年级的少数族裔和西班牙裔学生被停学的比例都高于白人学生，这种差异在小学生群体中尤其明显。少数族裔小学生被停学的可能性是白人学生的六倍，而西班牙裔小学生被停学的可能性是白人学生的三倍。

美国公民自由联盟的报告在罗德岛州的政策制定者和选民中引起了强烈讨论。作为回应，罗德岛议会通过立法，明确指出学校仅因与出勤有关的违规行为而暂停学生的学业是非法的。2012—2013 学年，整体停学的数量有了明显的减少，然而，美国公民自由联盟的后续报告审查了 2012—2013 学年的数据，发现少数族裔和西班牙裔学生被停学的比例仍然远远高于白人学生。这种趋势在 2013—2014 年仍在继续，少数族裔、美国原住民和西班牙裔学生被停学的比例是十年来最高的。② 与国家整体情况一致，罗得岛州历史上被边缘化的群体，即少数族裔、低收入和残疾学生，比同龄人更大可能被停学。更具体地说，在 2013—2014 年，少数民族学生占学生总数的 39%，却占纪律处分总数的 57%。同样，接受特殊教育的学生占学生总数的 15%，却占纪律处分总数的 30%。③

---

① Rhode Island Board of Education Act. (n. d). RI Gen L § 16-21. 27 (2013).

② American Civil Liberties Union of Rhode Island (2014). Blacklisted an Update：Racial bias in school suspensions in Rhode island in the 2012-2013 school year. Providence，RI：American Civil Liberties Union of Rhode Island. Retrieved from http：//riaclu. org/images/uploads/Blacklisted_Report_2012_2013. pdf.

③ Rhode Island Kids Count. (2014). 2014 Rhode Island Kids Count Factbook. Retrieved from http：//www. rikidscount. org/Portals/0/Uploads/Documents/Factbook%202015/Education/Ind68-Suspensions-2015. pdf.

自工业化以来，城市公立学校主要服务于低收入学生和少数族裔学生。① 在罗得岛州，这种情况尤其明显。在 2010 年，也就是有这些数据的最后一年，67%的 0~18 岁的少数民族儿童居住在四个核心城市——普罗维登斯、波塔基特、中央瀑布和沃恩索克。此外，生活在这些城市的所有儿童中有 65%被认为是穷人，与以前的研究一致，在这些地区入学的学生占学生总数的 29%，但占该州纪律处分总数的 51%。②

到目前为止，罗德岛教育部记录并公开的排斥性纪律行动包括：校外停课、校内停课和临时替代教育机构。2013—2014 学年，校外停学约占纪律处分的一半，超过一半的校外停学是针对非暴力的违纪行为，如不尊重他人和行为不端。此外，虽然罗德岛教育部会议通过了一项"禁止仅对出勤违规行为使用校外停课"的法律，但学校继续使用校内停课作为出勤违规行为的惩戒措施。2013—2014 学年，所有校内停课中，有近 25%是因出勤违规而被停课的。③

由于排斥性的学校教育惩戒政策仍然使用得过于频繁，越来越多的人支持对学生违反纪律采取更加全面、预防和主动的方法。长期以来，反映性后果在美国学校纪律中占主导地位，它具有严格的惩罚性质，没有提供教学和学习的机会。认识到与这种做法相关的不利结果后，更积极的纪律政策更广泛地被推动和采用。④ 此外，学校和学区采用更积极的惩戒政策，减少学校惩戒中的不相称性，降低实施学校纪律方面的不平衡现象，整体

---

① Lippman, L., Burns, S., & McArthur, E. Urban schools：The challenge of location and poverty, Washington, D. C.：U. S. Department of Education National Center for Education Statistics. NCES, 1996；94-184.

② Rhode Island Kids Count（2013）. 2013 Rhode Island Kids Count Factbook. Retrieved from http：//www. rikidscount. org

③ Rhode Island Kids Count.（2014）. 2014 Rhode Island Kids Count Factbook. Retrieved from http：//www. rikidscount. org/Portals/0/Uploads/Documents/Factbook%202015/Education/Ind68-Suspensions-2015. pdf

④ Fenning, P., Golomb, S., Gordon, V., Kelly, M., Scheinfield, R., Morello, T., Kosinksi, A., Banull, C. Written discipline policies used by administrators. Journal of School Violence, 2008, 7（2）：123-145.

排斥率降低。①

罗得岛州政府逐渐认识到排斥性纪律的有害影响，为此发起了一项倡议，该倡议被描述为多层次的行为支持框架，旨在通过改革教育惩戒政策，设法改善学校氛围和学生成绩，从而减少将学童，尤其是那些最危险的学童推出教室，进入青少年和刑事司法系统的可能性。② 虽然暂时没有数据来评估学校氛围改造计划是否成功，但该倡议表明，人们越来越认识到对学校氛围进行干预的积极作用，以及这种干预与减少排斥性教育惩戒政策和实践做法之间的关系。

(三)新泽西州

为了既公平又有效，教育惩戒的相关法律和政策必须保障学生的两项独立权利：接受公共教育、享有安全有序的学习环境。为此，保护学生免受任意或不当惩戒的程序是必要的，允许学校惩戒捣乱和具有危险性的学生也是必要的。

新泽西州和联邦出台的法规尽管推出了管理学生纪律的某些条例，并涵盖了联邦特殊教育法规，但这些法规仍然不全面。例如，新泽西州授予该州学校管理人员和学校董事会暂停和开除学生的权力，但条款非常笼统，仅提出了一些事关学生纪律的理由。2003 年，新泽西州教育部认识到州政策和法律在学校教育惩戒方面存在问题，所以开始着手制定新的教育惩戒政策和学生纪律守则。2005 年通过的州条例大力推动了在新泽西州建立更公平、更统一的学校教育惩戒制度，规定了开除学生的正当程序要求，并对学校开除学生的权力设置了限制。其中提出最重要的一个理念：

---

① Barnhart, M. K., Franklin, N. J., & Alleman, J. R. Lessons learned and strategies used in reducing the frequency of out-of-school suspensions[J]. Journal of Special Education Leadership, 2008, 21: 75-83.

② Department of Education, Press Office (2014, September 23). U. S. Department of Education invests more than $ 70 million to improve school climate and keep students safe. Retrieved from http: //www. ed. gov/news/press-releases/usdepartment-education-invests-more-70-million-improve-school-climate-andkeep-students-safe.

新泽西州宪法保障每个 5 岁至 18 岁的儿童有权接受"彻底和有效的公共教育"，这一权利显然是受到之前学校停课和开除做法较多的影响。

　　新泽西州教育从业者表示学生出现不良行为可能有许多原因，包括身体缺陷、缺乏富有挑战性的班级作业、同伴冲突、欺凌、情感问题以及紧张的家庭或校园环境。在大多数情况下，新泽西州对有这些不良行为的学生会采取纠正性补救措施和干预策略，如家长会议、学校咨询、同伴调解、解决冲突、转介到适当的社会服务机构和积极的行为支持，可以在停学和开除成为唯一措施之前帮助纠正不适当的行为。与此同时，学校应为教师多提供专业发展的机会，让他们学习管理课堂的技能和策略，减少不当行为和冲突。

　　此外，新泽西州规定所有学区的学生行为守则都必须在综合考虑家长、学生和社区意见的基础上制定，并反映当地可接受的核心道德价值观。教育委员会应有家长、学生和社区的参与，建立行为守则年度审查和更新程序，这一程序必须考虑到学生行为年度报告的调查结果。新泽西州学校应做到以下几点：(1)预防问题行为；(2)建立干预和补救学生问题行为的措施；(3)建立学校应对违反行为准则行为的惩戒手段。①

二、美国教师采取的教育惩戒策略

　　美国对 98 名小学教师的展开的一项研究中，有一个值得注意的点是，它并不支持学校教育惩戒拥有人类行为的特定哲学或心理学模式。这项研究在其广泛的范围和方法上也是罕见的，研究人员进行了广泛的课堂观察，从校长和教师本人那里获得了对教师效率的评分，并对每位教师进行了三到四次的单独访谈。在访谈中，教师们被告知 24 个小故事，故事描述了 12 种类型的问题学生，在聆听这些小故事时，教师被要求解释他们处理每一类学生的教育惩戒理念，确定他们对每一个学生使用的具体策略，并解释每一种策略的理由，预测他们所选策略的短期和长期有效性。在 12 种

---

① 　N. J. A. C. 6A：16-7.1(b).

问题学生中，有 4 种学生的行为是与纪律有关的或外化行为：其一，故意攻击型学生，例如愤怒控制能力差的学生；其二，有"直接、激烈的行为"的学生；其三，以口头和非口头方式抵制权威的挑衅型学生；其四，通过抵制和轻微扰乱课堂来间接反对权威被动的攻击型学生，说话不举手、离开座位、制造噪音或打扰他人的多动型学生。① 对敌意攻击型、挑衅型和被动攻击型学生进行管教的最常见的方法是控制和压制其不良行为，但对其采用的积极方法却少得多。

　　表 2-1 列出了在确定的 42 种策略中，应对敌意、攻击性、违抗性、被动攻击性和多动症儿童的 10 种最流行的策略，越来越多的学校心理学文献支持这些策略的使用，特别是用于预防和短期管理或控制课堂行为。其中包括以预防为导向或以先决条件为基础的策略，例如：1、2、3、4、10。与家长和支持人员的合作，例如：8 和 9。表 2-1 中的列表不仅展示了美国教师经常用的策略，也展示了他们很少使用的策略。例如：表扬、示范。

表 2-1　　　教师报告的应对有纪律问题的学生的 10 种最常见策略

	敌意攻击性	挑衅	被动攻击性	多动症
1. 对该行为的限制、规则和期望	33	60	58	34
2. 威胁、惩罚	50	62	47	18
3. 规定/告诉/指导/诱发理想的行为	43	20	14	25
4. 通过身体接近/声音控制/眼神接触来抑制	19	34	19	31
5. 奖励	29	18	11	32
6. 熄灭、无视	13	25	43	9

---

① 　Brophy，J. E.（1996）. Teaching problem students. New York：Guilford.

续表

	敌意 攻击性	挑衅	被动 攻击性	多动症
7. 让学校的权威人士或专业人士参与支持或解决问题	31	25	13	16
8. 暂停：消灭、清除	30	30	19	23
9. 让家长参与支持或解决问题	26	15	19	23
10. 最低限度的干预、纠正	21	34	12	20

总的来说，这项研究结果与教师的接受能力有些冲突，研究表明，教师一般喜欢积极的而不是消极的策略。① 也就是说，尽管教师在管教有内在化问题的儿童时，倾向于依靠中性或支持性策略，他们也会选择惩罚性和控制性策略，特别是对有更多内在化纪律问题的儿童。因此，这些发现与研究结果一致，表明教师更喜欢简短和容易实施的策略。②

控制性和惩罚性策略很可能只是短期有效。事实上，当教师对问题学生使用特定策略时，例如：命令停止、惩罚、威胁、吼叫、责备、批评、责骂、使用讽刺，会导致学生立即服从。然而，这种服从往往是因恐惧或"勉强服从"。据观察，更多的预防性和积极性的策略才可使学生"自愿服从"。这些策略包括眼神接触、通过触摸或身体存在进行控制、使用幽默、提示适当的行为、提问、表扬同伴、说明现实并显示意识、提出反问、让孩子的父母参与。总的来说，在靠近学生时，口头和非口头训斥对减少破

---

① Alderman, G. L., & Nix, M. (1997). Teachers' intervention preferences related to explanations for behavior problems, severity of the problem, and teacher experience. Behavioral Disorders, 22, 87-95.

② Reimers, T. M., Wacker, D. P., & Koeppl, G. (1987). Acceptability of behavioral interventions: A review of the literature. School Psychology Review, 16, 2 12-227.

坏性行为是有效的，① 此外，学生更喜欢非公开的私底下的训斥。②

　　权威性教师不仅关注违纪学生的直接行为，而且还关注他们的认知，试图通过帮助他们应对和解决自己的行为，使他们"再社会化"。在这样做的过程中，为了防止许多纪律问题的发生，权威性教师还努力建立一种积极的、温暖的课堂气氛。权威的教学风格反映在学校纪律的三个相互关联的组成部分中，这些组成部分往往是现代项目的典范：①预防行为问题的课堂管理和积极氛围策略；②短期管理和控制行为问题的操作性学习策略；③实现自律长期目标的决策和社会问题解决策略。这三个部分是相互关联的，每个部分都会对其他部分产生一定的影响，例如：有效的课堂管理和积极的课堂氛围会减少行为问题；较少的行为问题会促进积极氛围和自律的形成等。

　　1. 课堂管理和预防行为的策略

　　20 世纪 70 年代和 80 年代，一项关于教师课堂管理有效性的研究结果表明，积极主动的课堂管理可以减少课堂混乱，提高学生的学习效率。③区分有效和无效管理的主要因素是教师是否能够运用防止纪律问题发生的策略，以及在小问题升级之前立即处理。有能力和无能力的教师在处理需要干预的纪律问题时所用的技能差别不大。在早期教学实践的基础上，很多教育者提供了大量基于经验的信息，证明了预防和管理学校纪律问题以及建立积极课堂氛围的重要性。也就是说，这些策略旨在营造一种有利于学习的课堂氛围，其特点是将温暖和接纳、明确的规则和期望以及促进自

---

① Van Houten, R., Nau, P A., Mackenzie-Keating, S. E., Sameoto, D., & Colavecchia, B. (1982). An analysis of some variables influencing the effectiveness of reprimands. Journal of Applied Behavior Analysis, IS, 65-83.

② Elliott, S. N., Witt, J. C., Galvin, G. A., & Moe, G. L. (1986). Children's involvement in intervention selection: Accept ability of interventions for misbehaving peers. Professional Psychology: Research and Practice, I7, 235-241.

③ Gettinger, M. (1988). Methods of proactive classroom management. School Psychology Reviau, 17, 227-242.

主性和积极自我概念的活动结合起来。① 在营造课堂气氛方面，学生是主动而非被动的。

除学生对惩戒策略的反应外，在管理具有敌意和攻击性的学生时，效率低的教师使用了一种零散的方法，结合了几种无效的权力方法，如经常警告、惩罚、责骂和联系权威人士等。当然，最高效的教师也会提供警告、威胁惩罚以迫使学生自我控制，并使用惩罚。但是，这些策略的使用频率比较低，而且惩罚一般是与积极的策略相结合，包括那些防止行为问题发生的策略。此外，当胁迫手段被教师用在学生身上时，并不只是为了控制行为，相反，在有效的课堂管理中，强制策略只是更系统和持续的行动的一部分，这些行动结合了预防策略、短期操作性学习策略和培养儿童的社会决策和解决问题能力的策略。这样的组合不仅可以防止问题的发生，而且还可以达到在短期内管理行为和在长期内培养自律的双重目的。

2. 应对行为问题的操作性学习策略

操作性学习策略在增加课堂上的理想行为和减少不良行为方面的有效性已经得到证实。在课堂上应用操作性行为技术包括使用各种强化或温和的惩罚手段在短期内控制学生行为，这一技术是学校在落实教育惩戒政策时常用的技术。② 它通过一些奖励，如课间休息、聚会；社会奖励，如老师的表扬、同伴的认可、给父母的便条；物质奖励，如贴纸、奖品、证书来表扬适当的行为。它还包括温和的惩罚，通过口头训斥、回应成本、过度纠正和暂停等手段减少学生不当行为的发生。

3. 培养自律性的社会认知策略

伴随着对自我约束的操作性行为方法批评的增加，在过去的几十年中进行的教育惩戒研究和实践探索已经开始集中在对各种社会认知和情绪的

---

① Brophy, J. E. (1996). Teaching problem students. New York：Guilford.

② Martens, B. K., & Meller, P. J. (1990). The application of behavioral principles to educational settings. In T. B. Gutkin & C. R. Reynolds (Eds.), Handbook ofschoolpsychology(pp. 612-634). New York：Wiley.

识别上，这些认知和情绪是社会行为的中介变量。①

社会认知方法对学校纪律产生了普遍影响，这种影响也许在目前对自信式纪律（Assertive discipline）②和"技能流"（Skill streaming）③的修订中得到了最好的体现，这两种方法在 20 世纪 80 年代经常被称为行为方法的典范。与早期不同的是，现在的"自信式纪律"鼓励学生积极参与到解决人际冲突和制定课堂规则中。同样，"技能流"现在包括教儿童解决社会问题的具体步骤。事实上，解决社会问题的教学已经成为现代预防和解决纪律问题方法的一个标准特征，包括解决社会问题技能的一些变体的教学，例如：替代性思维、结果性思维、社会因果思维、手段性思维和问题敏感性思维。这是一种从理论和经验上得出的社会问题解决方式，儿童通常被教导以渐进的方式学习具体的社会问题技能。

三、美国国家少年司法网络的建议

美国国家少年司法网络提出以下建议和做法，以确保安全有效地落实学校惩戒政策：

(一)执法纪律政策

学校必须拒绝零容忍政策中预先安排的制裁措施，提倡学校应提供个性化评估和干预措施的纪律政策，以确保学生有一个安全的学习环境。学校不得将执法作为对青少年非犯罪行为的回应，如果学生在校园内从事犯

---

① Competence. (1991). Preparing students for the twenty-first century: Contributions of the prevention and social competence promotions fields. Teachers College Record, 93, 297-305.

② Canter, L., & Canter, M. (1976). Assertive discipline: A takecharge approach for todays educators. Seal Beach, CA: Canter & Associates. Canter, L., & Canter, M. (1992). Assertive discipline: Positive behavior management for today s classroom. Santa Monica, CA: Canter & Associates.

③ Goldstein, A. P, Sprafkin, R. P, Gershaw, J. N., & Klein, P (1980). Skill-streaming the adolescent. Champaign, IL: Research Press.

罪行为，学校必须采取分级应对措施，仅对最严重的犯罪行为保留执法权。

具体来看，首先，学校必须为学校工作人员和校园执法官员制定明确的指导方针，以了解每个人在应对青少年行为方面的作用以及哪些违规行为可能导致法院转介，应仅将最严重的违规行为提交法院。

其次，为消除或减少使用机械束缚、化学束缚、体罚和隔离，执法人员和学校官员必须清楚地了解有关这些做法的创伤性影响，为促进儿童和青少年发展找出适当的降级方法，并对青年的安全作出有效反应。

最后，学校必须注重预防和有效干预纪律问题。积极行为干预、同行陪审团、恢复性司法程序、心理健康咨询等措施在改善学校安全和促进积极的青年发展方面特别有效。

(二)减少对学生的停学和开除处理

学校必须减少对开除的依赖，使用停课的学校应确保停课时间尽可能短，对停学的学生应该进行适当的教育，从而使其跟上学校的教育计划。学校不得以逃学或迟到为由停学或开除青少年，青少年不应被驱逐到街头，为此，学校必须为被开除的青少年和长期停学的青少年提供优质的替代教育机会。

此外，学校必须制定高质量的校内替代方案，以确保学生和教职员工的安全，同时确保青少年继续完成他们的教育计划并得到适当的监督。另外，教育计划必须符合联邦、州和地方教育标准，让青少年了解他们的初级教育计划，提供足够的且与年龄相适应的监督。

(三)学生权利和家庭参与

学校要为青少年和家长提供表达意见的机会，并让他们积极参与教育惩戒的处分过程。其一，必须让青少年和家长了解纪律处分的程序，并给予有意义和及时的上诉机会，其中，纪律处分和听证会的所有信息和通知都必须翻译成适当的语言，以确保青少年和家长完全了解其过程和结果；

其二，面临开除或长期停学的青少年应有权获得律师或辩护人的代理，应要求学校就开除或停学的处分做出书面调查结果；其三，被驱逐的青年应有权对驱逐决定进行定期和有意义的审查。

(四)残疾学生处分据情况而定

一般而言，不应因特殊教育学生与学生残疾相关的不当行为而对其实施停学、开除或其他排斥性处分。特殊教育学生的排斥性处分只有在审查后并遵守联邦法律和法规后才能进行。学校纪律指导方针必须包括有关特殊教育学生纪律的条款并落实州和联邦法律对特殊教育学生采取纪律处分的具体要求。

(五)种族和民族差异

学校和学区必须收集、评估和公开非识别性统计数据，包括转介到少年法庭的人数、停学率和开除率。学校必须努力确定目前在纪律处分中存在的任何种族、族裔或其他歧视，并防止任何种族歧视影响。

第三节　美国教育惩戒政策的基本特征

一、尊重人权，以人为本

1961 年美国首次明确了受惩戒的学生可以享受《美国宪法》中关于人权的基本规定，即在受到滥用教育惩戒造成的伤害时，可运用相应条款进行法律救济。可见，《美国宪法》十分注重保护和尊重学生的人权。此后，英国等许多国家也纷纷效仿，在法律中渗透保护学生人权的理念。

由于其特殊的人口构成、经济结构、社会制度等原因，美国的绝大多数国家系统中都充斥着不公平问题，其中教育系统内的教育惩戒问题也难以脱离这样的大环境。有研究显示，大量遭受辍学或被学校驱赶的学生都生活在贫困之中。生活在贫困中的儿童更有可能接触到与导致纪律问题的各种社会因素：父母的严厉管教、缺乏父母的温暖和支持、接触到成人的攻击性价值观和行为、家庭生活压力、同龄人群体的不稳定以及缺乏认知刺激。① 这些因素并不仅仅是大多数生活在贫困中的儿童的生活特征，也是许多非贫困儿童的生活的特征。这些因素的存在有助于解释非裔和西班牙裔美国儿童中纪律问题的更大发生率，这两个快速增长的人群生活在贫困中的可能性是白人儿童的两倍。② 显然，还有其他因素导致少数民族儿童和贫困儿童的纪律问题发生率增加，这些因素包括孩子所在社区与孩子所在学校的文化和规范之间的差异。③

　　实际上，美国教育惩戒法律的推行初衷包含对学生的尊重和人权的保护，其国家教育惩戒立法的出发点是想通过更为灵活的惩戒方式，强调包容性环境的作用。为了应对不同学生的背景、环境、位置、特质等，美国政府十分注重开发法律功能，强调通过系统性、多元性、积极性的教育惩戒法律政策体系，尽可能将一套具有适切性、普遍性的政策准则广泛地辐射到更多主体、更多人口区域、更多类型层次的学校场域中去。④

二、落实合理性与合法性

　　美国的教育惩戒立法经历了取缔惩戒、恢复惩戒、规范惩戒的过程。事实上，各国完善教育惩戒法律的本质是解决学校教育惩戒权实施的"度"的问题，为平衡各方权益，保障教育惩戒的"度"不偏离正确范围，需依赖

---

① Conger, R. D., Conger, K. L., Elder, G. H., Jr., Lorenze, F. O., Simons, R. L., &Whitbeck, L., B. (1992). A family process model of economic hardship and adjustment of early adolescent boys. Child Development, 63, 526-554.

② U. S. Department of Education. National Center for Education Statistics. (1996). The pocket condition of education 1996.

③ Delpit, L. (1995). Other people $ children: Cultural conflict in the classroom. New York: The New York Press.

④ 胡雅婷，马早明. 全球视野下教育惩戒权立法的经验与启示——以英、美、日三国为例[J]. 中国德育，2020，(01)：16.

国家的法制和学校执行的和谐统一。教育惩戒制度的体系应包括宏观和微观两个维度的惩戒管理制度，这才能真正解决教师惩戒权滥用或缺失的两大难题。从宏观层面看，美国的教育惩戒制度明确了政府与中小学学校之间的职责权限关系，要求学校按照法律要求行使惩戒权力。国家教育行政机关作为行业管理部门，应制定清晰的法规来指导并规范学校对教育惩戒权的使用。同时，学生在认为自身的权益受到侵犯时，可以根据相应的正当法律程序进行法律救济。完备的教育惩戒制度也让教师的教育惩戒权真正实现了有法可依，违纪必究。①

　　合理性和合法性标准贯穿教育惩戒运作机制全过程，美国在制定教育惩戒法案和执行教育惩戒时，强调将合法性和合理性标准贯穿其中。② 一方面，合法性是教育惩戒立法的核心。权利法定是世界各国立法遵行的根本原则。③ 从美国教育惩戒权的立法过程看，教育惩戒法包括实体合法和程序合法两方面。其中实体合法通常是指，法律的适用必须公正合理，保护公民免受任意的、反复无常的或者不合理的行政行为的干扰。④ 程序性合法是指在行使教育惩戒权时，应按照规定的流程来处理，做到提前告知学生惩戒的理由，给予学生充分的自我辩护时间。把标准的执行程序引入公立中小学的教育惩戒，最终的目的是保护学生的利益，避免其遭受随意的、错误的、不当的以及武断的惩戒。另一方面，合理性是教育惩戒的价值标准。实际上，在不同国家，合理性与惩戒自由裁量权是密切相关的，因为教育惩戒其复杂性，法规无法覆盖学生每一项违规行为，因而各国政府会授予了教育者一定的自由裁量权。为防止教育者滥用教育惩戒，美国要求政府、学校、家长等各界对教师的惩戒行为进行监督和指导，确保教

　　① 胡雅婷，马早明. 全球视野下教育惩戒权立法的经验与启示——以英、美、日三国为例[J]. 中国德育，2020，（01）：17.

　　② 李美锟. 美国公立中小学教育惩戒中的学生权利保护[D]. 沈阳：沈阳师范大学，2014.

　　③ 郭道晖. 论法定权利与权利立法[J]. 法制现代化研究，1995：22-47.

　　④ 坎布朗-麦凯布，麦卡锡，托马斯. 教育法学——教师与学生的权利：第五版[M]. 江雪梅，茅锐，王晓玲，译. 北京：中国人民大学出版社，2010：351.

育者在运用这一教育手段时遵循相应的原则、规则，防止他们逾越合理范围使用教育惩戒。①

三、追求民主，敬畏道德

当公共教育建立在公认的美国教学理想中时，美国的管理人员认为，纪律不是为了教人敬畏上帝，而是敬畏负责任的公民。这反映在托马斯·杰斐逊的哲学中，杰斐逊和其他民主领袖认为，只有通过公立学校才能保护民主，他们认为公立学校将帮助儿童建立一个由独立思考、自我管理的学习者组成的国家，克服他们的自我利益或"利己主义"，真正促进美德行为对于关心他人和对他人负责的道德本能来说至关重要，学校灌输学生美德观念。②

正如今天的教育工作者所经历的那样，学校要通过进行与公正和关爱行为相关的教育活动，使学生有强烈的道德感。杰斐逊很快就发现，在当时的课堂上，理想主义必须让位于现实主义，宗教在实践中不发挥直接作用。杰斐逊起初赞成在家庭、教会、社区以及学校中直接教授"美德的习惯"。

自此，民主教育者开始了一个新的挑战，即在使用"最少的"外部强加的纪律的同时，培养自我管理、对社会负责的个人。在这个挑战中，有一个似乎永无止境的争论，即发展与道德行为相关的认知和情感，如道德推理、价值观、目标、标准、社会问题解决策略和同情心，与直接教授适当的行为的相对重要性。认知与行为的争论可以追溯到柏拉图和亚里士多德，柏拉图认为教育者应该强调思考，而亚里士多德则认为道德行为应该

---

① 胡雅婷，马早明. 全球视野下教育惩戒权立法的经验与启示——以英、美、日三国为例[J]. 中国德育，2020，(01)：13-18

② Mayo, B. (1988). Jefferson himself Charlottesville, VA：University ofVirginia Press.

是首要关注的。①

美国公众至今仍认为学校应该在自我约束的教学中发挥主要作用，这种信念从未像今天这样强烈。近期美国开展的盖洛普民意调查显示，9%的公众认为，公立学校的主要目的应该是"培养学生成为负责任的公民"。尽管公众强烈同意应该给学生教授价值观和纪律，但他们也认为目前教授纪律的方法并不奏效，公众对学校处理纪律问题的方式不满意。70%的人最近给学校在这方面的评分是"C"或更低。② 教育工作者与公众一样关注学校的纪律问题，并主要将纪律问题归咎于孩子和他们的家庭。教师认为，学校面临的四个最严重的问题是：第一，学生没有做好学习准备就来到学校；第二，缺乏家长的参与；第三，学生的冷漠；第四，贫穷。③ 有趣的是，家长同意教师的观点，即认为许多家庭缺乏纪律。事实上，自21世纪初以来，家庭与学校在纪律问题上的关系已经发生了巨大的变化。社区流动性增加，凝聚力下降，家庭中的不稳定因素和媒体的重大变化，在过去几十年中促使纪律问题的严重性和频率增加。学校在面对这些问题时，来自家庭、社区和教会的支持明显少于过去。而且，由于保护儿童教育和公民权利的进步法律的制定，学校现在必须教育那些过去会辍学或被排挤出去的儿童。

在当今美国的学校里，许多最常见的课堂纪律问题与几个世纪以来困扰教师的问题一样：戏弄、未经允许说话、离开自己的座位、不尊重教师和欺凌。但是，新的纪律问题也已经出现，其性质更加严重，反映了许多社会问题，例如药物滥用、暴力、打架、帮派，这些问题在世纪之交几乎闻所未闻。为此，美国教师为实现有关学校惩戒的两个传统教育目标进行

① Lickona, T. (1991). Educatingfor character: How our schools can teach respect and responsibility. New York: Bantam.

② Elam, S. M., Rose, L. C., & Gallup, A. M. (1996, September). The 28th annual Phi Delta Kappa/Gallup poll of the public' sattitudes toward the public schools. Phi Delta Kappan, 4l-58.

③ U. S. Department of Education. National Center for Education Statistics. (1996). The pocket condition of education 1996. Washington, DC: U. S. GPO.

了回顾。首先，学校被期望在学生中培养自律，或行为的自我调节。自律意味着一个人行为的内部动机，民主理想的内部化，并且在没有外部行为监管者的情况下最为明显。① 其次，当儿童未能表现出自律性时，学校应使用纪律措施，即外部施加的纪律，特别是应该使用积极的策略来促进亲社会行为，有助于创造和维持安全、有序和积极的学校环境。这种环境不仅能促进积极的同伴关系，还能帮助学校实现培养学生自律的长期目标。② 最后，教导自律和维持积极的学校环境的重要性，在当前的一些联邦倡议中显而易见。例如，2000年《美国教育法案》③规定，到2000年，每所学校都要提供一个有利于学习的纪律环境。同样，最近的联邦基金也被指定用于支持学校设计和实施项目，教授由家长、教师和青年领袖在全国品德教育会议上确定的六个核心价值观：责任、尊重、信任、公正和公平、关爱以及公民美德和公民身份。④

第四节　美国教育惩戒政策对我国的启示

一、警惕不平等现象，逐步加强法律保障

从世界范围来看，美国教育惩戒制度形成时间较早，历经了长时间的发展和完善，形成了一套较为成熟的制度体系，但仍存在较为严峻的不平

---

① Bear, G. G., Telzrow, C. E., & deOliveira, E. A. (1997). Sociallyresponsible behavior. In G. G. Bear, K. M. Minke, & A. Thomas (Eds.), Children Is needs II: Development, problems and alternatives (pp. 5 l-63). Bethesda, MD: National Association of School Psychologists. Beelman, A., Pfingsten, U., & Losel, F. (1994).

② Wentzel, K. R. (1991). Social competence at school: Relation between social responsibility and academic achievement. Review of Educational Research, 61, 1-24.

③ National Education Goals Panel. (1994, August). Data volume for the national education goals report, Vol. 1: National data. Washington, DC: Author.

④ Fund for the improvement of education: Partnerships in character education pilot projects. (1998, January 6). Federal Register, 63(3), 637.

等问题。美国经过长时期、多方面的努力，较为有效并妥善地减少了此问题的出现并且缓解了该问题导致的不良影响，在一定程度上提高了教育惩戒的科学性和公平性。

近年来，我国针对中小学生教育惩戒这一问题极为重视，教育部颁布了《中小学教育惩戒规则（试行）》，于 2021 年 3 月 1 日起实施，我国的教育惩戒的相关法律政策体系得到了发展和完善。相对来说，我国还处于教育惩戒相关问题研究的初级阶段，需要警惕教育惩戒不平等问题的出现，加强对教育惩戒的公平性的重视，进一步促进我国教育惩戒制度的发展和完善。我们国家的教育惩戒现存在以下情况：在国家明确颁布教育惩戒相关法律之前，大众对教育惩戒的认知尚不明确，对教育惩戒的接受程度也不同，甚至将教育惩戒和教师体罚混为一谈。加之过去几年中，教师体罚现象频发，造成较为恶劣的影响和严重的后果，也出现了一些不公平的教育惩戒。本文通过对美国社会不平等问题的社会根源进行简要分析，结合我国实际情况，以期为我国提供一些警示。[①]

二、制定惩戒实施细则，确保实施有章可循

多数基本认可教师教育惩戒权的社会中，也会同时认同这一观点，即惩戒权作为一种教师公职权利，必须有一套标准完整的规章制度对其进行限定，不能任凭教师个人意愿对学生进行随意的惩戒。我们可以看到，通过法律的形式肯定了教师的惩戒权的国家，多数也都颁布了教师教育惩戒权的实施细则，或者授权教育行政部门或地方、学校制定教师教育惩戒权的实施细则，这些原则和实施细则对教师教育惩戒权的概念、运用原则、运用情境、惩戒方式、惩戒程序，惩戒类型、权力监督、权利救济等方面进行了详细的规定。地域宽广的国家由于各地甚至各学校的具体情况不同，一般只会制定惩戒原则，把制定实施细则的权力下放。

---

① 王利园 . 美国中小学教育惩戒中不平等问题研究［D］. 河北师范大学，2021：46.

美国 21 个州允许教师惩戒学生，但多数州并没有颁布具体的实施细则，而是将权力下放至学区和学校，由学区和学校根据实际情况制定教师教育惩戒权实施细则。但无论是政府颁布的法律法规还是学校制定的相关纪律处分条例，都详细规定了教师惩戒学生的具体方式，惩戒方式具有选择性，学生可以根据自身情况从多个惩戒方式中选择一种，而教师也可以根据受惩戒学生性别、年龄、身体或心理状况等实际情况进行惩戒方式的调整。例如，纽约州沃里克山谷中央学区就针对不同阶段的学生制定了详细具体的惩戒措施，这些细则囊括了学生可能出现的各种违纪行为，并对应有具体的可供选择的多种惩戒措施，惩戒措施主要包括口头警告、书面警告、分配到拘留室、暂停参加运动等。①

三、注重惩戒程序设置，避免教师权力错位

教师应如何发挥其惩戒权？怎么保证其惩戒措施是否合适？如何掌握惩戒的"度"？学生是否拥有申诉的权利并且向哪里申诉？具体流程是怎样的？惩戒之后如何进行再教育和权利救济？这就需要教师在惩戒学生过程中，按照程序对学生进行惩戒，才能有效避免教师带有主观情绪对学生进行惩戒甚至体罚。

从目前的情况看，坚持教师教育惩戒权行使的程序性是各国法律法规和规章制度判定教师惩戒合理合法的重要原则和依据。教师未按照既定程序和规章制度惩戒学生将被视为"不合法"的惩戒，有可能会被追究一定的责任。例如，美国各州立法机关在制定各类法案时就注重程序设置，要求教师的惩戒行为必须符合既定的法律程序，法院在判决教师惩戒的案件时，也会关注教师惩戒学生是否符合程序，并将此作为学生权利是否受到

---

① Disciplinary Penalties, Procedures and Referrals, High School Policy [EB/OL]. 2019-09-28. https://www.warwickvalleyschools.com/about-wvcsd/code-of-conduct/5300-4-hs/

侵犯的重要因素。①

四、坚持以人为本，做好学生权利救济

教育惩戒的根本目的是为了学生的发展，以学生发展为本是教师教育惩戒的出发点和归宿，教师教育惩戒权具有教育和发展的双重属性。教师对违纪学生的惩戒，不仅是对学生现行违纪行为的规限和管理，也是通过合理适度的惩戒措施以达到培养学生纪律意识、实现学生发展的目的。教师对学生进行惩戒必须考虑学生的实际情况和根本权益，惩戒必须把握"度"，惩戒的同时要积极引导和教育，注重学生权利的保护和权利救济。惩戒会给学生的人身、精神、学习权带来损害，甚至会剥夺其受教育权，因此完善的教师教育惩戒制度必然包含充分合理的权利救济机制。②

美国大部分中小学都设立有专门的法律援助机构，帮助学校师生解答和解决法律问题，其中就涉及权利救济。③　权利救济是指在权利人的实体权利遭受侵害的时候，由有关机关或个人在法律所允许的范围内采取一定的补救措施消除侵害，使得权利人获得一定的补偿或赔偿，以保护权利人的合法权益。美国法律体系从早期令状形式时期开始，一直奉行的原则是"救济先于权利"，即无救济则无权利，所以美国实施权利救济的前提并非权利，而是损害，即需要加以改善的状态。依据美国法律穷尽救济的原则，为了解决学校内部纠纷，包括学生教育惩戒的纠纷，首先必须尝试内部救济，包括会谈、听证、申诉等解决纷争的方法，只有在所有的非司法途径都无法解决问题时，学生才可以进一步向法院提起诉讼，正式寻求司法途径以解决问题。尽管美国的历史背景、文化传统、政治经济结构和法

① 代以平，马早明. 全球视野下教师教育惩戒权的发展：流变、动因及经验[J]. 人民教育，2019，(23)：27-29.

② 任海涛."教育惩戒"的概念界定[J]. 华东师范大学学报(教育科学版)，2019，37(04)：142-153.

③ 代以平，马早明. 全球视野下教师教育惩戒权的发展：流变、动因及经验[J]. 人民教育，2019，(23)：27-29.

律体系都与我国不同，但在学校教育惩戒制度方面，遵循正当性程序原则，合理合法保障学生权益，实现师生关系的和谐发展，是两国学校教育管理的共同目标。

五、弄清惩戒教育的本质，以帮助学生实现行为自律

作为尚未成熟的中小学生，他们的成长是逐渐从他律到自律的社会化过程，教师的责任是代表社会为其树立正确的价值观，① 帮助他们改正不良行为，培养良好的道德品质。惩戒教育的目标是"戒"，避免学生重复犯错，目的是育人，帮助学生掌握社会的行为准则。因此，学校在实施惩戒的过程中应遵循教育的本质，当学生出现违规行为，教师或相关人员需考虑学生违规行为的严重性，了解学生的个体差异，再选择合适的惩戒方式。同时，为加强惩戒手段的灵活性，遵循教育以人为本的原则，教师可允许学生根据自身情况选择同等程度的不同惩罚方式。如若出现更严重的问题，如伤害他人并屡教不改，学校也会给出较为严厉的强制纠偏措施，保障其他学生安全和学校工作的正常运行。此外，为保护学生隐私和自尊心，避免学校教学秩序受影响，学校也可设立教育惩戒室，配备可提供心理咨询的专业人士，单独调解学生行为问题，探析学生违规行为背后的深层原因，真正从源头解决学生的行为问题。实施惩戒后，学校还应安排专门的教师或人员全力做好学生的事后安抚工作，避免事后对受罚学生造成更严重的心理伤害。②

总而言之，对于美国教育惩戒存在的种种问题，我们既要引以为戒，防患于未然，也要结合我们国家的实际情况，取其精华，去其糟粕，继续发挥社会主义制度的本质特征和优越性，借鉴美国在教育惩戒方面采取的有力措施，促进我国教育惩戒制度公平有效地推行。

---

① 谭晓玉．教育惩戒权：合理行使与依法规制［J］．教师教育论坛，2014，（10）：5-10.

② 胡雅婷，马早明．全球视野下教育惩戒权立法的经验与启示——以英、美、日三国为例［J］．中国德育，2020，（01）：13-18.

第三章　英国教育惩戒政策研究

第一节　历史沿革与政策背景

一、实行体罚阶段

英国的国家教育始于 19 世纪，体罚是从维多利亚时代开始的。在家庭和学校中，向年轻人灌输纪律的方式是对受教育者进行身体上的责罚。道德观念为这种做法赋予了合法性，人们不仅接受，而且期望培养儿童和体罚应该齐头并进，这种观念也被带到了学校生活中。体罚的传统植根于"原罪"的概念，"原罪"表现为懒惰或不服从的行为，在维多利亚社会规范和价值观下，父母期望，甚至在许多情况下主动要求对他们的后代实施体罚。教室被认为是引导儿童摆脱无知和罪恶的理想场所，体罚被认为是纠正儿童的极好工具，并被作为有效应对不良行为的灵丹妙药。例如，在苏格兰，人们使用皮带，而在马恩岛，人们喜欢使用桦树枝作为体罚的工具。之所以当时的教育工作者认为应当使用这种形式的纪律措施，有三个重要原因：第一，社会需要培养符合公认规范的人；第二，通过体罚可以打掉道德上的顽固不化；第三，体罚是确保有效学习的必要工具。

英国隶属普通法系，重视法律效力，因此一直以来由法院处理学校纠纷。"二战"期间，英国班级规模很大，一个班级通常超过 30 个孩子，在班级中没有课堂助理，只有班主任，所以纪律很严格。在学校中，对具有不良行为的孩子，用尺子敲击指关节、臀部或手掌是很常见的。二战以后，各个法系相互融合，英国逐渐引入成文法，通过制定法律法规来约束和管理教师的权力，教学问题也逐渐从主观随意变得客观公正。①

二、禁止体罚阶段

几个世纪以来，体罚被英国用作管教学童的一种方法。英国是当时欧盟国家中最后一个在学校中废除体罚的国家之一，而且是在议会、街头和各种法庭上进行了长期而激烈的斗争之后才废除的。英国学校第一次真正禁止体罚的运动发生在 20 世纪 40 年代末，名为"反对学校体罚委员会"的组织大力反对体罚，一度得到了 50 位议员的支持。1947 年，政府同意委托国家教育研究基金会对各种形式的惩罚和奖励对学生的影响进行调查。该基金会发现，绝大多数英国教师都支持体罚，并建议保留体罚作为确保学校纪律的一种手段。继英国《伦敦时报》曝光埃顿学院院长体罚学生的丑闻之后，学校管理者体罚学生的事件一时间被热烈议论，许多家长表示不满，纷纷站出来抵制教师体罚学生。20 世纪 80 年代，英国通过法规明文规定禁止体罚学生，教师戒尺被收缴，但 2% 的教师表示曾受到学生的人身攻击。②

20 世纪 80 年代至 90 年代期间，英国众议院进行了两次激烈辩论，分别通过公立学校不许体罚和私立学校不许体罚的提案。1986 年，下议院以 231 票对 230 票确认了《教育法案》的修正案，下议院以一票之优势宣布公立学校内的体罚是违法行为。基督教会学校和私人教会学校认为体罚自古以来就是犹太教和基督教共同继承下来的一种教育手段。体罚的目的是向儿童逐渐灌输一种道德信条，这样孩子才能做出符合道德的选择，最后成为对社会负责的成年人。③

---

① 黄崴. 英美法德日中小学校教师法律地位的比较[J]. 比较教育研究，2002，(6)：11-15
② 刘长海. 英国中小学生管理新规解读[J]. 比较教育研究，2015，(3)：61-64.
③ 杨光富. 英美韩泰四国教育体罚现象透视[J]. 当代教育科学，2003(9).

对教育惩戒的全盘否定导致了令英国教育当局头痛的青少年恶性违纪行为的频发。根据英国官方公布的数据，由于禁止了体罚，逃课孩子的数量急剧上升，达到了每天六万人次，创下了英国教育史的黑色纪录，而英国教育大臣则疲于将此数字缩小。为此，地方教育当局想尽办法。例如：对学生本人进行严厉批评、处罚写作文、周末留校、清理功能教室等，对学生的父母处 5000 英镑以下的罚金，但收效甚微。①

如果教师不再被允许使用体罚，那么他们应该使用什么替代性的制裁措施呢？在 1986 年之前，一些地方当局在没有法律规定的情况下废除了体罚，因此，他们试图提前处理这个问题。尽管全国各地都被要求取消学校的体罚，但 1968 年法案仍然存在缺陷，学前儿童没有得到法律的保护。此外，对于那些确实属于该法案管辖范围的学生，由于"旧习难改"，可能仍然会被实施体罚，如果不仔细监管，非法的体罚可能仍然存在。

三、初步建立教师惩戒权阶段

英国 2006 年的一个教育调查报告显示，聊天、吹口哨、迟到、随便在教室里走动、大讲笑话、课上用手机打电话等诸如此类的低层次干扰教学行为已成为英国当代校园里最令人头疼的行为问题，而且，令人难以忍受的是，十分之一的教师曾遭学生的身体攻击，六成的老师曾遭学生的语言攻击。其实，早在 1898 年的时候，英国政府的相关部门就曾对英国中小学的纪律问题进行过调查，调查的结果很令人头疼，在 40 万名教师中，竟然有 2%的老师曾经遭受过学生的人身攻击。自 1989 年以来，这种情况竟然愈演愈烈。根据全国校长协会和全国女教师协会的联合调查表明，平均来看，大约每过七分钟就可能有一位教师在学校遭受来自于学生的言语或人身攻击。英国中小学总督学大卫·贝尔在 2005 年 2 月公布的年度报告显示，中小学教师因为在学校的课堂上所遭遇的不良干扰而感到身心疲惫，②

---

① http://blog.sina.com.cn/52xiaohuaniu
② 李茂. 英国教师将获明确惩戒权［J］. 中国教师报，2006，（10）：26.

且情况还在恶化中。英国教育标准局的相关调查数据也说明，纪律情况良好的中小学校的比例已经从 1996 年的 76% 逐步下降到 2004 年的 68%。

英国学校管理问题由来已久。自英国全面禁止惩罚学生后，问题学生不断增多，教师受到人身攻击的比例呈上升态势。教育部 2019 年颁布关于被永久排除学生的统计数据显示，16.4% 的学生存在人身攻击，15.2% 的学生威胁成年人；① 学校的永久排斥率从 2006—2007 学年的 0.12% 一直下降，但 2012—2013 学年又重新攀升至 0.14%，学校教学管理问题再次成为社会的焦点。尽管 2013 年教育部颁布的《行为与纪律：政府指南》(Behaviour and Discipline in Schools：Guide for Governing Bodies) 专门讨论了学校的纪律问题及教学管理问题②，但 2019 年英国国家统计署 (Office for National Statistics) 的统计数据表明，与 10 年前相比，学校的纪律问题仍是一个难题。例如，英国总体上各类学校的永久排除率基本固定为 0.1%③，这就迫切要求英国政府在有法可依的基础上确保教育惩戒政策的有效实施，各级学校作为教育惩戒权的重要实施主体应积极践行教育惩戒细则。

为此，英国不得不恢复对学生的惩罚，完善学校惩戒制度。但该法案管理规定太过繁杂，各地学校教职人员难以全面掌握，再加上教师惩戒权的适用情况较为单一，在真正执行的过程中仍出现了许多问题。综合实际情况与多部法案的规定，2014 年《学校中的行为与纪律：给校长和教师的

---

① Department for Education . Permanent and fixed period exclusions in England 2017 to2018［EB/OL］. （2019-08-29）［2019-10-10］. https：//assets. publishing. service. gov. uk/government/uploads/system/uploads/attachment_data/ file/820773/ Permanent_and_fixed_period_exclusions_2017_ to_2018_-_main_text. pdf.

② Department for Education . Permanent and fixed period exclusions in England 2017 to2018［EB/OL］. （2019-08-29）［2019-10-10］. https：//assets. publishing. service. gov. uk/government/uploads/system/uploads/attachment_data/ file/820773/ Permanent_and_fixed_period_exclusions_2017_ to_2018_-_main_text. pdf.

③ Department for Education . Permanent and fixed period exclusions in England 2017 to2018［EB/OL］. （2019-08-29）［2019-10-10］. https：//assets. publishing. service. gov. uk/government/uploads/system/uploads/attachment_data/ file/820773/ Permanent_and_fixed_period_exclusions_2017_ to_2018_-_main_text. pdf.

建议》(Behaviour and Discipline in Schools：Guide for Headteachers and Staff)，进一步细化了教师的惩戒权，并解释了各类惩戒的实施要点和注意事项，为学校教职员工实施惩戒提供了详细参考。总的来说，在过去30年里，英国进行了一系列立法探索，共颁布有关教育惩戒的法律法规多达20余条，为英国教育惩戒政策的实施奠定了良好的法律基础。①

明确教育惩戒的合法条件意味着在教师权利和学生权利之间划定合理的界限。《2006年教育与督学法》第一次明确指出，教师拥有法定权利对存在失范行为、违反学校行为准则的学生进行纪律处分。② 这意味着教师惩戒学生有法可依，并且该权力适用于校内的所有学生，包括其他来访学生在内的非本校学生。同时学校的其他工作人员，如教学助理和其他教职人员，也有权对学生进行管制。同时该法案对合法惩戒的条件作出规定：在遵循法律的基础上，惩戒决定须由学校教职员工做出，且必须考虑学生的年龄、特殊需要以及宗教因素。③

四、完善教师惩戒权阶段

在英国，学校的"零容忍"政策已变得无处不在，这种惩戒方法将某些不良行为标记为不必经讨论就会立即受到永久开除。被指定为"零容忍"的行为包括携带武器或毒品进入学校和威胁学生或工作人员的严重暴力行为，这些行为在很大程度上影响了其他学生受教育的权利，学校会采取永久性排斥。然而，该政策的结果可想而知，因为它是缺乏公平且"一刀切"的。例如一个患有阿斯伯格综合症的14岁学生，急于交朋

① 李梦花，马早明. 学校治理视角下英国教育惩戒政策实施及取向分析[J]. 比较教育研究，2020，42(11)：106.

② Department for Education. Education and Inspections Act 2006[EB/OL]. (2006-11-08)[2019-10-04]. http：//www. legislation. gov. uk/ukpga/2006/40/pdfs/ukpga_20060040_en. pdf.

③ Department for Education. Education and Inspections Act 2006[EB/OL]. (2006-11-08)[2019-10-04]. http：//www. legislation. gov. uk/ukpga/2006/40/pdfs/ukpga_20060040_en. pdf.

友，把他父亲送给他的生日礼物一把用于钓鱼的瑞士军刀带到学校给同学们看，由于向另一个学生展示了这把刀，他被永久地排除在学校之外。这在一定程度上说明了零容忍政策有可能造成不公平、不公正和制度性偏见等问题。

在《2011年教育法》之前，英国的学生有权对永久开除进行上诉和撤销。家长有权向管理机构或纪律委员会管理机构提出有关开除的意见，管理机构必须在某些情况下审查开除决定，其中包括所有永久性开除。如果管理机构支持一项永久性的排除决定，家长有权提出上诉，有特殊教育需要的学生也可以以学校没有提供足够的支持为由提出上诉。学校有义务在开除学生的第6日后，为被开除的学生提供合适的全日制教育。2010年《平等法》提供了一些对学生的保护，该法规定了一项"公共义务"，要求具有受保护特征的人，包括残疾和与种族歧视有关的人，在获得商品和服务方面得到积极支持。因此，2010年《平等法》颁布后，可以在此基础上对排斥行为进行司法审查。尽管如此，也许是由于法律援助的削减、学校的财政需要，以及学校和不知情的家长之间的权力平衡，有特殊教育需要的学生被排斥的比例比没有特殊教育需要的学生更高。

长期以来，英国一直致力于妥善处理学校的纪律问题，为此，英国政府颁布了一系列法规，为教育惩戒政策的实施提供了法律依据。同时，学校层出不穷的纪律问题也成为学校实施教育惩戒政策的直接原因。英国2013年颁布的《合理使用惩戒——给校长、教师和政府人员的建议》，再次强调学校所有教职员都有使用合理惩戒的法定权利，① 例如沃金高中实施制裁的主体包括任课教师、部门主任（Head of Department）和年度负责人

---

① Use of reasonable force Advice for headteachers, staff and governing bodies［EB/OL］. （2013-07-01）［2019-12-07］. https：//www. gov. uk/ government/publications/use-ofreasonable-force-in-schools.

（Head of Year)，主体之间相互配合，共同维护学校秩序。①

第二节　英国教育惩戒政策的理论基础

在 2010 年保守党和自由民主党联合政府当选后，预防策略重新聚焦于"围绕一套特定的价值观，具体指英国的价值观"。② 此后，"英国基本价值观"已经被嵌入到最新的教师标准中，③ 教师标准和政府指南要求教师"维护公众对教师职业的信任，在学校内外保持高标准的道德和行为规范，但不能破坏基本的英国价值观，包括民主、法治、个人自由、相互尊重以及对不同信仰和信仰的宽容"。④《教师标准》中的指导原则存在的一个问题是，它是一种消极的形式：教师们被劝诫要通过"不破坏基本的英国价值观"来展示他们的职业风度。在英国价值观影响下的学校教育惩戒政策展现出了由五种理论构建的实践体系：行为学方法、心理动力学方法、系统学方法、认知学方法和人文主义方法。

一、行为学方法

行为主义方法建立在行为主义原则之上，主要与教育环境中的制裁和奖励有关，目的是通过奖励来鼓励学生的理想行为，通过制裁学生来减少课堂上的不理想行为。在英国的学校里，行为管理方法是根据明确指定的

① Department for Education. Woking High School Behaviour and Discipline Policy[EB/OL]. (2019)[2020-01-08]. https：//fluencycdn2. fluencycms. co. uk/ FileCluster/Woking-High/MainFolder/documents/201718-policies/BD-2017. pdf.

② Durodie, B. (2016). Securitising education to prevent terrorism or losing direction? British Journal of Educational Studies. 64(1)，21-35.

③ Department for Education. (2011). Teachers' standards. Available at https：//www. gov. U. K. /government/publications/teachers-standards.

④ Department for Education. (2014a). Promoting fundamental British values as part of SMSC in schools：Departmental advice for maintained schools. Available at https：//www. gov. uk/government/publications/promoting-fundamental-british-values-through-smsc.

目标和行为检查表设计的，其中包括对特定行为的制裁和奖励，例如在下一节所提到的几所最具代表性的学校就实施了详细的奖惩机制。通过对理想的学生行为给予积极的鼓励和奖励，对不理想的学生行为使用制裁和消极的惩罚措施，使学生在课堂上呈现理想的行为。课堂上的行为学方法集中在结果上，为了获得理想的表现，需使用外在的激励因素。

二、心理动力学方法

课堂上的心理动力学方法主要是基于依恋理论的观点，并且关注自我调节的重要性，信任和学生与教师之间的安全关系。心理动力学方法的目的是在学校中发展高质量的关系，它规定教育者必须了解学生过去的经历，这创造了他们世界的内部模型。依恋理论的观点与学校对具有挑战性的学生进行行为管理的一系列策略有关，如全校性的方法、培育小组策略和情绪辅导。创设一个对挑战性学生有效的课堂环境需要保证学校教师是有教养的、稳定的和有爱心的，教师布置的任务应设计清晰，学校互动不是被动的，而是旨在通过自我调节来关注情绪，物理结构是以预防方式构造的。

三、系统学方法

系统学方法关注学生的社会互动性，并以个人、家庭、学校和社区之间社会互动的结果作为基础进行操作，课堂上的系统学方法得到了行为学和心理动力学方法的支持。制裁和奖励在系统学方法中占有一席之地，但这种策略应该更多以预防的方式来使用，而不是以结果为重点。系统学方法的重点是在一个更广泛的视角下的社会互动的质量，从个人到更广泛的社会，促进一个积极的课堂氛围，鼓励学生提高他们的自律和自我调节能力。

四、认知学方法

认知学方法认为，行为是内部思维过程的结果，而不是外部因素。从本质上讲，认知方法侧重于思想，因为它假定思想是情绪、情感的基础，而情绪、情感是作为行为表现出来的。认知行为方法，侧重于为具有挑战性的学生提供一个信息或支持性的关键人物，以专注于改变消极的思维。

五、人本主义方法

人本主义方法关注个人，认为自我概念和动机是由社会和人际关系形成的。人本主义方法的主要观点是：教育者的关怀、同情、鼓励和以学习者为中心的态度等激励了学生，从而产生了理想的行为。英国教育从业者提倡为学生提供自主权，鼓励学生在处理任务时创造他们自己的积极行为，或者在决定课堂规则时参与，使学习者减少破坏性行为的发生。在课堂上，培养学生的自我激励、咨询、积极倾听、移情和非评判性支持的能力对于减少不良行为非常重要。

在考虑如何管理学校学生的破坏性行为时，所有这些方法都有优势和局限性。虽然行为主义方法使用制裁和奖励等外在激励因素，而且学校通过使用标准行为框架进行行为管理而受益，但这些方法可能也会受到批评。因为其他一些因素也有可能导致学生的不良行为，如社会环境、早期经历、依恋程度和认知发展。

第三节　英国教育惩戒政策的实施内容

由于教师在体罚问题上被迫让步，"代行父母职责"仍不明确。随着教师的新定义以及随之而来的义务和责任，在面对有不当行为的学生时，教师地位仍然需要明确。英国学校对行为问题所采取的应对措施，从口头训斥到永久开除不等。尽管制裁的范围很广，但也可以分为纪律模式和教养模式。为了更加立体、动态地了解英国学校教育惩戒实施的具体程序和细则，在这一部分，笔者选取了四所具有典型性与代表性的学校作为案例，选取范围从小学到高中、从公立学校到社区学校，通过对这四所学校执行教育惩戒政策的特色做法进行分析，在一定程度上可以从某些侧面较好地还原英国学校教育惩戒政策实施的完整过程。

一、沃金高中

(一)背景简介

沃金高中(Woking High School)(原名霍塞尔高中)是一所具有学院地位的中学,位于英国萨里郡沃金的马赫尔地区,如今有大约 1200 名在读学生。沃金高中始终秉持着"不是能做到的最好,而是在任何地方都能做到最好"的信念。沃金高中拥有良好的学术传统,并以杰出的个人关怀为基础,提供无与伦比的机会,激励学生成为最好的自己。沃金高中还存在一种独特的"精神",是指学校所有员工集体承诺为每个学生创造一种成功的、全面的教育体验。这种"精神"的精髓体现在沃金高中的价值观中。在沃金高中,教育工作者相信儿童的福利是最重要的,孩子们有权利感到安全,所有学生都有权利受到保护,免受伤害和虐待。

沃金高中所有的教职员工有责任防止学生受伤害和虐待,并根据法定指南,在考虑到背景保障的情况下,对任何可能让儿童在学校或社区中面临伤害风险的活动要立即采取规避行动。沃金高中认识到,尽可能地与家长展开合作可以保护儿童并减少风险。沃金高中在规范学生行为方面也有自己的一套相对完善的措施,但教育惩戒是一个系统庞大的复杂性工程,仅靠学校内部的力量难以达到最佳效果。因此,英国学校通过"内外联动"的方式为教育惩戒提供行政支持,沃金高中便是典型的实践者。

沃金高中《行为和纪律政策》,不论是内容的设定还是具体的实践,都不乏可借鉴之处。沃金高中认为《行为和纪律政策》是所有教学的基础。该政策将使学校变成一个有利于学习的环境,一个保障学生受教育的权利的环境。

(二)学校层面

1. 设置高级领导小组巡视

高级领导小组巡逻队由高级领导小组、年级组长和系主任组成。上学期间，高级领导小组在学校的课间和课后进行巡视，查看学生的作业并表扬做得好的学生。任何时候都会有两名高级领导小组成员进行巡视。在课堂上表现良好的学生将得到高级领导小组的认可，以表彰他们的勤奋和努力。不符合行为要求的学生可以由老师和高级领导小组巡逻队一起把他们带到特定的房间、系里的其他地方或焦点中心。被高级领导小组巡逻队带走的学生将进行一个恢复性练习课程，旨在帮助他们了解为什么他们的行为是不恰当的，他们的行为所产生的影响，以及他们下次可以做什么来改善他们的行为。

学生被开除的数据记录在高级领导小组的巡逻文件夹和班级图表中，每天由年级主任跟进，以确保事件得到适当的制裁。事件发生后，年级主任或领导小组成员会尽快通知家长。从高级领导小组巡逻中获得的信息将被定期监测，以了解趋势以及随后的行为管理调整。

这个系统不仅可以制裁学生的负面行为，还有助于改善他们在被除名的那节课上的行为。它还要求工作人员满足学生的需求，提供出色的课程，并在必要时提供投入，以支持行为管理的发展。

2. 学生支持服务

有些学生有特殊需求，影响他们在学校的行为，需要额外的支持来帮助他们管理。为了支持这些学生，沃金高中雇佣了一些工作人员，与学生一起在他们的特定需求领域工作。这可能采取小组会议或个人会议。除非有儿童保护问题，否则这些会议上发生的事情是保密的。

3. 社团制度

所有沃金高中的学生都是社团的成员。社团制度的目的是：在一个安全的环境中培养学生的归属感和团体意识，丰富每个学生的学校生活体验，鼓励愉快和健康的参与。通过参与内部活动，学生可以发展自尊、自我价值和更大的社区感，所有这些目的都有助于改善学习行为。

4. 公民和品德教育课

在沃金高中，公民和品德教育课程包括个人、社会、健康和经济教育以及职业咨询和指导。该课程帮助学生了解他们周围的世界和他们在其中的位置，探索想法，并帮助他们确定未来的个人目标。所有这些课程都有助于为学生提供技能和动力，使他们在接下来的学校生活中取得成功。

5. 征求学生意见

所有学生都有机会通过每周导师计划中的具体反馈时间，来向年级委员会代表、学校委员会代表、学科委员会代表、学习顾问和学生领导团队表达他们对沃金高中生活的看法。知道他们的意见被重视，并被征求对学校变化的意见，有助于使学生感到自己是沃金高中的一部分，改正自身的不良行为。

6. 监测行为和纪律政策的影响

沃金高中监测学校的所有方面，例如有特殊教育需要的学生、学生补助金的分配，以确保行为政策是公平、合理和透明的。这将通过各种方式进行，包括与学生、员工、家长和理事定期讨论。

沃金高中将评估行为政策的影响，并根据评估结果采取行动，例如种族骚扰是不能容忍的，学校将记录所有的种族主义事件，家长和理事将被告知这些事件以及为处理这些事件所采取的行动。沃金高中管理机构将每年向地方教育当局通报种族主义事件的频率和具体形式。

7. 奖励措施

沃金高中的目标是促进积极的行为，学校有一个明确的奖励制度，以确保他们注意到并认可所有学生的努力，特别是学生在不同方面完成的良好工作、进步和善意行为都会得到奖励，沃金高中有一系列的奖励措施，包括口头表扬、班级图表成就积分、奖励证书和颁奖大会。

(三)教师层面

如果学生的行为低于可以合理预期的标准，教师可以对其进行惩戒。这意味着，如果学生行为不端，违反学校规则或不遵守合理的指示，教师可以对其进行惩罚。合法惩罚必须满足以下三个条件：惩罚学生的决定必须由学校有偿工作人员或经校长授权的工作人员做出；惩罚学生的决定和惩罚本身必须是在学校场地内作出的；惩罚学生的决定和惩罚本身必须是在工作人员负责的情况下作出的，而且在所有情况下都必须是合理的。

惩罚必须是相称的。2006 年《教育和监察法》第 91 条规定，处罚必须在所有情况下都是合理的，必须考虑到学生的年龄、他们可能有的任何特殊教育需求或身体缺陷，以及影响他们的任何宗教因素。

教师有特定的法律权力，可以在课余时间实施拘留。在正常上课时间之外，未经家长同意可以进行留校的时间是晚上和周末。拘留不需要家长同意，与任何纪律处罚一样，工作人员在实施拘留时必须合理行事。对于午餐时间的留堂，工作人员应该给学生留出合理的时间来吃、喝和上厕所。为确保课外留校的合理性，发出留校通知的工作人员应考虑拘留是否有可能使学生处于危险之中。

（四）学生层面

1. 学生不良行为后果

作为个人，我们可以选择如何行事，然而更重要的是，我们都得认识到每一个选择或行动都有一个后果，后果是由我们的行为直接导致的一种结果。

在沃金高中，后果是由工作人员发布的。学生可以控制自己的行为，如果他们选择以某种方式行事，这些行为就会成为后果的催化剂，后果是根据学生的行为而发出的。

（1）第一阶段的后果——口头警告

当学生基本行为不符合沃金高中行为准则中规定的标准时，学生将首先通过受到口头警告的方式获得第一阶段的后果。

（2）第二阶段的后果——记录班级图表

当学生的基本行为不符合行为准则所规定的标准时，就会被口头警告。一旦课程结束，这将被记录在第二阶段的"班级图表"中，作为永久记录。如果一个学生在 10 天内收到 3 个行为积分，他将被转到中央拘留所。

（3）第三阶段的后果——课后留校 30 分钟

如果学生达到第二阶段后，其行为仍然不符合行为准则的标准，他们将进行第三阶段的课后集中留校。留校察看的时间为30分钟，由高一年级负责行为的助理校长领导。留校将在下一个教学日进行，并将在24小时前通过电子邮件或电话通知家长。

（4）第四阶段的后果——高级领导巡视拘留

在上学期间，高级领导小组会在课上和课下在学校周围巡视，查看学生的作业并表扬做得好的学生。任何时候都会有两名高级领导小组成员在巡逻。如果一个学生在第三阶段的后果发出后仍不改正其行为，那么工作人员将呼叫高级领导小组巡逻队。

（5）第五阶段的后果——焦点中心

如果一个事件被认为严重违反了学校的行为准则，那么学生可能会在焦点中心度过一天或更长时间。焦点中心是一个位于学校的融合单位，由融合和行为经理管理。学生只有在得到社会服务小组的批准后才能被转到焦点中心，并且至少提前一天通知家长。如果一个学生被安排到焦点中心，那么他在到达焦点中心之后的3天内不能代表学校参加任何活动。

2. 学生行为系统

（1）恢复性实践会议

根据行为事件的性质，恢复性实践会议可以是非正式或正式的。它们以解决行为问题为重点，分析发生了什么，谁受到了影响，现在需要做什么。会议结束后，将达成一项协议，会议越正式，参与的人就越多，可能包括学生、教师、家长和外部机构。

（2）恢复性班级会议

班级会议将遵循与上述恢复性实践会议类似的模式，但会议成员将包括班级的所有成员。会议可以由班级教师、系主任、年级主任或高级领导团队成员主持。这些会议旨在让班级的每个成员对影响他们的事件发表意见，并在恢复性实践记录表上记录相关行动要点。

（3）社区服务转介（CSR）

沃金高中对违反学校行为准则的行为采用一系列的社区服务惩罚措施。包括餐厅清洁工作、捡拾垃圾和整理部门区域。如果是在休息时间或午餐时间犯错，那么就会被禁止在5天内使用餐厅，但仍可享用食物。

（4）没收物品

根据英国《2006年教育与督学法》，如果有合理的理由，学校的行为守则赋予教职员工没收、保留或处置学生违禁物品的权利。① 沃金高中禁用以下物品：刀具、武器、酒精、非法药物、被盗物品、烟草和烟纸、烟花、色情图片以及任何工作人员有理由怀疑已经或可能被用于犯罪，造成人身伤害、财产损失的物品，将被没收。学校将根据具体情况决定如何处理被禁物品。

二、克雷斯特维尔社区学院

（一）背景简介

克雷斯特维尔社区学院，位于英国埃克塞特附近的东德文郡布罗德克莱斯特的一个小村庄，靠近城市，在混合行政区域内。该学院成立于1959年，1974年成为一个综合学校和社区学院，克雷斯特维尔社区学院现在是一个由1050名学龄学生、800名成人学生和100多名工作人员组成的学校。克雷斯特维尔社区学院有把年轻人放在第一位的传统。克雷斯特维尔社区学院希望能够鼓励学生独立学习，使学生不受不当行为的阻碍。克雷斯特维尔社区学院也渴望促进社会责任感，确保学院所有学生和工作人员的福利和安全，同时也会邀请家长与学校共同努力，促进学生行为自律。

理想情况下，对不可接受的行为的管理应该让学生对他们的行为和后果进行反思。克雷斯特维尔社区学院是一所尊重权利的学校，这一精神支撑着学院生活的各个方面。学院的主要目的是在一个平静的氛围下，提供尽可能高的学习标准，让所有的人投入学习。

---

① Department for Education. Education and Inspections Act 2006[EB/OL]. (2006-11-08)[2019-10-04]. http://www.legislation.gov.uk/ukpga/2006/40/pdfs/ukpga_2006 0040 _en.pdf.

（二）学校

1. 学院的使命

克雷斯特维尔社区学院通过改善教学和学习来提高成绩标准，为学院的所有成员和更广泛的社区提供广泛的机会，使其投入到学习中并取得成功，同时为学院成员的生活以及他们人生的下一个阶段做好准备。学院利用当前和技术，为整个社区发挥最大的作用，无论可能会面对多大的差异或挑战，学院的使命都是接收一切学生并保护学院所有成员。

2. 学习行为政策的目标

克雷斯特维尔社区学院的目标是使学习能够不受干扰地进行，鼓励在学院内营造一个平静、安全、快乐和积极的氛围，使学院成为一个充满关爱的环境，在这个环境中，所有的成就都受到重视，所有人都能学习，少数人不会扰乱大多数人学习的氛围。学院鼓励独立和自律，使每个学生能够对自己的行为负责，鼓励所有工作人员、学生和家长对学习行为采取一致的态度。克雷斯特维尔社区学院认为保持高标准的关键是与家长建立积极的关系。在大多数情况下，学校通过计划书、电子邮件或电话主动联系家长，在出现问题时进行会面，可以防止将来出现问题。

（三）教师

法定权力赋予任何合法管理儿童的工作人员以规范学生行为和实施制裁的权利。这一权力被赋予所有工作人员，并延伸到学院的志愿者，在可行的情况下，也赋予在学院外管教学生的工作人员。教师必须被允许进行教学，同时学生必须被允许进行学习。学校也渴望促进学生社会责任感的形成，确保学院所有学生和工作人员的福利和安全。学校邀请家长与学校一起致力于达到这些目的。教师个人对其所负责的学生负责，有效的教学和学习可以最大限度地减少不良行为，而良好行为的基本要素是在课堂上建立积极的关系。

理想情况下，对学生的不当行为的管理应该让学生对他们自己的行为和所造成的后果进行反思。教师也应该明确他们的期望，尊重并公平对待学生，并且永远不要发表人身攻击，学生的行为可以被批评，但不能批评学生本身。

1. 奖励行为

学院的奖励制度反映，在保持良好的行为和培养学习者方面，赞美和鼓励比制裁更有效，学院使用的表扬是非常有效的。学院制定了一个针对所有学生的正式奖励系统，对尊重规则、积极参与活动和表现优秀的学生给予表扬积分，这些积分可以在课内或课外颁发，具体的奖励方式包括：①每个年级组都有一个正式的成就庆祝活动，学生在学业、出勤和社交方面的成就会得到证书和奖杯的奖励；②学生的作品会在教室和学院周围的显眼位置展示，在接待处和校长办公室都可以看到这些展示；③学院会向当地媒体发送新闻稿，并邀请他们到有特殊成就的学生所在的学院对学生进行采访；④对于行为优秀的学生，会在夏季学期结束时，为他们安排一些年度旅行活动；⑤在学生公告中进行表扬；⑥校长表扬。

2. 行为管理

学院的目标是改善学生的行为，减少对学习的干扰。对学生不当行为进行早期的干预并与家长定期联系，将大大有助于实现这一目标。

（1）扣留

克雷斯特维尔社区学院规定，留堂将作为一种惩罚措施。留堂可能是在课间休息、午餐或放学后，留堂将由教育协调员或志愿者共同安排，课后留堂将在同一天进行，同时学院将通过电话、电子邮件或家长应用程序与家长联系，告知他们这一处罚，只有在特殊情况下，才会在另一个时间告知家长。

（2）隔离

克雷斯特维尔社区学院有一个隔离室，根据克雷斯特维尔社区学院准则，扰乱秩序的学生如未能纠正不当行为，或表现出更严重的行为，不良行为持续升级，将会被安置在隔离室里。

3. 行为报告卡

报告卡是一种积极的策略，用于使那些持续未能达到期望的学生回到正轨。其目的是帮助学生在一定时期内重新关注自己的行为，以改善其行为。课堂外、休息时间、午餐时间等时间的不良行为，应根据事件的严重程度，提交给导师或学校负责人，但最初由遇到该事件的老师处理。克雷斯特维尔社区学院要求教师尽可能地表现出积极的态度，以提高学生的自尊心。在某一学科领域持续未能达到预期目标的学生，将被其学科教师列入学科报告，该报告卡由科目负责人、班主任和家长监督。

根据克雷斯特维尔社区守则，学校校长和辅导员将对来自各学科的学生的请求作出回应，并将该学生列入"绿色报告"。在导师的监督下，这份报告使学生能够在所有科目中获得积极的回应，从而回到正轨。当孩子被列入报告时，家长就会被告知并要求在报告单上签名，而被报告的学生应该在上课开始时将报告卡交给班主任。

当学生在一些科目上产生不当行为，并且"绿色报告"不成功时，该学生将被置于"橙色报告"中。校长将先对事件进行梳理，然后，将决定采取最适当的行动，例如，继续报告、与家长面谈、转介到其他支持部门。如果学生继续产生不良行为，或者他们已经脱离了固定期限的禁闭，那么他们将被列入"红色报告"，由副校长负责。

4. 合理的武力

合理的武力，涵盖了大多数教师在其职业生涯的某个阶段所使用的与学生有一定程度身体接触的广泛行动。武力通常是用来控制或约束的，其范围可以从用手臂引导学生到安全地带，到更极端的情况，如制止打架或需要约束学生以防止暴力或伤害，在这种情况下，"合理的"意味着不使用过度的武力。学院的所有工作人员都有使用合理武力的法定权力，也就是说这项权力适用于学院的任何工作人员。同时它也适用于校长临时安排负责管理学生的人，如无报酬的志愿者或陪同学生参加学院组织的访问的家长。可以使用合理的武力来防止学生伤害自己或他人，破坏财产，或造成混乱，比如：将拒绝听从指令的捣乱儿童赶出教室；防止学生的行为扰乱学院的活动或学院的旅行；如果允许学生离开教室会危及他们的安全或导致扰乱他人行为的行为，那么就阻止学生离开教室；防止学生攻击工作人员或其他学生；阻止操场上的打斗；约束一个有可能因身体缺陷而伤害自己的学生。

教师是否进行身体干预取决于专业判断，并应始终以具体情况而定。重要的是，任何使用约束手段的工作人员都要填写事件单，存放在副校长办公室的严重事件簿上，所有此类严重事件必须在事件发生后尽快报告，学生、教职员工和目击者将提供证词。学院建议所有教职员工在干预危险情况之前，尽可能尝试获得帮助。如果成效甚微，那么需根据规则使用最低限度的必要武力来化解局势。

三、韦克斯姆学校

（一）背景简介

韦克斯姆学校创办于 1987 年，为 11 至 18 岁的学生提供服务，2017年 11 月，英国教育标准局将韦克斯姆学校学校评为优秀学校，并称韦克斯姆学校在促进学生个人发展和福利方面非常出色。韦克斯姆学校的目标是学校内的所有成员都有权享受一个安全和具有挑战性的学习环境，学校所有成员之间的相互尊重是韦克斯姆学校的宗旨。学生良好的行为需要被示范、教导和奖励，不良或不可接受的行为需要得到制裁，学生之间以及教师与学生之间的积极关系是良好行为的关键。学生在一个有序的环境中学习效果更好，如果学生对学习和良好行为的期望值很高并执行，就可以实现校园和谐发展。

韦克斯姆学校将可接受的行为定义为：促进学校社区所有成员在学生之间、学生与教师或其他学校工作人员之间、学生与来访者或其他人员之间在校内或校外的礼貌、合作和对他人的考虑。韦克斯姆学校将不可接受的行为界定为：辱骂、反社会行为、破坏行为、威胁性语言或行为、极端主义、恐吓、身体虐待、欺凌和骚扰、种族主义、性别歧视、虐待等，学校还将任何扰乱或阻碍在教室或其他地方进行学习的行为列为不可接受的行为。对于学生出现不可接受行为，学校会采取与学生不当行为相匹配的惩戒手段，使学生减少不当行为的发生。

(二)学校

1. 制裁措施

表 3-1 韦克斯姆学校的行为程序

惩罚行为	行为类型	制裁措施	执行人
B1	低水平的聊天；愚蠢的行为；缺乏注意力	口头警告	学科老师
B2	未完成课堂作业；上课迟到	扣留 10 分钟	学科老师
B3	没有提交家庭作业；经警告后不愿意遵守指示；持续的低水平聊天；干扰课堂；未将日记带到学校；对其他学生无礼；滥用设备，包括移动电话、IPAD	扣留 30 分钟	学科老师 辅导员
B4	语言不当；对成人无礼；不穿校服；对工作人员的挑衅；课堂外的不良行为，如乱扔垃圾；每半学期迟到超过一次	部门或年级组长扣留 1 小时并通过信件或电话通知家长	系主任 年级领导
B5	抽烟，包括水烟或电子香烟；轻微破坏学校财产；逃学；无礼或使用歧视性或侮辱性的不恰当语言	高年级学生留堂 1 小时并写信给家长	高级系主任 高级领导小组
B6	任何形式的欺凌行为；咄咄逼人的蔑视行为；故意破坏学校财产的行为；有预谋地或一次性地攻击其他学生；故意歧视性的不恰当语言或无礼行为；对工作人员的威胁行为；盗窃；使学校的声誉受损	内部禁闭，时间长短取决于事件，最长不超五天	年级领导 高级领导团队

续表

惩罚行为	行为类型	制裁措施	执行人
B7	持有、吸食非法物品；严重和持续的欺凌行为；严重攻击学生、工作人员；极其严重地破坏财产或建筑物；性攻击或猥亵行为；对工作人员的严重威胁行为；扰乱内部禁闭室或在内部禁闭时不遵守指示	固定期限停学，根据情况可能导致永久停学或管理性转学，时间长短取决于事件，最多四十天	高级领导小组
B8	持有攻击性武器；贩卖非法物品；盗窃；极端主义行为；对某位工作人员提出恶意指控	永久性停学	校长

2. 内部开除

如果决定是内部开除，那么需要与负责学生行为的副校长或高级领导小组中的任何成员进行联络，并在当天寄一封信到家学生里，通知家长内部开除的情况。被内部开除的学生必须在上午九点三十分报到，并在主接待处等待被接走，管理人员将按照规定的时间，留出时间吃午饭或上厕所，被内部开除的学生的日程表如下：

09：30—11：00	独立安静地学习
11：00—11：30	社区服务
11：30—13：30	独立安静地学习
13：30—14：00	社区服务
14：00—15：00	独立安静地学习
15：00—15：30	与他们的行为有关的活动、任务
15：30—16：00	反思

在被内部开除期间，任何不当行为都将自动导致下一惩罚阶段的固定期限开除。在学生恢复正常上课之前，学校会召集家长开一个重新融入学校的会议，该会议将由年级组长主持，对这次会议进行记录，并对学生行为进行监督及有针对性的干预，使其能够积极地向前发展。

3. 固定期限开除

如果学生严重地违反了学校的规则，内部不足以解决，且允许他们留在学校会严重损害他人的权益，则学校会采取开除措施。只有校长或代理校长可以做出开除的决定，在学生缺席的情况下，只有副校长可以做出这一决定，在决定开除一名学生之前，校长会确保已经进行了适当的调查，确保所有的相关证据都得到了考虑，让学生有机会发表意见，如有必要，也会咨询其他相关人员。在考虑了这些问题后，在决定开除学生之前，校长将根据可能性的平衡作出决定。如果学生有特殊教育需要声明，校长会额外咨询特殊教育需要者；如果学生被列入儿童保护登记册，校长将额外咨询指定的儿童保护官员；如果学生是在公共场所接受照顾或独立生活，校长将另外咨询指定的受照顾儿童教师。

首先，学校将在学生被定期开除的第六天为其做出适当的教育安排。对于持续 1~5 天的停学，年级组长将确保提供学习机会。在定期开除期间，家长必须确保其子女在上学期间不出现在公共场所，并在定期开除结束后参加学校的重返社会面试。其次，学校将在开除当天通过电话通知家长开除学生的决定，并告知开除的原因和开除的时间，随后会有一封信，信中也会告知家长如何投诉或质疑这一决定。最后，在学生再次上学之前，将举行一次重新接纳会议，这次会议家长必须出席。重新接纳会议由相应的年级组长出席，该会议的目的是让学生反思导致被排斥的行为，确保这种情况不再发生。重新接纳的工作人员应制定策略，以帮助学生作出积极的选择。

此外，如出现下列情况，开除是不合适的：①轻微违反纪律的行为；②学习成绩差；③逃学或迟到；④在校怀孕；⑤不遵守校服规定，违抗规定的情况除外。一个学生被定期停学的最长时间是 45 个工作日，但在任何一个学年中，学生被开除的时间都不能超过 45 个学时。不经过正式的开除程序而将学生赶出学校的做法是非法的，被称为非官方开除。非正式的开除是指：①校长或其他学校工作人员因纪律原因将学生送回家，但不遵循正式开除的程序；②学生被送回家的时间很短，或更长，无限期，这有时会导致学生根本不回学校；③在学校期间发生了危急情况，学生被送回家"冷静一下"；④在一段固定的禁闭期后，学生仍在校外等待重返校园的面谈，而学校可能会无限期地推迟面谈，导致学生也没有返回学校；⑤强烈鼓励家长进行家庭教育，尽管他们可能没有意识到其中的责任；⑥破坏性的学生因特殊原因被要求留在学校之外，例如，接受检查；⑦作为一种纪律措施，让学生休学习假。行为和出勤率由负责学生行为的副校长监督，如果工作人员使用非正式的排斥被发现，会受到纪律处分，因为这损害了学生受教育的权利。

4. 永久性开除

在使用了各种处理违纪行为的策略且无济于事的情况下，或者在发生了特殊的"一次性"违纪行为的情况下，学校才会做出永久开除学生的决定，以适应其严重程度，作为最后的手段。会导致永久性开除的不当行为包括：学生表现出针对学生集体或工作人员的严重暴力行为；性虐待或性攻击；提供非法毒品；携带攻击性武器；或被校长认为是特别严重的一次犯罪。

家长有权向管理机构或纪律委员会提出有关开除的意见，管理机构必须审查开除决定，其中包括永久性开除。如果管理机构同意学校的永久性的排除，家长则有权对该决定向独立的上诉小组提出上诉。学校有义务从开除的第 6 个学日起，为被开除的学生提供合适的全日制教育，也就是说，地方当局有责任在永久停学的第 6 天起为被停学的学生提供适当的全日制教育。

校长可自行决定向家长提供转学机会，这种情况只提供一次，家长不能就这个过程进行协商。接受转学意味着家长不会对最初的开除理由提出异议，而且一旦分配了新学校，就不能改变主意。学生将在新学校试读，如果在接收学校试读中不合格，他们将自动返回韦克斯姆学校，在那里将正式进行永久开除。

（三）教师

2006 年《教育和监察法》规定教师有法定权力"在合理的范围内"对学生在校外的不当行为进行惩戒。韦克斯姆学校规定所有教职员工都应妥善管理学生行为，学校有一套员工标准操作程序系统，旨在维持良好的秩序和纪律，以使有效的学习得以进行，这些都是通过正式的员工培训和员工计划表来传达的。学校通过以下方式监控学生的行为：分析与行为有关的事件记录；课堂观察；值班人员和高级职员在学校内巡逻；学生调查和学生论坛以及学校理事会。

韦克斯姆学校规定教职员在管理学生时须遵守学校班级管理的标准程序，具体内容如下：1. 教职员工和学生应准时上课，以最大限度地增加教学和学习的时间。2. 进入教室要有监督和秩序，教师在门口迎接学生，并在学生进入教室前或在上课时谨慎处理违反秩序的行为，以免分散大多数学生的学习注意力。3. 教师要让课堂保持一种坚定而友好的气氛。4. 教师必须在黑板上写明家庭作业的说明及其区别，并给学生足够的时间将其记录在日记中，同时注明提交的最后期限。5. 在适当的情况下，教师给予学生的奖励和惩罚必须一致和公平地实施。

（四）学生

学生们在学习上往往是滑坡的，他们应该有更高的目标，有更大的能力，这些学生需要进一步提高，以发挥他们的潜力。

在韦克斯姆学校，学生被总体要求：了解并遵守学校政策；行为举止始终保持礼貌；懂得体谅他人；积极通过学校委员会就学校提出建议；遵守学校所有健康和安全法规；禁止对同学或学校工作人员发表不可接受的言论；遵循教师的指示；对班级和学校有一个总体上积极的态度；共同签署并遵守家庭学校协议。不止如此，学生还需要在其他方面达到令人满意的水平，例如：出勤、守时、行为、态度、组织、工作质量。

针对学生行为，韦克斯姆学校要求，无论是在学校还是在往返学校的路上，以及在所有其他学校活动中，学生的个人行为都应达到最高标准，具体表现在以下几个方面：

1. 上学和放学的路上。学生应做到：穿着全套校服；对所有公众人士保持礼貌；遵守所有交通和行人法规；记住他们是学校形象的大使；注意自己和他人的安全。

2. 代步工具。学生应做到：不得将摩托车、汽车或踏板车带入学校，自行车可以带入学校，但不能在学校范围内骑自行车。

3. 抵达学校。学生应做到：在开学前到达学校，能知道自己应该在哪个班级和教室。

4. 学习期间。学生应做到：准时到校，并在教室外有秩序地等待，直到被要求进入教室，在外面等候时不要堵塞走廊，在得到指示后进入教室，按照教师制定的座位表就座；每节课带好必要的设备，认真听从所有工作人员的指示；尽其所能完成课堂作业和家庭作业；对自己的学习负责；如果有问题，以合理的方式询问；不打扰他人的学习；尊重班上的所有成员；尊重他人的学习方式和能力；不在课堂上使用被禁止的设备；安静地离开房间；保持房间的整洁；不扰乱其他学生的学习权利；不扰乱教师的教学权利。

5. 课间。学生应该：有目的地从一堂课走到另一堂课，不以不必要的行动耽误自己的行程；不乱丢垃圾；避免不必要的闲聊；使用不跨越草地和种植区的道路；除了在游戏区和球场，尽量不要学校内奔跑，在学校内走动时，不要大声喧哗；不使用行政走廊或进入教员室；不进入界外区域。

6. 课程结束。学生应该：清洁完教室并检查自身服装，收拾好自己的东西，安静地站在椅子后面，等待有秩序的放学。

四、查普尔恩勒弗里斯中学

(一)背景简介

查普尔恩勒弗里斯中学创办于 1952 年，是位于英国英格兰东米德兰德比郡县（Derbyshire）的一所综合类示范性学校，该校悠久的历史使其见证了英国教育惩戒政策的动态演变进程。该校于 2016 年被英国教育标准局评为优秀学校。[1] 查普尔恩勒弗里斯中学优异的成绩侧面彰显出教育工作者在课堂管理、学生行为管理等方面取得的成效，具体体现在该学校的政策当中。

查普尔恩勒弗里斯中学的主要目标是让学校社区的每个成员都感受到重视和尊重，并且每个人都得到公平和良好的对待，其价值观建立在相互信任和尊重所有人的基础上，旨在鼓励良好行为，而不仅仅是阻止反社会行为。因此，学校的惩戒政策旨在支持学校所有成员一起工作，使学校形成一个每个人都感到快乐、安全和有保障的环境。学校有很多规则，但查普尔恩勒弗里斯中学的行为政策并不主要关注规则的执行，而认为规则是促进良好关系的一种手段，学校希望学校的每个成员都以体贴和尊重他人的方式行事。查普尔恩勒弗里斯中学认可并鼓励良好的行为，因为它相信这将培养一种友善和合作的精神。

(二)校长

校长有责任在整个学校内贯彻实施学校行为政策，并应向州长报告政策的有效性，还有责任确保学校所有儿童的健康、安全和福利。校长通过实施政策、制定行为标准以及支持员工执行政策来支持员工，校长要确保所有员工了解他们的责任，并给予适当的培训和支持。校长将会保留所有

---

① Ofsted. Chapel-en-le-Frith High School ［EB/OL］. ［2019-11-25］. https：//reports. ofsted. gov. uk/provider/23/ 112932.

报告中记录的严重不当行为事件，包括欺凌和种族主义事件。校长有责任对个别儿童的严重不当行为给予定期开除的处分，对于反复或非常严重的反社会行为，校长可能会采取永久排斥的手段，但只有在通知了学校管理者后才会采取这些行动。

(三)班主任

查普尔恩勒弗里斯中学的班主任对孩子的行为抱有很高的期望，他们努力确保所有孩子都尽其所能。查普尔恩勒弗里斯中学规定班主任必须成为孩子的榜样，公平对待每个孩子，始终如一地执行课堂守则。老师们要尊重和理解课堂上的所有孩子。同时，班主任应确保与家长开展持续的沟通，使家长了解孩子在课堂中反复出现的低级负面行为，例如大声喧哗或扰乱课堂。班主任会向家长报告班级中每个孩子的进步，如果对孩子的行为有疑虑，家长也可以联系班主任。

如果一个孩子在课堂上反复出现行为不端，班主任会记录所有此类事件。首先，班主任以正常的方式自己处理事件，但如果该学生的不当行为继续存在，班主任会向阶段负责人寻求帮助和建议，然后是副校长，必要时还可以向校长寻求帮助和建议。

1. 奖励激励

鼓励性的校风是促进良好行为的核心，奖励是实现这一目标的手段之一。奖励可以使学生认识到良好行为会受到重视，奖励会在程序中明确规定。奖励制度是强调对个人和团体的非正式和正式的表扬。

查普尔恩勒弗里斯中学会为行为表现较好的学生设置一些奖励，以鼓励他们的行为：每周，每个班级的两名儿童都会在颁奖大会上获得证书，以表彰他们的良好行为、态度和成就；每周都会将明信片寄回家给父母，以鼓励积极的行为和成就；积极的游戏时间行为会获得一张抽奖券，可以在一周结束时进行抽奖。这些奖券会在每学期累加起来，在最后以提供小奖品的方式对学生积极行为进行奖励。这为学生形成学习上的自信提供了帮助，自信对成功至关重要，如果有人相信他们能做某件事，他们就可能会成功。为此，查普尔恩勒弗里斯中学高度重视提高学生的期望值，确保他们提前思考。

2. 适当惩罚

有时需要对不适当的行为进行制裁，学校有法定的权力来实施制裁。查普尔恩勒弗里斯中学希望孩子遵守学校规则以确保安全和积极的学习环境，并会根据个人情况审查每种情况，作出相应对策。如果学生的行为低于可以合理预期的标准，教师可以对其进行惩戒，这意味着，如果一个学生行为不端，违反了学校的规则，或没有遵守合理的指令，教师可以对该学生进行惩罚；如果学生行为不当，则会向其发出口头警告，班主任应向孩子解释他的行为是不可接受的；如果孩子在课堂上捣乱，老师会训斥他；如果孩子反复行为不端，老师会将孩子与班上的其他人隔离，直到他平静下来，并能够再次与他人明智地合作。

在任何情况下，儿童的安全都是最重要的。如果孩子的行为危及他人的安全，班主任会停止活动并阻止孩子参加剩余的课程。此时，教师可以寻求副校长或校长的进一步支持。如果孩子反复作出扰乱他人或使他人不安的行为，老师将寻求副校长或校长的进一步支持，同时联系孩子的父母进行商讨，以改善孩子的行为。

教师需保证将本学校的奖惩措施公平地应用，在执行该政策时，所有工作人员之间的相互支持是至关重要的。教师可以向校长提供建议。他们也有责任在校长的支持下，创造一个高质量的学习环境，教授良好的行为，并持续执行更加有效的措施。

(四)家长

查普尔恩勒弗里斯中学的教职员工和管理人员相信，如果学校、家长和学生三方通力合作，学生将更有可能发挥他们的全部潜力。

查普尔恩勒弗里斯中学在让孩子入学时会让家长签署家庭学校协议，具体内容如下：家长应确保孩子按照法律规定定期和准时地上学；确保学生穿着完整的校服上学；确保学生为上学做好准备，包括携带所有书籍、设备和体育用品；让学校了解任何可能影响学生学习或行为的问题，特别是缺勤、疾病和家庭情况的变化；避免一切不必要的缺勤，包括在学校时间内的家庭假期；支持学校关于行为和纪律的政策和指导方针，如关于制服、家庭作业和移动电话的政策，支持学校的处罚；在家里提供一个尽可能安静的地方，以支持学生完成作业，并与学生谈论他的学习情况；参加家长会并讨论孩子的进展情况；通过阅读新闻简报和参加活动了解学校的最新情况；阅读孩子在校的进步、行为和出勤的信息，并与孩子讨论；认可学校不允许在学校里使用手机，学校对任何损失不负责任，与学生的任何沟通都应通过学校接待处，如果学生在上学期间在教学楼内使用手机，学校会采取没收政策，学生的手机将被没收五天，除非家长来学校取手机，手机才可以归还给家长。在学校的行为政策中，手机被定义为在校内被禁止的物品，因此，学校在法律上有权没收手机。

因此，为保证教学活动高质量发展，家长应遵守家庭学校协议并支持学校的行动，可以首先向班主任，然后向副校长和校长提出有关制裁的任何疑问。查普尔恩勒弗里斯中学希望家长支持孩子的学习，通过学校与家长积极合作，让双方知晓孩子在家和在校表现的信息。

第四节　英国教育惩戒政策对我国的启示

纵观英国教育惩戒一路发展至今的经验教训，从中吸取宝贵经验，并结合我国的教育环境以及文化历史差异，通过完善教育惩戒制度，细化惩戒条例，加强家校沟通，形成家校合力，为教育惩戒注入"以人为本"的灵魂，希冀为我国完善并落实教育惩戒提供参考性的意见。

一、完善教育惩戒制度，细化惩戒条例

教育惩戒问题并非是近几年才出现的新问题，我国学界早在二十年前就对该问题展开了研究，但仅仅是流于表面的意义探讨，仍然会存在教育

惩戒概念以及教师惩戒权边界模糊不清等问题，导致当前学校教师对学生的不当行为或多或少地会产生越界行为。因此，完善相应制度，细化其内容条例已是当务之急。

英国自21世纪开始意识到教师惩戒权立法的重要性，出台一系列法律文件的同时逐年细化完善，使教育惩戒权有法可依。2013年，英国发布了《在学校合理使用武力》的政策指导建议，帮助学校教职工在必要时敢于行使纪律处分权，合理惩罚违纪学生。同时也明确指出，及时行使纪律处分权是教育从业者的责任。2014年，英国教育部发布了《学校中的行为与纪律：对校长和教师的建议》，建议校长和学校管理人员应确保在学校有一个强有力的行为条例为教师进行行为管理起到有效支撑。这意味着英国政府将制定教师教育惩戒权实施细则的权力赋予各学校管理人员，由管理人员因地制宜对教育惩戒权进行界定，确保有的放矢。

我国现行的法律法规当中，虽涉及了学校及教育机构的教师拥有对学生的教育活动指导权和纪律处分权，教师享有指导学生的学习和发展、评定学生的品行和学业成绩的权利，但并没有赋予教师惩戒权。这使得我国教师在对学生的失范行为进行管教时，没有明确的法律依据，导致失"度"现象经常出现。因此，我国应尽快出台相应的法律法规，明确教师享有教育惩戒权，使得教师在应对学生的失范行为时能及时处理，以减少学校内外学生的违规违纪行为。与此同时，政府部门还需要在出台相关法律的基础上把内容细则以及教师实施惩戒的过程具体化，保障教师行使惩戒权时有法律依托，帮助教师合理使用惩戒权。此外，为防止教师惩戒权自由度过大而导致权力滥用的问题，政府及相关部门还需建立教育惩戒的监督机制，以保护教育惩戒的合法性，并且保护学生的权益。另外，为保障学生合法权益，规范教师惩戒权，有关部门应设置监督机制，避免教师惩戒权滥用。

二、家校共治，形成家校合力

2015年10月，教育部印发《关于加强家庭教育工作的指导意见》，进一步明确家长在家庭教育中的主体责任，强调充分发挥学校在家庭教育中的重要作用。①

　　在英国的各所学校内，家长是教育惩戒当中重要的一环。我国学校虽然意识到家校合作的重要性，但在学校的具体实践当中，教师仍是家长委员会、家长开放日等活动或组织主体，由于教师面对大量学生，他们的能力有限，因此难以与家长一一深入沟通，使得沟通停留在表面，难以形成家校合力。家校共治，关键在"共"，家庭与学校的合作有效与否影响着孩子的成长。学校是学生接受素质教育的主要场所，家庭教育是学校教育的基础和补充。家校共治，目标在"治"。学校和家庭对孩子的教育目标是一致的，即实现孩子身心全面发展。只有强化家校沟通，相互协调，才能起到"1+1>2"的效果。基于此，本文提出以下建议：首先，我国可以利用已有的家校联系平台，定时定点将班级管理制度、学生日常行为表现、班风学风情况向家长统一说明，包括告知家长学生在校的奖惩情况，充分发挥家长的主观能动性，防患于未然。其次，学校适当放权，让家长参与到学校惩戒的过程当中，赋予家长一定的权力，提升家长在惩戒事务中的话语权，以提高家长的积极性，取得家长支持，缓解家校矛盾，最终形成家校合力。②

　　家长和学校的有效合作，形成了家校混合教育的主要优势，有助于为学生营造和谐健康的家庭环境和校园环境。双方在学生教育过程中不应缺席、不应错位，以解决问题、实现目标、强化效果、解决障碍来促进学生身心全面发展，进而实现教育高质量发展新突破。

---

①　教育部关于加强家庭教育工作的指导意见［EB/OL］.（2015-10-16）［2019-11-29］. https://baike. baidu. com/reference/18732336/0baeEuik4RpBddq9YbHB5XbSnuabgJdNG3gqsPHfVhheiQYPu6joUhw0MssgyIZD4UoguIXeu4oa_tWWUmR33UrDB34aXsZE3c9dYi6QB5TMe1zoK_cY9pLawF04WsNwg.

②　李梦花，马早明，陈鹏燕 . 英国教育惩戒政策实施的背景、内容与启示——以蔡培尔恩乐中学《行为管理守则》为例［J］. 中小学德育，2020（07）：34.

三、为教育惩戒注入"以人为本"理念

英国教育惩戒政策遵循"以人为本"的理念，并将这一理念深入贯彻在学校教育当中。学生作为接受惩戒的主体，其内心真实诉求经常无法有效传达给教育工作者，学生希望在学校感受到安全感、归属感，受到尊重，被他人理解并与他人建立积极的关系。在我国部分地区，一部分教师在对学生进行惩戒时缺乏合理性与合法性，甚至无法做到公平公正对待学生，不根据原则，反倒根据心情随意处罚学生，对经常犯错的学生更是态度恶劣，这种方式会直接影响到学生的身心健康发展。教育工作者要深刻理解教育惩戒的最终目的是减少学生的不良行为直至消除，培育学生养成健全人格。因此，推行教育惩戒需注入"以人为本"的理念，才能使学生成为具有鲜活生命力、社会性、创造性的人，从而使他们能够在他们所处的文化和社会中发挥自己的潜能。

总而言之，为保证我国学校内教育者惩戒制度得到有效完善，我国教育部门必须严加重视、积极回应、具体落实，只有完善并落实我国相应的教育惩戒体制，制定健全的教育惩戒制度，才能使我国教育惩戒亮起绿灯，建设和谐美丽校园。

第四章　澳大利亚教育惩戒政策研究

澳大利亚政府和教育部门极为重视教育惩戒政策的开展和实施，近年来，澳大利亚联邦和各州政府皆通过加大惩戒力度、完善纪律标准来控制和管理学生的破坏行为。如昆士兰州议会通过了《2013年教育（加强州立学校纪律）修正案》[Education （ Strengthening Discipline in State Schools) Amendment Bill 2013]，预示着州立学校教育惩戒政策的重大改进。加强学校纪律、完善教育惩戒政策也是澳大利亚昆士兰纽曼政府"伟大教师＝伟大成果"计划(Newman Government's Great Teachers＝Great Results groundbreaking education plan）中制定的15项策略之一。澳大利亚教育培训和就业部长约翰-保罗·朗布罗克(John-Paul Langbroek）表示，"澳大利亚所有州立学校都需在2014年年底之前接受校长纪律管理审核，这将有助于评估学校在加强纪律方面的进展，并为其制定教育惩戒政策提出改进意见"。2015年起，新南威尔士政府投资1.67亿美元用来助力学校教育惩戒政策的实施，设立"积极行为"教练团队(Positive Behaviour Coach Team）,通过访问各级学校来强化校园纪律。据统计，2016—2018年，澳大利亚联邦政府为学校安全计划合计投入1800万美元，该计划旨在通过加强教育惩戒力度来打击校园暴力，治理校园环境。由此，澳大利亚对教育惩戒政策一系列的研究和实践引起了大家的关注。

第一节　历史沿革与政策背景

从20世纪初开始，澳大利亚逐渐引入成文法，通过制定法律法规来赋予学校教育惩戒权。伴随着教育惩戒权入法问题的讨论，根据教育惩戒政策的内容及惩戒强弱关系，澳大利亚教育惩戒政策的演化也经历了三个阶段。需要说明的是，在这三个阶段中，该政策的演化并不存在严格的时间区分，存在着交叉重叠的现象。

一、从允许体罚到全面禁止体罚阶段

联合国儿童权利委员会（UNCRC）2006 年对体罚的定义是：为了控制或矫正的目的而对儿童施加的身体暴力。2014 年，联合国儿童基金会将体罚定义为一种等同于身体虐待的暴力形式。一直以来，体罚在教育界都被视为颇具争议的一种方式，学者普遍认为，体罚会给儿童带来各种不良后果，如身体侵犯和心理伤害会导致儿童较低的道德水平和较差的心理健康①。澳大利亚作为普通法系的一员，虽然目前在法律上是严格禁止体罚的，但其对体罚制度的态度经历了反复过程。从法律上看，澳大利亚体罚制度的真正废除，直到 20 世纪 90 年代才正式完成。

19 世纪末 20 世纪初，几乎所有澳大利亚的州和领地都有某种形式的政策或法律，允许父母或教师对学生进行"合理处置"，把体罚作为一种惩戒手段。如《1899 年昆士兰州刑法》（QLD Criminal Code Act 1899）第 280 条、《1913 年西澳刑法》（WA Criminal Code Act 1913）第 257 条和《1924 年塔斯马尼亚州刑法》（TAS Criminal Code Act 1924）中都有规定：父母或代替父母的监护人"在适当的情况下，通过矫正、管理或控制的方式对儿童或学生使用合理的武力是合法的"②。澳大利亚体罚制度历史悠久，在很长的一段时间内，体罚制度在澳大利亚学校教育中被普遍使用，甚至还被作为

---

① Australian Government &Australian Institude of Family Studies. Corporal punishment：Key issues［EB/OL］.［2019-09-12］https：//aifs. gov. au/cfca/publications/corporal-punish-ment-key-issues.

② Larzelere, R. E. &Kuhn, B. R. Comparing child outcomes of physical punishment and alternative disciplinary tactics：A meta-analysis［J］Clinical Child and Family Psychology Review, 2005：37.

文化控制的重要手段(如惩罚说母语的土著学生)。当时,维持学校纪律最普遍的手段即为体罚。老师被视为父母的替代角色,如果学生做错了事,他们通常会被老师用桦树、手杖、皮带或码尺等工具所惩罚。1812 年,总督麦格理写道,学校旨在改善"下层社会的道德,发展年轻人的宗教原则",使他们"孝顺"。当时作为殖民地国家,澳大利亚学校的惩戒手段几乎完全是物理性的,甚至与对罪犯和其他囚犯的待遇等同。在麦格理抵达悉尼的 50 年前,威廉·布莱克斯通爵士在其《英格兰法律评论》第 16 章中写道:"父亲在其一生中可以将部分父母权力委托给当时处于父母地位并拥有这种权力的家庭教师或学校校长。父母权力的一部分(如克制和纠正的权力),可能正是他们受雇的目的。"①长期以来,澳大利亚法律一直认为,赋予教师的权力等同于父母的监管权力,包括用体罚的控制手段惩罚学生的权力。

澳大利亚体罚制度首次废除是在新南威尔士州(NSW)颁布的《1990 年新南威尔士教育法》(Education Act 1990-NSW Legislation),该法案中,首次明确在公立学校中禁止体罚;南澳大利亚州(SA)于 1991 年废除了允许体罚的学校规定;昆士兰州(QLD)1992 年废除了公立学校体罚学生的权力;维多利亚(VIC)州于 1995 年禁止公立学校体罚,2006 年非公立学校也被禁止使用体罚;澳大利亚首都特区(ACT)于 1997 年在所有学校中禁止体罚;塔斯马尼亚州(TAS)于 1999 年在公立学校和非公立学校中都禁止体罚;最后废除学校体罚的是澳大利亚北部地区,直到 2009 年才完全终止学校体罚行为②。

二、从惩戒入法到零容忍惩戒阶段

伴随着体罚制度的逐步废除,澳大利亚各州也在探索新的教育惩戒制

---

① Baumrind, D. Larzelere, R. E. & Cowan, P. A. Ordinary physical punishment: Is it harmful? Comment on Gershoff[M]Psychological Bulletin, 2002:128(4), 580-589.

② Australian Government &Australian Institude of Family Studies. Corporal punishment: Key issues[EB/OL]. [2019-09-12]https://aifs. gov. au/cfca/publications/corporal-punish-ment-key-issues.

度。在此过渡阶段，澳大利亚体罚制度的全面禁止使得教师管理权被压制，家长的教育权也遭到挑战，校园暴力事件在增多。为此，澳大利亚联邦政府迅速出台了一系列法案和条例，将教育惩戒权入法，从法理上为教育惩戒提供了依据。例如，新南威尔士州政府出台的《1990年新南威尔士教育法》当中，首次明确提出教育惩戒权的概念并合法保障了教育惩戒权的实施。在该法案的第八部分第35条中，明确指出新南威尔士州政府负责该州的学校教育，新南威尔士教育部部长对管理公立学校纪律和实施惩戒权有直接的发言权，公立学校拥有纪律管理和教育惩戒权①。1996年11月13日，教育部长 H.J 奎因将《1996年教育（总则）修正案》[School Discipline and the Education（General Provisions）Amendment Bill 1996]引入昆士兰立法会议，该法案修订了1989年《教育（一般规定）法》[Education（General Provisions）Regulation（QLD）]。该修正案的主要目的是通过引入新的行为管理规定赋予学校校长更多的权力，使其加大对扰乱学校秩序的各类行为的处罚力度，同时还赋予昆士兰学校校长开除学生的现行权力，对涉及破坏的行为或侵入校舍等法定罪行加大刑法处罚力度等②。

在探索过程中，一种更趋严格的"零容忍"教育惩戒政策逐渐被各洲采纳，并引发了广泛讨论。"零容忍"（Zero Tolerance）一词起源于20世纪80年代美国警察对毒品走私的执法政策，后被引用至教育惩戒政策，目的是通过实施严厉、预先规定的惩罚来阻止破坏性行为。

自20世纪90年代初以来，澳大利亚政府鉴于本国校园纪律问题日渐严峻的态势，为了加强规范校园纪律，政府对学校采取了"零容忍"的态度。在学校范围内，它被定义为一种极为严厉的惩戒制度，学生违规情节无论是轻微还是严重，都将被实施惩罚，这种做法的目的在于，通过对任

---

① New South Wales Government&NSW legislation. Education Act 1990 No 8[EB/OL].[2019-10-04]. https：//www. legislation. nsw. gov. au/#/view/act/1990/8/whole.

② Karen Sampford. School Discipline and the Education（General Provisions）Amendment Bill 1996[EB/OL]. [2019-10-04]. https：//www. parliament. qld. gov. au/documents/explore/ResearchPublications/LegislationBulletins/lb1396ks. pdf.

何学生的违规行为进行严厉惩罚，进而遏制今后可能潜在的违法行为，零容忍的惩戒措施对轻微的，甚至有时是无意的不当行为的处理与严重和故意违规的处理完全相同，导致了停学和开除率的增加。在零容忍惩戒制度下，澳大利亚学校被禁闭或开除的学生人数逐年上升，平均每 1000 名学生的停学人数从 1993 年的 9.9 人增加到 1997 年的 16.8 人。在西澳大利亚州，停学人数从 1993 年的大约 2500 人增加到 1999 年的超过 17000 人，同时还涉及其他 9000 多名学生①。"零容忍"制度构成了整个 20 世纪澳大利亚教育惩戒政策的基础，但到了 21 世纪初，家长、教师和决策者都在呼吁变革。越来越多的学生表现出"刁难"或"不服从"，也引发了教育界和社会的不安。此外，有教师报告说，由于更多学生表现出的具有挑战性的行为，以及不断增长的攻击、欺凌和骚扰事件，教师承受的压力也在剧增。基于这一系列的社会和政治因素，澳大利亚学界和教育部门经过研究，承认了"零容忍"制度导致的停课、停职和驱逐等行为的负面影响，因此一种新的惩戒制度在此背景下呼之欲出②。

三、从严格惩戒到灵活惩戒阶段

"灵活惩戒"创新是为了弥补"零容忍"惩戒之不足而来的，尝试采用多样化的方式对学生进行惩戒，以更好地体现教育惩戒的育人目的。在灵活惩戒创新阶段，其主要政策来源于两大理念：一是"融合教育"(Inclusive Education)理念。融合教育也译作全纳教育，呼吁最大限度地将特殊教育中的学生安置在普通教育环境中学习。融合教育的重点在于"改变学校，使它们能够更好地满足历史上被学校排斥和边缘化的学生的需求"，强调对学生进行行为补救，从而替代严厉惩罚。自 1996 年起，全纳教育成为澳

---

① Ministry of Education. Behaviour services and support[EB/OL]. [2019-10-05]. http://www. education. govt. nz/school/student-support/special-education/behaviourservices-to-help-schools-and-students/behaviour-services-and-support/.

② 尹雅丽，马早明. 澳大利亚教育惩戒政策的演化、特征与启示[J]. 比较教育学报，2020，(02)：36-49.

大利亚教育惩戒政策的基础，澳大利亚教育部指出此目的在于建立一个世界级的全纳教育系统和新的教育实践体系，借此反映出学生与其环境之间的一种生态互动，能更加理解学生的学习行为，达到治理学生不良行为的目的。二是"恢复性司法"（Restorative Justice）理念。"恢复性司法"一词描述了对违法行为的处置应侧重于人和关系，而不是惩罚和报应①。伴随着融合教育理念深入人心，恢复性司法理念也被引入学校。按此理念来制定教育惩戒政策，就意味着学校和社区应当通过努力恢复关系来推进校园治理，通过改变校园文化来减少反社会行为、校园冲突和学生纪律等问题，通过提高学生学习成绩改善学生行为，通过鼓励学生对自己的行为负责，以相互尊重的方式，使包括教职员工和家长在内的更广泛的学校群体受益。

在灵活惩戒创新阶段，较具特色的做法有二：一是同侪调解（Peer Mediation）。1996年，位于维多利亚州（VIC）Altona North校区10年级的学生开始了一项创新的同侪调解计划。同侪调解一般被定义为：当事方在一个或多个中立人士的协助下，通过协商的办法解决有争议的问题。该计划旨在通过学生自己调解并解决学生之间的细微冲突，教导学生认识及应对生活中冲突，学习沟通和处理问题的技巧，增加学生责任意识。二是会议调解。会议调解是通过一个旨在解决某一特定问题的会议来讨论学生的不当行为，违规者、受害者、双方的父母、教师和校长都将出席。召开会议的目的是要弄清楚整个事件的原委，并通过各方共同努力加以补救。如果发生了严重事件或问题进一步恶化，一些学校将举行大型会议，协同整个学校社区来进行商讨②。

纵观澳大利亚教育惩戒政策演化进程，我们可以清晰地看到教育惩戒

---

① Sally Varnham. Keeping Them Connected：Restorative Justice in Schools in Australia and New Zealand-what progress？［J］. University of Technology，Sydney，Australia. 2008：85-87.

② Department of Education and Children's Services. School Discipline［EB/OL］.［2019-10-10］. http：//intra. aphs. sa. edu. au/web/sites/default/files/School Discipline Policy. pdf.

"崇尚权威—倡导自由—依法惩戒"的演化线索。在 20 世纪 90 年代，澳大利亚政府通过出台一系列的相关法案推进教育惩戒权入法，从源头上保障了教育惩戒政策的实施，使得澳大利亚惩戒体制进入了新纪元。进入 21 世纪，针对"零容忍"教育惩戒政策的过度刚性，澳大利亚吸纳"融合教育"和"恢复性司法"理念，借鉴其他领域的惩戒方式与手段，形成了澳大利亚弹性治教、灵活治校的"灵活惩戒"教育新局面。

第二节　澳大利亚教育惩戒政策的实施内容

回顾澳大利亚教育惩戒制度的发展，新南威尔士州教育惩戒政策在全球范围内属于观念领先且较为完善的政策体系，且其在教育惩戒政策上较早进行实践且实施力度极大，因此在澳大利亚教育惩戒政策中最具代表性。为此这里对新南威尔士州教育惩戒政策的实施内容作出阐述有其合理性。新南威尔士州对教育惩戒的认识经历了"认同体罚—废除体罚—惩戒入法"的过程，其中废除体罚与惩戒入法是同时进行的。新南威尔士州是澳大利亚唯一一个对体罚作出立法修正的州。《1995 年教育改革修正案（学校纪律）法》〔Education Revolution（General Provisions）Amendment Bill 1995〕第 47（f）条规定，根据学生纪律的官方政策，新南威尔士州的任何学校皆不允许体罚在校学生。① 新南威尔士州《2011 年犯罪修正案（儿童保护—身体虐待）法》〔Crimes Amendment（Child Protection-Physical Mistreatment）Act 2001（NSW）No. 89〕进一步提出了一项修正案，规定了不得对儿童头部、颈部或身体任何其他部位施加武力，如因体罚对儿童造成了瘀伤、伤痕或其他持续时间超过"短暂性"的伤害皆视为不合法行为。

新南威尔士州政府只是从宏观上提出了教育惩戒政策的原则与要求，

---

① New South Wales Government. Education Reform Amendment（School Discipline）Act 1995 No. 93〔EB/OL〕.〔2019-10-20〕. https：//www. legislation. nsw. gov. au/acts/1995-93. pdf.

而把具体的教育惩戒权下放到各个学校。根据政府要求,学校必须定期向政府和社会公开发布实施报告,学校开展的教育惩戒实践活动必须定期接受社会各方的监督。为此,在政府放权学校构建学校具体的教育惩戒政策的基础上,新南威尔士学校积极采取措施,针对学生失范行为和校园事件的发展规律,主要形成了防范、干预和治理三个维度逐级递增的实施策略,每个层级的策略分别采取了不同的做法,实施手段界限清晰,且形成了环环相扣、彼此促进的联动效应。教育惩戒政策的三层实施策略充分开发利用了惩罚的各级能效,最大化地保证了惩戒制度的实践效果。

一、防范策略:从源头保障惩戒的实施

防范策略属于实施内容的第一层级,其主要包括针对校园事件、学生违规行为发生之前的预防工作,是教育惩戒政策实施环节中的重中之重。《官方学校学生纪律》提出,所有学校都必须制定有关维护校园安全、打击学生暴力行为的预防策略,打造高标准的校园纪律,从源头上保障教育惩戒政策的良性实施。学校应提早预判学生行为,及时发现隐患,并通过合理手段防范,最大限度地发挥惩戒的正向威慑作用。在新南威尔士州,学校并不是完全被动地应用惩戒手段,即"等待"学生违规后再采取惩戒措施,而更多是对学生的在校活动进行提早介入,真正做到防患于未然。

为了进一步完善针对校园安全的教育惩戒防范机制,新南威尔士教育和培训部(New South Wales Department of Education and Training)颁布了《教育法第 5A 条发布的关于管理学生暴力行为对学校造成健康和安全风险的指南》(Guidelines Under Part 5A of the Education Act 1990 for the Management of Health and Safety Risks Posed to Schools by a Student's Violent Behaviour),该指南长达 147 页,是针对《1990 年新南威尔士教育法》第 5A 部分提出的,对于造成健康和安全风险的学生暴力行为,校方应采取管理行动并作出具体指导。该指南涉及的人员主要有:参与评估并制定具体措施的专门人

员、控制和消除此类风险危机的专门人员、向学校提供信息的相关机构人员、教育局和学校的工作人员、在此指南下接受处理的学生家长或协助人、有暴力行为的学生和参与审查过程的学校决策者等。该指南提出的风险管理主要是基于对学生暴力行为的风险评估，具体的风险评估流程主要有四个阶段：第一，校方评估阶段。学生申请入学或已入学后，学校会对学生的暴力行为或暴力史进行评估，确认其是否构成潜在危险，一旦确定，当即通知家长。第二，相关机构评估阶段。学校在确认学生存在风险后，必须在征得学生或家长的同意下申请通过教育机构信任的相关机构采集学生信息进行风险评估。第三，教育当局评估阶段。相关机构将评估报告上报教育部门，如教育部门经核实证明信息属实，则继续展开进一步的风险评估。第四，风险管理计划阶段。根据进一步的风险评估，教育部门将制定书面风险评估草案，并向家长和学生就书面风险评估征求建议，最后制定风险管理计划。教育部门将要求学校按计划实施监控风险管理计划，并要求父母在审核期间配合政府和学校进行监督和沟通。①

在政府出台风险管理法规的基础上，为了进一步加强校园问题的校内防范力度，新南威尔士州学校致力于创新学生自我管理和自我约束的课程或计划，并通过培养学生包括倾听、谈判、反思、提升自信、解决问题等有利于解决冲突的能力，助推校园问题提前化解。其中，作为比较有代表性的做法，同侪调解计划（Peer mediation programs）被广泛纳入新南威尔士学校教育惩戒政策的实施方案内，该计划为校园暴力、逃课和破坏公物等校园违规行为提供了干预方法，被普遍认为是颇有效果的早期预防策略。同侪调解计划是指争端者在受过专业调解培训的学校工作人员的协调下，通过两名训练有素的学生调解员在结构化的程序协助下，最终达成争端的协商解决，同时，学校开发的同侪调解计划必须符合学生福利，符合反种

---

① NSW Department of Education and Training. Guidelines Under Part 5A of the Education Act 1990 for the Management of Health and Safety Risks Posed to Schools by a Student's Violent Behaviour［EB/OL］.［2020-01-15］. https：//education. nsw. gov. au/policy-library/related-documents/mhsguidelines. pdf.

族主义和反歧视的政策和程序。从事同侪调解计划的人员主要有学校专业调解工作人员和学生调解员等。其中，学校调解工作人员有义务为学生调解员提供培训、监督和协助，学生调解员将处理一些有关调侃、排挤、谣言、友谊、财产等问题的小纠纷。可见，学校通过发展学生成为同侪调解员，不仅有助于学生提升包括社交、语言和领导能力在内的技能，还可以学习获得包括沟通、倾听和批判性思维在内的终身技能①。通过此过程，也可以提高人们对冲突的认识，增大受众参与面，改善学生之间、教师与学生之间的关系。学生自主消化争端，自行解决矛盾，极大地培养了其调解冲突和与人沟通的能力，同时也有助于减少校园问题。

二、干预策略：动态监管遏制不良行为

基于激励积极行为、实施动态化监管的干预策略是新南威尔士学校教育惩戒政策的一大特色策略。作为实施教育活动的场所，学校应该以科学的方式激励学生发展积极的行为和态度，并且应合理划分学生群体，进行动态监管，采取的干预手段应因人而异。校方采取的激励措施主要针对两大类行为，一是对早期或中期发生的违规行为作出动态化管理，鞭策学生及时改善行为。二是对学生的积极行为作出奖励，通过奖罚分明的原则，激励学生发扬良好行为、避免过失行为。

新南威尔士州学校根据学生的行动标准制定了一项行为水平体系（Behaviour Levels System），教师、家长和工作人员可以依据该体系清楚地研判学生的行为等级和与之对应的表扬或惩戒手段，学生通过参照行为水平体系，比对自身行为，有利于形成良性竞争环境并保持积极的行为态度。该标准的制定是根据学生行为由良到劣、由好到坏逐级递增，其相应的惩戒手段也不断升级的原则。其中具体可分为：第一，良好的零级行为。善于

---

① New South Wales Government Education & Communities. Peer mediation for primary schools: Helping students to resolve conflict in peaceful ways[EB/OL]. [2019-11-22]. https://education.nsw.gov.au/student-wellbeing/media/documents/attendance-behaviour-engagement/behaviour/primary-whole-package.pdf.

合作、遵守纪律、尊重他人的行为将获得奖励。第二,引起重视的一级行为。学生在教室或在操场上滋事,教师将记录行为并通知父母,如该生没有改善行为,可能面临停学。第三,令人不满的二级行为。学生不断地在课堂或操场上滋事,学生将被剥夺学校短途旅行或其他活动的权利。第四,持续不端的三级行为。校方将发出正式停学警告。第五,持续严重不端的四级行为。学生对其他学生的安全构成风险,校长将根据教育部的政策对学生直接进行停学处置。

该体系的管理流程清晰规范,且十分具备实操性,学校根据事件的不同性质采取不同应对手段。如游戏活动事件,由当值老师填写事件跟踪单并提交至副校长;操场事件由校长助理填写事件跟踪单并记录行为;课堂事件由班主任输入事件,校长助理查看事件跟踪单,共同商议决定是否要求学生完成"反思课程"(Reflection session)或"偿还时间"(Pay back time),其后续操作也将记录在事件跟踪单中。在反思环节中,班主任、行政主管和校长将与学生讨论失范行为的具体情况,班主任将事件跟踪单作为副本保留,归入学生档案。值得注意的是,该体系是一种动态化的管理模式,具有科学性和人性化的特点,其行为等级可以互相流动,所对应奖惩方式也可升可降,随时进行调整,一旦学生行为升级,校方将及时通知家长,让家长知晓并共同监督学生行为。① 此外,新南威尔士州还有一些学校实施课堂奖励与课外奖励并行的功勋奖励制度,该制度的目的旨在确认学生所做的积极贡献,鼓励学生的良好表现以及提高其自尊意识。在每周课堂中,教师将记录学生成绩,一个表现良好的学生平均每周收到 7 至 8 个绩点,每年将获得 300 个绩点,学生还可根据运动成绩、操场行为、鼓励他人、遵守纪律等优秀表现而获得课外绩点。根据学生所获绩点,学校每两周在大会上颁发一次白色功勋奖,分别授予学生蓝、黄、红、白、铜、银、金七种颜色的徽章,并给予不同的奖励方式,如与校长共进披萨午餐

---

① New South Wales Government Education&Communities. The Wellbeing Framework For Schools [EB/OL]. [2020-01-10]. https://www.det.nsw.edu.au/wellbeing/about/16531_Wellbeing-Framework-for schools_Acessible.pdf.

和下午茶, 奖励书籍等, 获七枚徽章的学生将在颁奖晚会上获得校长颁布的优秀奖章及学校年终发放的代金券和学校奖金等。

积极学习行为(PBL, Positive Behaviour for Learning)作为一种系统的方法和干预的模式, 其重点在建立标准行为支持系统, 通过防止不当行为的发生, 降低现有问题的严重性而促进学生的学术发展。实施 PBL 模式可以达到预防在先、惩戒随后, 通过提前干预的模式达到遏制不良行为的目的。PBL 模式于 2005 年在新南威尔士州学校开始执行, 目前已在新南威尔士州大部分学校全面实施, 并取得显著效果。自 2016 年 7 月以来, 新南威尔士教育部在三年内投资 1500 万美元资助了 36 个专门职位, 专门用于支持政府学校实施 PBL 模式。PBL 模式基于学术系统和行为系统两个模块的行为指标, 将其干预体系划分为三个层次: 第一层为普遍干预。针对整体环境中 80%~90% 的大部分学生, 目的为防患于未然。第二层为定向团体干预。针对 5%~10% 的部分危险学生, 目的为高效率快速反馈其危险行为。第三层为集中个别干预。针对 1%~5% 的个别学生, 将以评估为基础, 目的为对这类学生进行长期持久的高度集中干预。PBL 模式其中一个关键环节是 FBA 功能行为分析(Functional Behaviour Analysis), 它是针对挑战性行为的学生, 如三级或三级预防层次中需要进行个人强化干预的学生进行的主要评估方法。该方法主要通过收集数据来确定特定行为在特定环境中发生的原因, 据此再开展适当的干预措施。新南威尔士州开发的这套 PBL 积极学习行为体系, 通过实施分类干预手段, 有效地划分了不同行为程度的学生类别, 提升了预防的精准度和应对效率, 有利于减少学生违规行为的发生概率。

由此可见, 惩戒的形式并非只呈现为消极面, 新南威尔士学校在教育惩戒实施过程中十分注重奖惩结合, 致力于营造和谐的校园气氛, 减少校园事件发生, 防止校园问题升级。学校采取的积极干预策略, 重视以奖励的方式引导学生树立科学的是非观, 发扬良好行为, 通过激发学生自主参与、自我改善从而达到戒除不良行为的目的, 充分凸显了惩戒制度应发挥人性化、科学化的温度效应。

三、治理策略：科学有效手段惩戒学生

新南威尔士政府在实施教育惩戒政策的过程中，当防范和干预策略未必能杜绝校园违规行为的发生时，如何采取适当的惩戒手段以及用何种技术手段作出惩戒也是一个重要问题。新南威尔士学校针对违规行为发生的事后治理阶段，为了达到合理罚鞭的目的设计了多重方法和科学手段。

除了采取维持安全有序的学校环境等诸多传统措施之外，现代科技手段的加入为学校教育惩戒政策的开展提供了更为高效的技术支持，新南威尔士州学校积极采用现代科技手段，借此提升学生在校行为的监控效率。监控的定义为"通过监控行为、活动或数据告知行为影响及管理个人或团体"，在学校环境中，监控主要是为了保护学校财产、监管学生及各类人员的活动行为。根据澳大利亚《国家学校安全框架法案》(National Safe Schools Framework)和1999年《国家学校法案》(1999 Schools Act)第63条规定：上课期间和校内外所有正式学校活动期间，学校需要履行合理监控的法律义务。①

因此，新南威尔士州学校广泛使用监控技术，包括金属探测器、光学筛选设备，如网络摄像头、无人机、电子筛选、手持筛选设备和刷卡系统等，使用的新技术包括复杂生物测定技术、指纹系统、数据跟踪设备和面部识别等等。目前，CCTV闭路电视系统仍然是新南威尔士州学校最常见的监控技术形式，通过闭路电视对学校教学楼、图书馆、实验室和行政区域等学校重点区域的活动进行全面观测与监控。②

据报道，新南威尔士州校方普遍呼吁更多使用监控摄像头来阻止和保

---

① Jo Deakin, Emmeline Taylor & Aaron Kupchik. The Palgrave International Handbook of School Discipline, Surveillance and Social Control [M]. Switzerland, Cham: Springer Nature, 2018: 18-19, 89-92.

② Emmeline Taylor & Alison Kearney. School Discipline and Surveillance: Developments in Australia and Aotearoa /New Zealand [M]. Switzerland, Cham: Springer Nature, 2018: 89-95.

护学校人员受攻击和欺凌行为，以确保校园环境和谐安全。此外，学校还安排教室监督员、大厅监督员以及学校的保安人员通过使用监督名册、登记册、签到签退簿、访客卡等监督手段管理学校活动和人员进出。可见，学校普遍使用监督手段和监控技术，有助于及时观测校内发生的行为动态，为惩戒政策的开展与实施提供精准的技术保障。

《官方学校学生纪律》提出要以维护学生权利为目标，建立多样化的惩戒方式。例如，惩戒条例必须建立在维护学生"置身安全的权利、学习的权利、感受到尊严和受到尊重的权利"基础上。对于学生的违规行为，学校采取的惩戒处分程序应根据其严重程度而有所不同。针对不同的违规行为，学校做出的惩戒处理需要进行有效分类，采取适宜的处罚方式。新南威尔士州学校教育惩戒治理手段明显具备了这些要求。

具体来看，新南威尔士州学校的惩戒实施手段从轻到重依次可分为三大类：第一，禁闭（Detention）。要求学生在上学日的指定时间内在指定禁闭地点范围内活动，并在午餐、课间休息或放学后向学校报告。学校必须确保单次禁闭时间不得超过 45 分钟，总禁闭时间不超过休假时间半数。对学生做出课后禁闭处罚，至少应在禁闭的前一天通知父母。第二，停学（Suspension）。停学根据处罚时间可分为短期停学和长期停学。学生有以下行为会被停学：（一）违反学校纪律政策的行为。如拒绝服从教师指示，蔑视、扰乱其他学生；（二）轻微的学校犯罪行为。如使用酒精或持续使用烟草等；（三）攻击性行为。包括针对学生、工作人员或其他人的敌对行为，通过电子邮件、社交媒体或 SMS 文本消息等电子方式传播的言语滥用等，校长将根据行为性质下达不超过四个学日的短期停课处罚。学生行为如涉及身体暴力、持有或使用违禁武器或非法物质、严重校园犯罪行为和持续不当行为等，校长可以下达 20 个学日以上的停学处罚。停学根据处罚地点又可分为校内和校外停学。校内停学又称停课，意味着学生可以照常上学，但必须在整个上课日内到达学校指定地点进行报告。校外停学意味着学生被剥夺进入校园的权力，校外停学是由于某些过失严重的学生可能会因涉嫌侵犯他人而被指控或被捕，需接受社区服务，抑或严重过失者将入狱等原因而导致。停学期间，学生不得参加课后活动，如舞会、体育赛事等。学校须将停学的原因和时间通知至学生的父母或监护人。在停学期间，学生需继续学习并完成作业。第三，开除(Out of school suspension)。不断违反停学规定的学生将被处以开除，并将接受更长时间和更严厉的处罚，开除被视为最严厉的惩戒手段，往往是在其他惩戒方式都无效的情况下方才执行。对于违规情节严重者，校长开除时可以不考虑年龄。被学校开除的学生，未经新南威尔士州学校校长批准，不得进入该校就读。①

第三节　澳大利亚教育惩戒政策的基本特征

澳大利亚属于联邦分权制国家，教育惩戒政策的制定遵循"联邦和地方授权，学校自主制定"的原则，各级学校拥有制定教育惩戒措施、使用监控技术管理和控制行为、保护学生免受伤害等权力。纵观澳大利亚学校教育惩戒政策的制定及实施过程，其基本特征主要体现在以下三个方面：

一、完备细化的法规体系作保障

在澳大利亚，各级学校的教育惩戒措施必须遵循依法制定的原则，即要根据国家、州和地方相关法律为依据，不能与上位法相违背。在此方面，澳大利亚联邦政府及各州政府出台了一系列关于教育惩戒的法律法规和条例，为各级学校依法惩戒提供了基础与前提。据统计，当前澳大利亚联邦及各州已颁布与教育惩戒相关的法律超过十多部，代表性的有：1972年联邦《国家教育法》、1988年新南威尔士州《教育改革法》、1989年昆士兰州《教育(一般规定)法》《1990年新南威尔士教育法》、1994年塔斯马尼亚《教育法》、1996年联邦《教育(总则)修正案》、1997年联邦《学校教育

---

①　尹雅丽，马早明. 严守戒尺的"界"与"度"：澳大利亚新南威尔士州教育惩戒政策探索[J]. 外国教育研究，2020，47(07)：58-73.

法案》、维多利亚州《2006 年教育培训与改革法案》、新南威尔士州《2011
年停学和开除学生程序条例》《2012 年南澳教育条例》、2017 年维多利亚州
《教育培训与改革条例》等等。2006 年维多利亚州政府颁布的《2006 年教育
培训与改革法案》(Education and Training Reform Act 2006)规定,维多利亚
州公立学校的校长可根据任何部级命令,对学生实施停学或开除。① 2011
年,新南威尔士教育部为进一步细化教育惩戒权实施细则,颁布了《2011
年学生停学和开除专门条例》(Suspension and Expulsion of School Students
Procedures 2011),该条例明确规定了新南威尔士州学校拥有暂停学生上学
和开除学生的权力,并赋予校长惩戒管理权力②。2012 年,南澳教育部颁
布《2012 年南澳教育条例》(South Australia Education Regulations 2012),进
一步加强并细化了教育惩戒权的内容及实施办法,其中第三部分提到授权
人有对校舍内非法侵入及不当行为的管制权,同时还详细规定了对学生的
各种惩戒手段(主要包括停学、除名、开除、将学生驱逐出所有学校和其
他教育设施场地、禁足、禁闭等等)。③ 在澳大利亚,学校教育惩戒政策在
遵循联邦和各科相关法案的基础上,需要通过制定一项《学校纪律政策》
(The School Discipline Policy)作为政策的基本框架。联邦政府对《学校纪律
政策》的制定提出规范和要求,各州地方政府则需要建立相应的纪律
标准。④

　　法律体系作为政策落实的法律保障,只有以此为基础,转化为完备的

　　①　The Parliament of Victoria . Education and Training Reform Act 2006 [EB/OL].
[2019-10-25]. http：//www. legislation. vic. gov. au/Domino/Web ＿ Notes/LDMS/PubStat-
book. nsf. pdf.

　　②　New South Wales Government Education&Communities. Suspension and Expulsion of
School Students-Procedures 2011[EB/OL]. [2019-10-25]. https：//education. nsw. gov. au/
student-wellbeing/attendance-behaviour-and-engagement/suspension-and expulsion.

　　③　South Australia Education Regulations 2012 under the Education Act 1972[EB/OL].
[2019-10-27]. https：//www. legislation. sa. gov. au 〉 2012. 188. UN. PDF.

　　④　Department of Education and Children's Services. School Discipline [EB/OL].
[2019-10-10]. http：//intra. aphs. sa. edu. au/web/sites/default/files/SchoolDisciplinePolicy.
pdf.

执行细则，才能更好地保障教育惩戒的落实度。如《1990 年新南威尔士教育法》，该教育法虽实现了教育惩戒权入法，但该法案只提出惩戒权的合法性，并未对具体的惩戒实施作出解释。鉴于此，新南威尔士政府在《1990 年新南威尔士教育法》出台后，尝试通过一系列的举措来进一步推进教育惩戒权的实施。如 1995 年 12 月，新南威尔士州教育部部长向所有学校发布《良好纪律和有效学习的声明》(Good Discipline and Effective Learning)，对学校惩戒政策的制定提出了指导意见。2000 年年底，新南威尔士教育部成立专门委员会，负责制定教育惩戒政策准则等。

二、多元动态的管理机制作动力

在落实教育惩戒的过程中，只有多元主体联合参与和灵活应变的管理机制才能让惩戒政策的落实始终保持活力。多元主体联合参与是指政府部门、学校、家庭、社区等明确各自主体职责，联动落实教育惩戒权的实施。

澳大利亚联邦政府规定，教育惩戒政策的制定由联邦教育及儿童事务署行政长官(Chief Executive of DECS) 负责，各州教育部部长、校长及校内职员，包括教师并联合社区进一步落实教育惩戒权的实施。各方主体责权明确，保证了教育惩戒政策行使有序。其中，联邦教育及儿童事务署行政长官的主要责任有：为遇到行为困难的学生，向学校教育和儿童服务部提供协调服务，并负责更新教育惩戒政策；适当参与跨部门协调，简化议协调问题学生和政府部门的沟通流程；提供教育惩戒政策审查制度和改革事例；为教职员工提供指导和培训；向家长提供教育及儿童事务署教育惩戒政策的信息。各州教育部部长的职责有：支持校长负责制，保障各级学校教育惩戒政策的实施；支持校长制定学校校纪校规、行为准则和其他行为管理程序以满足当地社区的特定需求；协调联邦教育及儿童事务署与地方跨部门合作，为学校社区提供服务；与当地校长和全州教育服务部门合作，确保在地方一级建立教育惩戒机制，并为违规学生提供惩罚安置措施；支持校长和其他学校人员负责管理在校学生行为或在校学生与校外成员发生的攻击行为等重大事件，并在必要时协助多方进行调解。① 校长的职责有：为教师和教职工提供学习培训机会，创建高效的管理团队。鼓励教职员工通过高度合作和相互支持，组建专业学习团队。教师作为学校教育的第一主体人，在学校教育惩戒政策实施中必须树立权威地位，对学生的不良行为既要做到有理有据地引导、训诫和惩罚，但又不能惩罚过度，超出惩戒权行使的权限范围。在澳大利亚的教育体系中，社区往往扮演着重要角色。

由于学校所在社区掌握着学生大部分的数据信息(主要包括人口特征、种族、宗教、性格、家庭背景和违规记录等)，担负着促进学生积极行为的重要职责，因此，社区将与学校协同制定教育惩戒政策。此外，澳大利亚学校所在社区至少每三年要对区域管辖范围内所有学校惩戒政策进行评估和审查，评估和审查的内容主要包括学校是否制定与学生行为守则一致的学校惩戒规则，是否采取促进学生积极行为的策略和做法等。② 社区在教育惩戒中的全过程参与，使得教育惩戒政策不再是简单的点对点单向传导模式(即校方与学生之间单一关系)，而是形成了立体环形的社会网络，为教育惩戒效能的提升提供了巨大帮助。由此可见，通过制定多元参与的管理机制，教育惩戒政策明确了各主体的责任，通过上下各方联动，聚力合作，通过有效的动态反馈机制，有效打通了信息渠道，减少了政府部门、学校、学生和家长之间的隔阂和矛盾，为政策的实施扫清了障碍并减少了阻力。

多元管理机制中家庭是不可或缺的责任主体，因此澳大利亚政府极为重视学生的家庭教育。2012 年联邦总检查署(General's Department) 提出，通过开展积极育儿教育中的家长教育活动和儿童教育活动以及保持父母教

---

① Department of Education and Children's Services. School Discipline [EB/OL]. [2019-10-10]. http：//intra. aphs. sa. edu. au/web/sites/default/files/SchoolDisciplinePolicy. pdf.

② David Ford. School Discipline[J/OL]. Sydney. 2014：3(2) , 10-12, 28-31.

育和学校教育的高度一致性是澳大利亚所有学校制定惩戒政策的重要组成部分。澳大利亚儿童纵向研究(LSAC)显示,儿童行为问题与父母的敌对程度密切相关。在经历父母敌对育儿时,儿童发生行为问题的可能性较一般儿童高出四倍,发生多动症的可能性则比一般儿童高两倍。有证据显示,较好的亲子关系可以降低学龄儿童的行为问题、同伴问题和敌对社会行为的概率。因此,学校的纪律水准会受到父母与子女关系的影响,当父母的做法与校方的纪律和惩戒策略一致时,孩子就会更加注意规范其行为。2012年澳大利亚政府颁布的《家庭支持计划》(Families Support Program)和《2009—2020年澳大利亚保护儿童国家框架》(The National Framework for Protection of Australia's Children 2009—2020)为发展积极的家庭教育和改善儿童安全与福祉提供了政策支持。据此,各地区政府教育部通过成立育儿和家庭支持计划小组(Parenting and Family Support Programs Team),推行育儿积极计划(SA Positive Parenting program),倡导家长与孩子一起学习。育儿积极计划通过提供从出生到18岁的儿童和年轻人有关的抚养和教育质量的相关指导信息来引导父母参与学校教育。目前澳大利亚各州教育部已经开发了80多个版本的《家长简易指南》,并进行定期更新,同时还提供免费的育儿研讨会和在线视频。《家长简易指南》指出,家长应通过引导学生的积极行为来配合学校帮助孩子学会控制自己的情绪和行为,通过理解驱使行为的动机和意图,找到学生"行为不端"、淘气或挑衅等各种不良行为的原因。引导学生积极行为的方法主要包括着眼长远,培养孩子独立、自我激励、责任意识、与他人融洽相处的价值观和始终如一完成预期任务的能力;优先考虑与孩子相处并建立良好的互动关系;让孩子感觉被理解并满足他们的潜在需求;让孩子参与寻找有效的解决方案;在孩子犯错的时候,通过适当的惩戒来达到教育并使其改正的目的等等。澳大利亚政府通过实施一系列的家庭教育活动开启了家校合作的良性模式,让父母认识到教育的多样性和复杂性。通过家庭教育和学校教育的有效协作,家校双方共同引导和鼓励学生的积极行为,为教育惩戒从源头上做到防微杜渐、消除隐患而努力，为助力惩戒效果保驾护航。①

三、合理有效地实施策略作遵循

为有效落实教育惩戒政策，应合理有效地实施策略。所有法规政策不加以落实，都是空中楼阁，只有在实施过程中检验其合理性和有效性，才能不断加强政策的执行度。科学打造严格的纪律水准和对学生不当行为进行教育惩戒时的科学分类，都属于合理有效地实施策略。

制定高标准的学校纪律是维护校园安全、防范校园违规行为的基本前提。为此，澳大利亚政府支持各级学校校长及政策制定团队设置严格的学校纪律准则。首先，培育学生核心价值观，增强学生责任意识。各州政府和教育相关部门提出学校必须制定学生行为核心准则（Core Rules for Students in Government Schools），该准则以"正直、卓越、尊重、责任、合作、参与、关怀、公平和民主"为核心价值观，要求学生表现尊重，严于律己。包括使用恭敬的语言、肢体语言、面部表情、书面语言；尊重老师和同学、尊重他人的身体和感情、尊重个人空间、尊重他人隐私、不得对他人进行骚扰、尊重自己、他人和社区的安全及财产、尊重社交媒体；诚实正直、互相关心、如实报告行为、按时出勤、准时参加活动等。② 其次，严格恪守高标准的校规细则，加强对学生行为的管理。学生必须遵守学校校规和各项规章制度，服从老师或学校授权的他人的指示。对于学生违反规定、不服从指令或者以其他方式从事对学校、工作人员或者其他学生造成或者可能造成伤害、不便或者尴尬的行为，学校可以基于恢复性司法实践和程序公正给予惩戒处分。其中实施教育惩戒的地区主要包括教室、操

---

① Government of South Australia&Department for Education. Parenting and Child Care [EB/OL]. [2019-10-30]. https：//www. education. sa. gov. au/parenting-and-child-care/parenting/learning-your-child-greatstart.

② Australian Government. Disciplinary Measures[EB/OL]. [2019-11-22]. https：//www. alrc. gov. au/publication/seen-and-heard-priority-for-children-in-the-legal process-alrc-report-84/10-children-in-education/disciplinary-measures/.

场以及往返学校途中这三大区域。教师是课堂纪律的主要责任人，教师应尽早向家长通报学生的犯错行为，如遇到重大事件或持续频发的课堂不良行为，教师应告知下一级主管并提交至教师管理支持系统。操场问题一般由当班工作人员或专门负责惩戒的工作人员负责，并在一周内跟进并记录问题，如遇重大不当行为和严重事件，教师可以在征得校长同意的情况下将违规学生直接开除，或者与其他学生隔离。①

研究表明，管理严重且具有挑战性的学生行为往往需要耗费校方大量的时间和精力。因此，采用积极的教育手段、开发科学的管理策略也是澳大利亚教育惩戒政策的目标。惩戒虽然表现为消极，但其实施过程并非单一、呆板的，达到戒除、预防、阻止学生不良行为才是最终目的。目前，澳大利亚学校科学的行为管理策略主要包括：（一）充分利用校园资源。具有领导力的校长应充分利用校园资源，为学校量身定制行为支持手段以促进学生学习并管理学生行为。如设置流动教室，让学生进行水平分组，避免落后学生产生破坏性行为。学校通过资助譬如菜园、小农场和专业贸易培训设施等项目，让学生参与学习并鼓励积极的行为。（二）设置合理的出勤制度。出勤率是保证学校纪律的重要因素，根据调查显示，每周旷课超过半天会危及学业成绩，提高出勤率往往是加强学校纪律管理的第一步。学校可以奖励按期入学的学生，为他们协调校车服务；安排教师和出勤官员探访出勤率低的学生家庭；对出勤率在90%或以上的学生给予表彰和奖励，公开所有教室的考勤表，跟踪每天的出勤情况等等。（三）收集和使用校本行为数据。学校应设置行为系统来记录学生所有积极和消极的行为，校方通过系统地收集和分析学生行为信息，为行为管理策略提供依据，如学校详细记录违规学生被训斥、拘留、退学和停学的情况，将对这类学生有震慑作用。学校同样也记录学生的良好行为并对此实施相应的奖励措施，通过奖惩结合的方式灵活管理，积极引导学生改善行为。（四）关注学

---

① Ramon（Rom）Lewis. Classroom Discipline in Australia［EB/OL］.［2019-11-22］. https：//www. research gate. net/publication/23820348.

167

生学业成绩。有研究表明，当学校对学生的学业期望提高时，其改善全校学生行为的可能性往往更大。一些学校把学业成绩和考试成绩作为学生纪律表现的一个评估重点，除了学生行为普遍得到改善之外，学校在澳大利亚全国读写和算术标准化测试项目（NAPLAN）中识字和算术的成绩也达到或超过了预期水平。由此可见，学校实施科学化的管理策略，对教育惩戒政策的实施起到了事半功倍的效果，两者有机结合、相辅相成，可以从源头上预防学生出现消极行为。①

第四节　澳大利亚教育惩戒政策对我国的启示

对澳大利亚教育惩戒政策的演化阶段进行梳理划分，概括其政策的主要特征，对其基本取向和实施内容等方面进行分析，可为我国教育惩戒权的落实与实践提供几点参考性的借鉴。对照我国，在教育惩戒领域，当前既没有法律明确规定教师拥有惩戒权，也没有出台关于教师惩戒权的法律，我国少数地区制定的与教育惩戒相关的法律法规，对于教师惩戒权的界定也十分模糊且不具备实用性。澳大利亚执行的教育惩戒政策对推动校园治理，促进教育公平有着积极作用，特别是在其教育惩戒权入法后构建的一系列完备的政策体系，对我国推进教育惩戒权入法、制定和实施教育惩戒政策有着重要参考借鉴价值。

一、政府层面出台教育惩戒法律法规

澳大利亚政府明确意识到教师惩戒权立法的重要性，在出台联邦法律文件规定教育合法权力的同时，政府实施分权制，把权力下放至州政府并要求各州政府逐年细化完善相关法律法规。《1990 年新南威尔士教育法》及

---

① 尹雅丽，马早明. 澳大利亚教育惩戒政策的演化、特征与启示[J]. 比较教育学报，2020，（02）：36-49.

之后颁布的一系列法案为该州的教育惩戒政策与实践提供了重要法律基础，从源头上解决了后续改革的合法性问题。反观我国，当前既没有法律明确规定教师拥有惩戒权，也没有出台关于教师惩戒权的立法方案，目前，已有的法律条文中对于教师惩戒权的说法存在界定不清、行使边界模糊等问题。有学者认为，我国相关部门对教育惩戒的原则、形式、范围、程序都没有明确规定，相关法律规范的缺失又使得教师在实践中分辨不清何谓正当惩戒权力，让教师陷入了执法无源的困境。① 除此之外，我国现有的教育法律体系原则性太强，往往滞留在理论指导的层面，存在可操作性低、实际指导意义不大的问题。因此，建议充分借鉴新南威尔士州的成功做法，尽快推进教育惩戒权入法。要加快制定专门的教育惩戒法律法规，或对现有的法律法规进行修订完善，重视法律的功能性和实操性，并允许通过社会监督不断完善法律效应。应真正从根源上规范和限制教师的惩戒权，赋予教师公开、明确、具体和科学可行的惩戒权。

依法惩戒，是澳大利亚教育惩戒实施以来得出的最重要经验之一。澳大利亚政府明确意识到教师惩戒权立法的重要性，在出台联邦法律文件的同时，要求各州政府逐年细化完善相关法律法规。联邦政府和各州相继出台的教育法案保障了惩戒政策的实施，从入口关解决了后续改革的合法性问题，设立了教育惩戒政策标准化的高起点。如联邦政府制定的《学校纪律政策》(The School Discipline Policy)，州政府推出的《1990 年新南威尔士教育法》(Education Act 1990-NSW Legislation)、昆士兰州《1996 年教育(总则)修正案》[School Discipline and the Education (General Provisions) Amendment Bill 1996]、新南威尔士州《2011 年停学和开除学生程序条例》(Suspension and Expulsion of School Students-Procedures 2011)、《2012 年南澳教育条例》(South Australia Education Regulations 2012)等指导性文件，明晰了政府、学校等各方主体在教育惩戒政策中应遵循的章程。其中，《学校纪

① 宋敏. 消解与重构：教师惩戒权的行使困境及突破[J]. 现代教育科学，2018，(3)：6-10.

律政策》的出台，为各级学校制定了一套科学有效的教育惩戒政策框架，确保每一方政策相关主体明晰各自责任和权益，从而保障学校教育惩戒工作的顺利开展。目前为止，我国仍缺乏专门的教师惩戒权法规，针对教师惩戒权行使边界模糊，教师惩戒权的具体实施缺乏实操性法规指导，教师在行使惩戒权的过程中容易出现错位、失位等问题，2019 年 6 月，中共中央国务院发布《关于深化教育教学改革全面提高义务教育质量的意见》，其中提出，我国应制定实施细则，明确教师教育惩戒权。① 由此可见，我国在推动教育惩戒权入法，制定专门的教育惩戒政策法规的进程上显得极具紧迫性。

政府除了需要出台与教育惩戒相关的教育法案，还需对该政策的实施进行严格的监督，建立完善的监督机制，保证教师合法正确行使其惩戒权。任何缺乏监督的权力都可能会导致权力的滥用，教育惩戒权也不例外。为了保证该权力的顺利行使，新南威尔士州各级教育部门对学校执行教育惩戒权进行严格监督，并制定详尽的实施权限细则，同时接受社会公开意见及合法投诉。学校在实施惩戒行为时应避免任意、武断、错误或过失行为。例如：新南威尔士州教育部规定学生短期停课的上限是 4 天，包括周末或节假日。学校做出短期停课决定的 24 小时内必须联系学生家长或学生的代理监护人。如果学生本人或其父母对停课决定有异议，可在停课决定作出的 7 天内向政府教育培训部执行主任申诉，逾期无效。② 纵观我国教育实践，教师对惩戒权的滥用、过失、错位现象随处可见。

目前，我国政府对教师较少进行相关的法律教育和能力培训，我国仍缺乏完善的组织机构和权力部门对教师惩戒行为进行监督管理，家长和社会的监督权也未引起重视。因此，在我国现有条件下，除去教育主管部门及学校对教师的惩戒行为进行监督外，整个社会也应参与其中，如学生家

---

① 尹雅丽，马早明. 澳大利亚教育惩戒政策的演化、特征与启示[J]. 比较教育学报，2020，（02）：36-49.

② 尹雅丽，马早明. 严守戒尺的"界"与"度"：澳大利亚新南威尔士州教育惩戒政策探索[J]. 外国教育研究，2020，47（07）：58-73.

长可以通过成立相关的社团或组织来应对处理某些校园问题，当学生的合法权利受到侵害时，可以向社团或组织进行咨询或求助，以获得相关的帮助和协调，从而避免激化矛盾和惩戒不当。

二、学校层面颁布教育惩戒相关细则

配合相关法案，澳大利亚联邦政府通过分权地方，将权力逐级下放，学校可以根据自身情况制订并细化惩戒政策，真正做到了灵活治校、规范治教。其中制订高标准的学校纪律、分类应对的惩戒手段，实施奖惩结合等有效策略是澳大利亚教育惩戒政策的另一条重要经验。学校依据政府制定的《学校纪律政策》要求，明确惩戒目标，通过树立学生的价值观，以鼓励学生的积极行为作为教育惩戒政策过程的全程导向。如每个学校必须制定学生行为核心准则（Core Rules for Students in Government Schools），帮助学生养成尊重他人、自尊自爱的道德人格，使学生从内心根源上拒绝失范行为，抵制不和谐的校园现象。同时，学校还开发了一系列符合青少年心理特征的奖惩措施，根据学生的行为升级随时进行调整，引导学生发扬积极行为。一旦学生违规失范，践踏规则底线，学校则根据具体惩戒细则作出应对，并且惩戒手段逐级递增，有章可循。可见，教育惩戒的真正目的应是通过教育的人文关怀和科学的治理手段，使学生从源头上感知正念，剔除不良行为。因此，教育惩戒政策一定要做到以人为本，同时具有灵活性，以开发学生积极行为作导向，通过严控底线、适度递增的惩戒手段警醒学生不良行为，从而达到规范行为的最终目的。

在学校教育中，惩戒被公认是一种教师对学生进行管理的方法，是通过给学生身心施加某种负向影响，使其感到痛苦或羞耻，激发其悔改之意，从而达到矫正其不当行为的目的。然而惩戒虽然表现为消极面，但其实施过程并非单一、呆板的，达到戒除、预防、阻止学生不良行为才是最终目的。所以从学校层面出发，制定教育惩戒的细则，使学生明确该政策的具体行为规范，乐于接受该政策的施行并能积极参与该细则的完善是非常有必要的，对学校提高管理水平也是非常有帮助的。新南威尔士州各级学校极为重视鼓励学生的积极行为，并以此为基石开发了一系列的防范和干预机制，根据学生的学习及品行制定了许多符合学生心理需求并富有趣味性的奖励措施，同时还制定了学生职责与荣誉细则，明确规定了学生是义务和责任。众所周知，学生是独立发展的个体，其个性和行事风格决定了其行为的变幻莫测，因此学校对学生的管理也要保持动态化，奖励和惩罚之间的尺度可根据学生行为随时进行调整。马卡连柯（1954）曾说："正确和有目的地应用惩罚是非常重要的，优秀的教师利用惩罚制度可以做很多事情，但是笨拙地、不合理地、机械地运用惩罚会使我们一切工作受到损失。"①

总之，面对当前频繁出现校园暴力、校园欺凌、"校闹"等问题，我国教育部门必须尽快做出有效回应，及时监控各校对该政策的落实度，对学校颁布的教育惩戒细则给予专业指导，对细则执行度进行评估。新南威尔士州学校教育惩戒政策的构建与实施为我国教育惩戒政策的制定与实践提供了重要借鉴。只有推动教育惩戒权入法，制定完整且可操作的教育惩戒政策体系，鼓励各校探索教育惩戒实施策略，让教师敢用惩戒、慎用惩戒、巧用惩戒，才能真正促使我国教育惩戒走上法治化道路，建设平安和谐校园。

三、社会层面联合家校进行教育惩戒

澳大利亚在教育惩戒政策的制定和实施过程中构建了多元主体的动态参与机制，政府通过协调各方力量，形成了学校、社会、家庭三者共同参与的融汇管理局面，并因此整合资源，上下联动，打通了教育惩戒政策的反馈通道。澳大利亚各级教育部门为了进一步加大对学校的监管力度，采取了一系列有效举措，如制定教育惩戒实施权限细则，接受学生、家长、社会等各方公开意见及合法投诉，学校成立校务委员会对惩戒政策进行全程监控，学校每三年接受社区的惩戒政策评估等，对学校行使教育惩戒权

---

① 马卡连柯．论共产主义教育［M］．刘长松，杨慕之，译．北京：人民教育出版社，1954：170.

作出明确规范。此外，增强家校合作力度、打造和谐共赢的家校关系也是澳大利亚教育惩戒政策中的重要组成部分。2012 年澳大利亚联邦政府颁布的《家庭支持计划》(Families Support Program)和《2009—2020 年澳大利亚保护儿童国家框架》(the National Framework for Protection of Australia's Children 2009—2020)等政策都对学生父母参与学校教育惩戒作出了明确指示。可见，构建学校、社会、家庭多元主体共同参与的动态机制是完善教育惩戒制度的重要举措，也是教育公平的充分体现。因此，建议我国借鉴澳大利亚的做法，增加社会监督力量和家庭教育的参与比重，鼓励社区、家长等更多群体参与到教育惩戒过程中来，通过有效的机制创新(如成立包括家长在内的教育惩戒委员会)来共同完成教育惩戒目标，共担学校教育的责任风险。

新南威尔士州在推进教育惩戒工作的过程中，无论是政策制定，还是政策实施过程，都有政府、学校、社区、专业团队、家长、学生等多元主体参与，秉持着"公平、有效、协作"原则，确保政策的合理性与规范性。新南威尔士教育部指出，学生一旦进入学校接受教育，学生的父母与学校就建立了合作伙伴关系。这种伙伴关系是双方基于学生应对自己行为负责而作出的共同承诺。学校工作人员、学生和家长之间的合作是维持学校教育惩戒顺利开展的重要保障。家庭教育是学校教育的基石和原点，学校有质量教育和良好的纪律水准都需要家庭教育的配合。

反观我国，一旦将孩子送入学校，很多家长就责任脱钩，把对孩子的教育完全推向学校一方，关注孩子的成绩而忽略他们的身心发展，但凡孩子行为越界，家长往往不愿接受校方采取的惩戒措施或拒绝与学校沟通协商，认为孩子在学校发生的不当行为与家庭关系不大，学校应在孩子做出失范行为事件中负全责。这就启示我们国家在推进教育惩戒工作过程中，须借鉴新南威尔士州这种成熟的多元共商机制和动态参与机制，鼓励学校打通与家庭、社区、社会团体的沟通渠道，通过家校合作、多元参与的模式，促使多方主体达成统一意见后再进行合作，确保教育惩戒政策的有效推进，保障教育惩戒执行的统一性。

第五章　加拿大教育惩戒政策研究

21世纪以来，加拿大安大略省政府在教育惩戒方面进行了重大的变革，逐步确立和完善了渐进式教育惩戒政策（Progressive Discipline Policy）。渐进式教育惩戒政策以创设积极校园氛围，强化尊重理念为目标，以包容学生特殊需求，追求公平理念为原则，以提升学校治理能力，明确合作理念为焦点，明确了其政策的基本取向。为了保障渐进式教育惩戒政策理念的良好实践，加拿大安大略省进一步形成了包含界定惩戒行为与类型、开发渐进式处理机制以及设置渐进式处理流程在内的实施机制。安大略省的渐进式教育惩戒政策所强化的追求教育公平、循序渐进惩戒以及多元主体合作等理念，对于我国教育惩戒政策的制定具有一定的借鉴意义。

第一节　历史沿革与政策背景

教育惩戒作为教育活动中的重要组成部分，长期以来一直是加拿大安大略省政府保障校园环境安全，纠正学生行为不端现象的重要举措。在教育惩戒政策方向的选择上，安大略省政府经历了一段论争不断的发展历程，最终于21世纪逐渐形成其独具特色的渐进式教育惩戒政策，实现了教育惩戒的重大变革。① 2012年安大略省教育部 Ontario Ministry of Education）

---

① Emily Milne, Janice Aurini. A Tale of Two Policies：The Case of School Discipline in an Ontario School Board[J]. Canadian Journal of Educational Administration and Policy, 2018(183)：18-19, 30-43.

颁布了具有里程碑意义的《145 号政策：渐进惩戒与促进积极的学生行为》(No. 145 Policy：Progressive Discipline and Promoting Positive Student Behaviour，以下简称《145 号政策》)及系列配套文件，并于 2018 年 10 月进行更新。① 《145 号政策》是加拿大安大略省首个正式定义"渐进式"惩戒政策概念的政策范本，这一政策强调学生的管理应当从过于刚性的惩戒向更具支持性的做法转变，与此同时，教育需从整体视域出发，将有特殊需要的学生纳入考量之中。此后，加拿大安大略省又进一步确立了渐进式教育惩戒政策的理念取向与实践机制。

安大略省渐进式教育惩戒政策的确立是由其学校教育良性发展的现实诉求所推动的，在政策完善的历程中，人权、公平、自由等社会主流意识蔓延至教育领域，并进一步与教育立法事业相结合，为渐进式教育惩戒政策的形成奠定了基础。安大略省渐进式教育惩戒政策的发展背景包括了现实诉求、意识导向、法律建设等多方面多维度因素。

一、现实诉求：学生不端行为和学校问题突出

从 19 世纪到 20 世纪末，安大略省政府的教育政策并未对学校和课堂实践产生实质性的影响，致使安大略省的学校教育一直存在着许多不足之处，难以确保教育事业的良性发展。在相对单一的学习环境之中，由于较少受到外界的干预与监督，教师在教学与管理中享有极高的自主权，他们通过约定俗成的"酌情处理权"和"自由裁量权"开展教育惩戒工作，具有较大的随意性和自主性。② 然而，进入 21 世纪后，安大略省学校教育逐渐开始摆脱过去松散耦合的状态，联系得愈发紧密。③ 与此同时，由于社会变

---

① Government of Ontario. The Education Amendment Act (Progressive Discipline and School Safety Bill 212) 94-142[EB/OL]. (2007-11-22)[2020-01-06]. https：//www. ontario. ca/laws/statute/s07014.

② Mona Gleason. Disciplining the Student Body：Schooling and the Construction of Canadian Children's Bodies，1930-1960[J]. Cambridge University Press，2001：189-215.

③ Coburn，C. Beyond decoupling：Rethinking the relationship between the institutional environment and the classroom[J]. Sociology of Education，2004：77(3)，211-243.

动较为剧烈，学生的不端行为和校园问题也不断升级，公众对学校教育惩戒工作的不满情绪愈演愈烈，社会各界对教育当局和学校的批判和讨伐之声亦不绝于耳。在此情景之下，学校希望政府为教育惩戒订立方向，制定更加规范、标准和科学的教育惩戒政策体系来规范教师的自由裁量权，将政策与管理实践紧密结合，解决校园实际问题。学校的内生性需求与政策滞后引发的矛盾，以及不断激化的社会舆情态势，这一系列矛盾与问题纷纷倒逼安大略政府加快改革进程，如此，渐进式教育惩戒政策似乎已成为安大略省政府推动学校教育良性发展的必然选择。

二、意识导向：进步意识和人权意识发展

自 20 世纪开始，随着安大略省的不断发展，其文化、政治和经济发展态势之中都浸染了日益增强的进步意识倾向。[1] 先是文化进步所带来的人权意识的提升。20 世纪初，安大略省的学校整体氛围严格肃穆，经常采取"强制的惩戒手段，用皮带、桦尺或笨蛋帽子对学生进行体罚和羞辱"。20世纪 60 年代至 70 年代，随着文化的繁荣和人权意识的逐渐提升，学生们开始通过诉讼权对体罚制度提出控诉，并在加拿大儿童基金会等组织的协同努力下，最终以新的课堂管理观念取代了陈旧的体罚制度。其次是经济发展所推动的公平意识的强化。20 世纪 70 年代到 90 年代，为了适应移民热潮和经济发展，安大略省开始贯彻以公平为核心理念的新经济政策，而作为加拿大第一个实施公平就业行为法案的地区，安大略省所强化的公平意识也随之逐渐转变为影响教育惩戒方式的关键因素。最后是政治运动所引发的自由主义的高潮。加拿大在 20 世纪 60 年代和 70 年代期间进行了一场青年激进主义运动，引发了广泛的自由主义思潮，这场运动也被视为引发包括教育惩戒在内的教育领域政策变革的跳板，直白地要求学校对学生的管理应该进一步自由化。纵观安大略省上世纪多种意识思潮的

---

① Steven Baird. The Implementation of Progressive Discipline Within Ontario Schools and Its Effect on the Experience for the Transgressors and the Victims[J]. Ontario Institute for Studies in Education of the University of Toronto, 2014: 20-22.

发展，可以窥见社会各界对学校管理观念的重大转变，即认为教育惩戒应从严格的纪律管理转变为引导和纠正的方式，要更多地考虑到学生的利益。

三、法律建设：旧法律的不合时宜催促新法案的出台

20 世纪 90 年代中后期，在体罚等旧惩戒体制被逐步摒弃的同时，安大略省的校园中武器使用和暴力事件却也在增多，学校教育惩戒权的归属问题仍然悬而未决。为了回应教育界、家长及社会长期以来的政策诉求，安大略省政府于 2000 年颁布了《安全学校法》（81 号法案，the Safe Schools Act Bill 81），该法案的出台标志着零容忍教育惩戒政策正式推行。"零容忍"政策起源于军事和刑事司法系统，是针对具有破坏性的校园暴力犯罪而确立的政策。然而，零容忍教育惩戒政策在实施的同时却也显示出对少数族裔学生和特殊学生的歧视倾向，导致停学人数和开除人数激增，进一步激化了社会矛盾。① 有报道显示，2000 年至 2001 年期间，安大略省有113778 名学生被停学，106 名学生被开除，而 2003 年至 2004 年停学人数则增长到了 152626 人，被开除的学生人数也暴增到 1909 人。② 为了遏制这一趋势，2008 年政府颁布了 212 号《教育修正案法》（The Education Amendment Act Progressive Discipline and School Safety Bill 212）来取代《安全学校法案》，并在两年后出台 157 号《保护我们孩子在学校的安全法案》（Keeping our Kids Safe at School Act Bill 157），对 212 号法案进行补充。③

---

① Emily Milne, Janice Aurini. A Tale of Two Policies：The Case of School Discipline in an Ontario School Board［J］. Canadian Journal of Educational Administration and Policy, 2018(183)：18-19, 30-43.

② Ontario Ministry of Education . Ontario school discipline policies［EB/OL］. (2009-05-03)［2020-01-20］https：//www. change. org/p/government-of-ontario-ontario-school-disci-pline-policies.

③ Ministry of Education. McGuinty Government Releases Data on School Discipline［EB/OL］. (2005-11-23)［2020-01-20］http：//ogov. newswire. ca/ontario/GPOE/2005/11/23/ c8925. html.

政府新法案用自由、积极的态度取代了过于刚性、粗暴的旧法案，增加了酌情停课的标准，取消了教师停课和校长开除的直接权力，允许学生对停课处罚进行上诉，并增加了在实施惩戒之前必须考虑的诸多因素。安大略省政府部门多项法案的出台为渐进式教育惩戒政策提供了法源保障，也标志着该政策正式走向新纪元。

一个国家的教育体系会随着该国的社会经济文化的进步而做出相应的改变，关于教育惩戒的法律法规也在不断调整和完善，以期完善该国的教育体制。其在教育惩戒政策方面的探索无疑是在实践中不断进步、完善和发展的，所以在进行教育惩戒探索实践时，国家教育相关部门在制定法律法规时也应在探索中不断前进。

第二节　加拿大教育惩戒政策的实施内容

一、创设积极校园氛围，学生树立正确价值观

教育惩戒的出发点并非是让学生感受到羞辱与痛苦，其最终目的是为了引人向上，让学生往更好的方向发展。因而在对学生进行教育惩戒时，必须充分彰显人性，体现出对个体的责任、尊重与公平。安大略省实施的渐进式教育惩戒是一种非惩罚性的学校教育方法，采用一系列预防、矫正和支持性的干预措施，强调教育部门和学校要提前预防和及时发现失范行为及其倾向，帮助学生产生积极的行为。在实施教育惩戒时需明白的一点是，教育惩戒作为一个系统性的教育过程，涵盖了正向与反向两种育人路径，加拿大中小学对学生亮出的关爱绿灯，是在发挥教育的正向作用，是学校教育惩戒工作出发的第一站，也是整个惩戒链条当中最为细致的一个环节。这个环节是加拿大实施教育惩戒政策的关键路径，包括了诸如创设积极的校园氛围、树立正确的价值观导向、包容学生的特殊需求等重要内容。

渐进式教育惩戒以保障学生的权利和福祉为目标,将创设积极的校园氛围视为学校教育惩戒的基础工程。一般说来,积极的校园氛围具有以下两个明显特征:一是树立学生、教职员工、家长等各方人员的人身与心理安全感,构建没有歧视和骚扰的健康人际关系;二是鼓励学生树立积极的榜样作用,促进学生之间的良性互动。为了实现这一目标,学校发动全校全员力量,共同维护校园安全。

具体而言,在加拿大中小学,学校首先要求全体教职员工必须掌握全面的校园安全知识。校委会不仅通过书面文件下达规章制度和即时通知,还定期组织教职员工的学习及例会活动,帮助全体教职员工及时了解关于学校安全和社区安全的最新的信息与数据。其次,为了使学生充分理解学校环境的开放性与复杂性,学校还设置了针对学生的专门课程,通过课程、集会及培训等方式加强学生的安全责任意识,树立起保护校园的主人翁意识。①

积极校园氛围的营造有利于教育惩戒政策的落实,有利于问题显现及完善。但在实施该政策过程中更应帮助学生树立正确的价值观导向。教育惩戒不是为了"惩"而"惩",而是为了促进学生养成良好的学习习惯,培养严于律己、尊重他人的态度,最终确保学校的教学秩序及相关教育活动能够正常有序地进行。为此,加拿大中小学围绕尊重、关心、安全、接受和包容五大核心理念,引领学生树立正确的价值观导向,并为此开展了一系列行动。

首先,加拿大中小学通过循循善诱的方式,教导学生要学会关爱个体生命,尊重自己并尊重他人,学会尊重不同的信仰和文化。其次,培养学生对校园环境、校园问题、失范行为和纪律标准等重大切身问题的思考能力,通过掌握全面科学的教育惩戒知识来保护自己、爱护他人,敦促学生努力改变自身不良行为方式。最后是培养学生的合作意识。学校鼓励学生

① COBURNC. Beyond decoupling: rethinking the relationship between the in stitutional environment and the classroom[J]. Sociology of Education, 2004, 77(3): 211-243.

积极地参与到教育惩戒的全盘工作中来，通过建立双向互助的关系，开展自我批评与他人批判。此外，学生还应做好老师的小帮手，加拿大中小学通过定期选举，挑选出一定比例的学生加入学校的惩戒工作委员会，协助教师和其他教务人员共同开展惩戒工作。由此可见，培养学生独立、负责的态度，最终帮助其树立起平等、尊重与合作的理念，可以为学校惩戒工作的开展助力，使其达到事半功倍的效果。

学生是教育的主体，学校在落实教育惩戒政策的过程中包容学生的特殊需求显得尤为重要。从人文关怀视角出发，教育惩戒应公平对待每个学生，体现教育的包容性。加拿大中小学渐进式教育惩戒明确指出"要在学习环境中嵌入公平与包容"。这种包容性与公平性不仅体现在教育惩戒所遵循的法律底线之上，也贯穿于教育惩戒实践的始终。

加拿大政府将融合教育（Inclusive Education）纳入到了渐进式教育惩戒的整个政策体系，提出"识别与安置特殊学生"的说法，要求充分保障每一个学生受到公平待遇。政府为此出台了诸多法律法规来保障学生的公平权益，极大地增加了学校教育惩戒的可信度及权威性。

为了体现渐进式教育惩戒在执行过程中的公平原则，加拿大中小学针对有特殊教育需要的学生设置了专门的服务计划，指派专业教师和政府的相关支援人员，对患有残疾、自闭症、多动症、心理障碍或具异常天赋等情况的学生进行帮助。此类学生将被安排特殊的辅导课程，同时接受学校对其进行的行为变化监测、行为干预手段等等。如此一来，一方面可以减少因其特殊性而遭受同伴伤害的可能性，另一方面，也可减少其对他人可能造成的破坏性行为。[①]

二、开展干预措施，营造内外环境

2013 年安大略省颁布了《建立无偏见渐进性的校园纪律：学校和系统

---

① 尹雅丽，马早明. 亮出惩戒的三盏灯：加拿大中小学渐进式教育惩戒的经验做法［J］. 中国德育，2021，（05）：39-42.

负责人的资源指南》，该指南要求学校应该对学生出现的不当行为尽量做到早发现早处理，维护安全、包容和积极的校园环境。惩戒手段使用的一刻虽然更像是一个瞬间动作，但是惩戒行为却是一个巨大的系统工程，需要制定严格的工作流程，并在下达指令前经过反复谨慎的考量。加拿大中小学通过采取干预与防范等措施，为教育惩戒拉起了警戒线，是教育惩戒工作运行的中间站，也是整个惩戒链条当中最具弹性的一个环节。加强校园行为的监控力度、鼓励学生识别并举报有害行为、促进家校社三方联合开展干预措施等都是学校回应该指南的具体实施内容。

校园隐性危害事件往往是失范行为早期的萌芽产物，如何对此类事件进行及时地跟踪发现与排除化解，直接关系到惩戒的预防工作是否能发挥作用。为此，加拿大中小学通过成立学校安全行动小组，合力开发了一系列的预防策略，针对早期发生的校园隐性危害事件进行了重点排查。学校主要是通过加强校园行为的监控力度，力求真实还原问题的性质并及时找出解决问题的最佳方案。

具体而言，首先是广泛使用数字监控技术进行的行动干预。闭路电视系统目前仍是加拿大中小学最常见的一种监控技术，闭路电视主要针对教学楼、图书馆、实验室和行政区域等学校重点区域的活动进行全面地观测监控。一旦发现学生发生失控行为，学校将做出预警报告，以防事件升级。其次是制定学生行为等级系统来干预学生行为。该系统将由班主任或任课老师等教务人员主要负责，通过给学生分配目标等级任务来执行。教师一旦发现行为不达标的情况，将及时对学生进行教育和规训，责令其尽快改正行为①。

在加拿大学校实施教育惩戒政策的过程中，学校负责人和主管教师无疑起着不可或缺的作用，与此同时，学生在此过程中积极参与的作用也不容忽视，所以提高学生参与学校管理的主人翁意识，鼓励学生识别并举报

---

①　GLEASONM. disciplining the student body：schooling and the construction of Canadian children's bodies，1930-1960[J]. History of Education Quarterly，2001，41(2)：189-215.

有害行为也是十分必要的一种干预措施。中小学生往往有着易于冲动和跟风式的行为特质，且心理不具有稳定性和独立性，如果不让学生学会自己叫停，往往后果很难控制。此外，校园事件就发生在学生之中，学生是第一目击者和责任人，往往对事情的来龙去脉有着更直观和清晰的掌握与了解。为此，充分发动学生的观察力和调节力，加强学生的责任意识，对教育惩戒工作的开展显得十分有裨益。

具体而言，加拿大中小学规定，学生一旦在学校内观察到任何危害性行为，需要及时上报给教师、校长或其他学校工作人员。学校工作人员会在第一时间内采取行动，没收非法物质或终止违规行为，并将构成犯罪的违规行为上报至当地执法机构，其他性质事件待核实后再进行适当的惩戒处分。为了鼓励学生举报违规行为，学校将对举报采取严格的匿名制，并对学生进行个人信息的安全保护。①

在加拿大，学校往往归属于其社区管辖范畴，学校和社区有着近亲血缘关系，彼此联系紧密。教育惩戒不仅仅只在校园围墙内发生，校园的外部环境也对其产生着重要作用。具体而言，学校主要通过学校、家庭和社区三个层面，把惩戒工作的学校力量与社会力量整合起来，三方共同开展干预措施，营造联通的内外环境。这些干预措施包括：要求学生的父母或监护人到校交流；学生和校长会面；课后留堂或者留校；取消部分课程或者享有的特权（如乘坐校车、参加团体活动等）；赔偿损失；介绍到社区机构进行愤怒管理或药物滥用的治疗；到社区或者学校的专业机构进行专业咨询或干预治疗；转移到另一个班级或学校或者短期停学等。② 因此学生的不当行为给学校和社区带来严重不良影响的情况下，学校为使学生认识到其自身行为的问题并有效解决该问题，会联合其家长和社区开展干预措施。

---

① Government of Ontario. Education Amendment Act(Progressive Discipline and School Safety). 2007, S. O. 2007, C. 14-Bill 212[EB/OL]. [2021-01-06]. https：//www. ontario. ca/laws/statute/s07014.

② 程先莲. 加拿大中小学教育惩戒研究及其启示[D]. 安庆师范大学，2021.

在家校社共同开展的众多干预策略中，无偏见渐进式惩戒策略(Bias-Free Progressive Discipline)是渐进式教育惩戒早期预防和干预环节中最为重要的行动指南。该策略涵盖了校园环境报告、学生行为报告、学生反思行为、消除歧视性隐患等要素，主要通过促进校方与学生、家长及社区成员开展广泛合作与对话的实践活动进行落实。其中转学过渡(Transfer Meeting)是较为重要的一项措施，即在绝对保护学生隐私以及尊重家长意愿的基础上，学校将失范或问题学生转介至其他学校。这样一来，既能避免校内的矛盾升级，同时能够为学生提供新的环境与机遇。①

三、明确纪律底线，学生遵照执行

红灯在交通信号灯中代表着禁止，是所有灯中最为威严的一盏。红灯一旦亮起就寓意着对一切行动画上句号，此时的红灯代表着一种不可逾越的底线，任何人再逾矩半步，都将遭到严酷的惩罚与责难。加拿大中小学通过设定底线和划清边界为教育惩戒亮出的红灯，是教育惩戒工作运行的终点站，也是整个惩戒链条当中最为谨慎的一个环节。2009 年安大略省通过的《教育修订案》的第八章，为学校处理学生不良行为提供了指导性的规范，其中明确列出了可能导致停学或开除等后果的行为，如霸凌、持枪、性侵、人身攻击、言语侮辱、咒骂等违反校纪校规、损害学校风尚、危害他人身心健康的行为。任何违规事件，学生只能因此被停学一次，且被停学的时间为至少一个教学日，最多只能停学二十个教学日。该法律对相关程序进行了详细地规定，其中包括学生行为准则、惩戒行为类型划分和标准化的惩戒处分等。

无规矩不成方圆，在学校若缺乏纪律的约束，学生容易陷入茫然，学校因此会陷入混乱。只有给学生亮出足够明晰的纪律红灯，明确告知学生教育惩戒的底线在哪里，才能让学生知道具体的行为尺度，并能够参照纪

---

① BAIRDS. The implementation of progressive discipline within Ontario schools and its effect on the experience for the transgressors and the victims[D]. Toronto：University of Toronto，2014.

律标准，及时调整自身行为。

为此，每所加拿大中小学都要制定符合校情的针对全员的学校纪律行为准则，针对全员这一特点是指该准则不仅适用于学生，同时也适用于学校社区所有成员，包括家长、学校工作人员、来访者、志愿者等。与此同时，纪律行为准则还提出了适用范围和行为细则，包括课堂教学、体育活动、校外活动等各类场景之中的具体行为要求。其中，学生必须遵守学校各项规章制度，服从老师或学校授权的工作人员的指令。一旦学生违反规定、不服从指令，学校可以给予惩戒处分。如此一来，严格细化的纪律行为准则对学校全体成员都将产生巨大的威慑效力。①

对惩戒手段作出清晰的界定与程度划分，不仅有利于学生加强自我管理，有助于学校开展管理，对于社会各方也起着重要的宣传和告知作用。惩戒行为的边界问题相对于上面提到的纪律行为准则有所区别，虽然两者也有相交重合的部分，都隶属于教育惩戒整个系统范畴之中，但纪律行为准则只占教育惩戒边界问题的一小部分，属于学校常规纪律做法。而惩戒行为的边界问题更多是关于惩戒的具体执行标准，具有更为特殊的指向性与针对性，并具备法律效应。

加拿大中小学明确指出，需接受惩戒的行为主要包括威胁、贬低他人、携带违禁物品与药品等等20大类近120多项具体事项，情节严重者将直接面临停学和开除。根据学生行为失范的程度，加拿大还进一步重点规划了暴力学生这一类特殊的惩戒人群，学校将针对他们做出特殊的预警处理。对于情节特别严重者，学校可将其直接转介至司法部门进行处理。

惩戒处分是渐进式惩戒最为重要的核心环节，也是整个教育惩戒链条最后的一个节点。只有制定了完备详实的法律，建立具有标准化流程的惩戒机制，才会使得教育惩戒的实施者不至于滥用惩戒、错用惩戒或不敢使用惩戒。

---

① Ontario Ministry of Education. Parents' guide to the provincial code of conduct[EB/OL]. [2020-12-26]. http://www.edu.gov.on.ca/eng/safeschools/parent_guide-code-conduct.pdf.

　　为此，加拿大中小学明确规定必须参照详细的数据记录，通过制定完整的惩戒表（discipline chart）对学生行为作出处分。学校将依照惩戒表记录的学生失范行为，根据行为的严重程度，对学生实施严格的三审制，并分别给予禁闭、停学、开除、警察介入等处罚方式。

　　值得一提的是，在渐进式教育惩戒中，停学和开除往往被视为最为严厉的惩戒手段，校方及其他各方主体必须对停学及开除制定专门条例，并进行专门学习。最后，为了将停学和开除等极为严厉的惩戒处分带来的负面影响降至最低，学校还会指派专业教师与学生定期会面，通过开展停学过渡干预计划对学生进行继续教育，帮助学生尽快纠正行为、重返校园。①

第三节　加拿大教育惩戒政策的基本特征

　　自 2008 年《教育修正案法案》出台后，《145 号政策》作为渐进式教育惩戒政策的首个官方制度，开宗明义地确定了"渐进式"的关键术语和政策的正式定义，即学校在促进和鼓励学生积极行为的基础上，利用连续的干预等方式来防范不当的学生行为，将教育惩戒的重点从单纯的惩罚转向为纠正性和支持性的治理手段。② 基于此定义，安大略省教育相关部门通过细化政策目标、政策原则、政策焦点所涵盖的基本要素，进一步明确了渐进式教育惩戒政策的基本取向，并以其作为州范围内统一推动学校构建教育惩戒政策的官方政策依据。

---

　　① 尹雅丽，马早明.亮出惩戒的三盏灯：加拿大中小学渐进式教育惩戒的经验做法[J].中国德育，2021，(05)：39-42.

　　② Ontario Ministry of Education. Ontario school discipline policies[EB/OL]. (2009-05-03)[2020-01-20]https：//www. change. org/p/government-of-ontario-ontario-school-discipline-policies.

一、创设积极校园氛围，强化尊重理念

渐进式教育惩戒政策围绕着"以支持积极的校园氛围和相互尊重的文化为核心的政策目标"，以"保持良好的校风作为学校防止不当行为的重要环节"，保障学生的权利和福祉，为学校惩戒工作的开展指明了方向。① 一般来说，积极的校园氛围具有以下两个明显特征：一是树立学生、教职员工、家长等各方人员的人身与心理安全感，建构学校社区人员不受歧视和骚扰的健康关系；二是鼓励学生发挥积极的榜样作用，促进社区合作伙伴积极参与治理。为了实现这一目标，学校需围绕尊重、关心、安全、接受和包容五大价值核心，持续开展政策的实践活动。不仅要培养学生对校园环境、校园问题、失范行为和纪律标准等重大切身问题的思考能力，而且还必须促使学生改变在校行为方式，通过树立尊重和责任的价值观，掌握全面科学的教育惩戒知识来保护自己、爱护他人。

具体而言，为创设积极校园氛围，基础性的一步是要去改变学生对校园环境、学校氛围的态度。学校通过传授关于校园安全的知识使得学生了解校园问题，理解学校环境的开放性与复杂性，并以专门的政策学习及课程培训等方式加强学生的安全责任意识，促使学生参与保护校园环境、维护校园安全、创设校园氛围，激发学生改变对校园环境以至对他人、对社会的态度，重新思考自身定位，并付诸行动。与此同时，在良好的校园氛围中还要进一步培养学生的尊重与合作意识。学生在教育惩戒的开展中不仅能够形成自我尊重和尊重他人的价值观，负责任地计划、分析、评估自我的行动，还能够勇敢地揭露他人不良行为，培养独立、负责的人格态度，最终树立平等、尊重、合作的理念，积极主动地协同身边的师生共创积极和谐的校园氛围。为了保障政策目标得以落实，学校每两年会向学生、教职员和家长进行一次匿名的学校氛围调查，最终调查结果将由学校

① Ontario Ministry of Education. Progressive Discipline and Promoting Positive Student Behaviour[EB/OL]. (2018-10-17)[2020-03-26] http：//www. edu. gov. on. ca/extra/eng/ppm/145. pdf.

安全和调查工作小组负责收集，并作为学校制定和修订教育惩戒政策的重要指标参数。①

二、包容学生特殊需求，追求公平理念

自 21 世纪初，安大略省政府一直不断加强教育惩戒政策的改革力度，其"追求公平"的政策原则也日趋凸显。渐进式教育惩戒政策指出"要在学习环境中嵌入公平和包容性的教育惩戒原则"。② 这种包容性与公平性不仅体现在政策的底线上，也体现在政策的实践过程中。

首先，底线公平是指完善配套的法律体系。系统完善的法律体系是支撑教育惩戒活动的根本保障，也是相关政策确立的底线。除了《145 号政策》及其配套文件和其上位法《教育修正法》，安大略省政府还先后出台及修订了包括《市信息自由和保护隐私法》(Municipal Freedom of Information and Protection of Privacy Act)、《安大略省人权法》(Ontario Human Rights Code)、《安大略省残疾人无障碍法》(Accessibility for Ontarians with Disabilities Act)、《安大略省关爱和安全学校：通过渐进纪律支持有特殊教育需要的学生，幼儿园至 12 年级》(Caring and Safe Schools in Ontario：Supporting Students with Special Education Needs through Progressive Discipline，Kindergarten to Grade)在内的 20 多项法律及配套政策，允分考虑到多方主体以及多元群体的利益，同时也尽可能将更多的教育因素囊括在内。在这一系列法律规章的制定中，公平与包容的原则也在不断凸显。安大略省政府在《181/98 号条例》(Regulation 181/98)中首次提出"识别与安置特殊学生"原则，并将融合教育(Inclusive Education)纳入了教育惩戒政策体系，十分重

---

① Ontario Ministry of Education. Promoting a Positive School Climate：A Resource for Schools［EB/OL］. (2013-05-20)［2020-03-26］http：//www. edu. gov. on. ca/eng/parents/IntroDocEng. pdf.

② Ontario Ministry of Education. Progressive Discipline and Promoting Positive Student Behaviour［EB/OL］. (2018-10-17)［2020-03-26］http：//www. edu. gov. on. ca/extra/eng/ppm/145. pdf.

视将融合教育所折射出的人本主义理念落于实处。① 在政府的大力推动下，学校对渐进式教育惩戒政策所秉持的公平原则有了更加全面清晰的认知，而诸多法律法规构成的保障体系也极大地加强了这一政策的可信度及权威性。

其次，为了体现渐进式教育惩戒政策执行过程中的公平性原则，学校要针对有特殊教育需要的学生设置专门的服务计划。过程公平主要体现在个人教育计划（Individual Education Plans，简称 IEP）和行为干预计划（Behaviour Intervention Program，简称 BIP）中。② 前者借力教师和政府相关支援人员，对有特殊教育需要的学生实施行为变化监测，并为其提供帮助。这里有特殊教育需要的学生所指的主要是那些有自闭症、普遍性发育障碍（PDD）、情绪与行为挑战倾向、肢体残疾、听力和视力障碍、重大医疗状况、学习障碍、综合症或超智力、异常天赋等问题或疾病的学生。而针对他们的特殊需求，学校在教育惩戒方面会制定更为具体的评估方式与安置方式，并提供特殊指导和协助计划，进一步考查学生行为。③ 个人教育计划则是针对在课堂中具有冲动、挑衅行为，有控制欲、强迫症、交往困难症、恐惧或焦虑、学习障碍等问题的学生，展开的由支持教师、资源教师、教育助理、幼儿专家、心理学家、言语病理学家、社会工作者等专业人士所设立的课堂干预、学校干预以及校外干预的三级行为干预课程。整体而言，学校在教育惩戒政策中须充分考虑有特殊教育需要的学生，将

---

① Ontario Ministry of Education. Progressive Discipline and Promoting Positive Student Behaviour［EB/OL］.（2018-10-17）［2020-03-26］http：//www. edu. gov. on. ca/extra/eng/ppm/145. pdf.

② Peel District School Board. Special Education Programs and Services：Peel District School Board. Special Education Programs and Services［EB/OL］.（2017-10-17）［2020-03-26］http：//www. peelschools. org/parents/specialed/sep/Documents/SECTION%20A%20-%20Introduction%20May%202018. pdf.

③ Ontario Ministry of Education. Special Education in Ontario：Kindergarten to Grade 12［EB/OL］.（2017）［2020-03-26］http：//www. edu. gov. on. ca/eng/document/policy/os/2017/SpecEdFinal2018. pdf.

IEP 计划和 BIP 计划纳入政策体系，并在惩戒实施过程中考虑此类因素。①

三、提升学校治理能力，明确合作理念

政策目标和政策原则是公共政策的前提性内容，因此在政策的设计过程中要严格遵循政策的目标导向，遵守政策的原则方向。通过渐进式教育惩戒政策的目标和原则所展现的指向性，可清晰地看到这一政策的关键是学校的治理能力。教育惩戒政策不能停滞于对"惩戒"这一词汇的表层的理解，而是要进一步思考如何通过法"治"以减少人"惩"，如何开发"理"性以达到"戒"除，这才是渐进式教育惩戒政策需要解决的根本问题。为此，围绕着校园治理的角度，安大略省渐进式教育惩戒政策通过制定学校行为准则以及厘定多元主体的角色职责，提升学校治理能力，强化合作理念，推动教育惩戒真正实现"行为惩治"到"行为自治"的转变，明晰政策治人、育人、树人的渐进式推进方向。学校行为准则规范治理和多元主体协同管理模式形成合力，共同提升学校的治理能力，不断强化学校的合作理念。

为了配合渐进式惩戒政策中创设积极校园氛围的目标和加强学生纪律管理的宗旨，2019 年 8 月，安大略省教育部出台了《省行为准则和学校董事会行为准则》(The Provincial Code of Conduct and School Board Codes of Conduct)，要求学校依照该政策为标准打造符合各自校情的行为准则，将其纳入学校教育惩戒政策当中并公开发布。② 学校的行为准则主要涵盖以下四方面内容：一是适用标准，强调行为准则不仅适用于学生，同时也适用于学校社区所有成员，包括家长、学校工作人员、来访者、志愿者等；二是制定要求，强调各校的行为准则必须符合省级行为准则标准，同时还

---

①　Ottawa Carleton District School Board. Behaviour Intervention Program (BIP) [EB/OL]. (2016-04-10) [2020-03-27] https：//sirguycarletonss. ocdsb. ca/UserFiles/Servers/Server_234553/File/Behaviour%20Intervention%20Program. pdf.

②　Ontario Ministry of Education. The Provincial Code of Conduct and School Board Codes of Conduct [EB/OL]. (2019-08-29) [2020-04-23] http：//www. edu. gov. on. ca/extra/eng/ppm/ppm-128-nov-2019. pdf.

应遵循教育部所有政策以及《教育法》(Education Act)条例和所有其他适用法律，包括《安大略省人权法典》(Ontario Human Rights Code)的要求；三是适用范围，强调行为准则应具体适用于包括真实学习和虚拟学习环境在内的课堂教学、体育活动、校外赞助活动、乘坐校车等众多活动；四是审查程序，强调学校应制定严格的行为准则审查程序和时间表，并确保至少每三年对行为准则进行审查、修订与完善。① 学校行为准则的制定与执行为教育惩戒政策强化法治、减少人惩的弹性机制提供了最大化的可能性，其所遵照的"底线教育""阳光教育""全民教育"等原则点明了学校的治理红灯，对越界行为划清了底线。这不仅仅会对学生产生出巨大的威慑效力，同时也最大化地规避了学校其他相关人员可能产生的行为偏差，为渐进式惩戒政策的良性运行作出了合理保障。

学校行为准则规范主要是依靠学校主要负责人(一般是学校校长或副校长)和主管教师负责落实。而在加拿大多元文化主义的背景下，学校多元主体协同管理模式应运而生。安大略省的渐进式教育惩戒政策不仅关注儿童本身，也重视发挥学校管理者、教师、家庭监护人、专业人士、警务人员、社会团体等相关利益方的作用，强调多方主体之间的力量制衡，并由此构成了以学校董事会为责任主体，社会团队广泛参与的协同管理模式，突出各方主体共同参与、共治共享的特征。

《教育修正法》第302(9)款明确规定，学校董事会是教育惩戒政策的责任一方，在政策的各个环节均起着重要的领导作用。② 学校董事会的成立应遵循严格制度，其成员的组成亦遵照严格要求。董事会主要负责对教育惩戒政策进行规制、实施、宣传与培训。在学校董事会的领导下，学校

---

① Ontario Ministry of Education. Parents' Guide to the Provincial Code of Conduct[EB/OL]. (2010-02-20)[2020-03-26] http：//www. edu. gov. on. ca/eng/safeschools/parent-guide-code-conduct. pdf.

② Toronto Carleton Disctrict School Board. Progressive Discipline and Promoting Positive Student Behaviour[EB/OL]. (2013-05-07)[2020-03-27] http：//ppf. tdsb. on. ca/uploads/files/live/98/1801. pdf.

相关人员各尽其职、配合协作，共同保障惩戒政策体系的有序进行。学校相关人员主要是指校长与教师，校长应全面负责学校秩序、环境安全、监督协调、人员沟通等管理职能；教师则是指持有教学证书并在学校提供课堂教学的人员。教师应遵照严格的董事会制度，对失范事件进行初步调查和处理，并对上级作出书面报告，同时还要与施受双方学生的家长联系，向家长提供事件信息。值得一提的是，为了确保政策的客观公正，学校将执行董事会—校长双向报告制，两者互相监督，互为制约。一旦突发严重的学生事件，双方必须在第一时间内向对方提交"学校安全事故报告书"，并在专业人员的意见指导下，形成最快行动方案。①

与校内人员不同，在渐进式教育惩戒中，社会团队的加入进一步加强了政策的客观开放性，发挥了重要的协同管理作用。社会团队的人员主要包括育儿专家、家长、社区合作伙伴以及警务人员，这些人员角色不同，所肩负的责任亦是各不相同。育儿专家（Early Childhood Educators）是指经过政府严格的资格认证与授权，主要从事促进儿童身心健康的儿童专业教师，他们将协同教师对学生停学和开除等惩戒处罚作出初步处理，以专业性解释及技术性指导的方式与学生和家长沟通，跟进事件并提供详细调查报告。此外，由于加拿大安大略省的渐进式教育惩戒政策强调学校与家长之间的良好伙伴关系将对校园治理产生强大的正面效应，所以学生的父母应尽可能在教育惩戒中履行其自身的职责和义务，包括督促孩子行为进步、定期与学校沟通、及时报告孩子考勤、鼓励孩子遵守行为准则、熟悉惩戒政策，以及协助学校工作人员开展工作等。而由社区服务提供商和社区成员所构成的社区合作伙伴（Community Partners）则需通过与学校签订正式合作协议，向学校董事会提供有效的政策干预策略与资源。与此同时，为了维持学校和社区的安全稳定，警务人员在介入校园问题时不仅须遵循学校董事会所制定的协议，还要遵循社区安全惩教部和教育部（Ministry of

①　Ontaria Ministry of Education. Caring and Safe Schools in Ontario［EB/OL］. （2010-10-16）［2020-03-27］. http：//www. edu. gov. on. ca/eng/general/elemsec/speced/Caring_Safe_School. pdf.

Community Safety and Correctional Services and the Ministry of Education）制定的《2015年省地方警察与学校董事会协议范本》（Provincial Model for a Local Police/School Board Protocol 2015），在对社区整体安全作出综合考量的基础上再开展惩戒的调查和执行。①

第四节　加拿大教育惩戒政策对我国的启示

2005年，安大略省人权委员会也对其教育部实施的《安全校园法案》提出抗议，认为在该法案惩罚的学生群体当中，少数族裔学生和残疾学生的比例偏高，没有合理保护弱势群体的权益（Ontario Ministry of Education，2005）。另外，一些教育学者也指出，该法案的另一个重要的不足在于，体罚和"零容忍"制度的执行，并没有为学校的专业人士留下足够的自由裁量空间，也无法根据学生的个人独特的需要调整政策的实施。为了回应当时强烈的民意，安大略省教育部门对学校纪律政策进行了大幅改革。2007年《渐进性纪律和学校安全》取代了原有的《校园安全法案》。2009年，安大略省又出台了与之配套的《教育修订案》政策，强调使用"矫正和支持性的"纪律措施来促发学生的积极行为。该政策要求教育工作者运用"连续性的预防和干预"措施（Ontario Ministry of Education，2009），为学生提供学习积极行为的机会，并创造新的环境或学习项目来强化学生的积极行为，帮助学生做出正确的行为选择。所谓的"连续性的预防和干预"是用来衡量不当行为的严重程度和可能减轻惩罚的一些措施，大致可分为三个阶段，即强化适当行为的预防阶段，认识和克服不良行为的干预阶段和解决隐藏的身体、精神、家庭和社会的环境影响的强化阶段。安大略省颁布的《教育修订案》强调实施教育惩戒的过程中，要充分发挥专业人士的判断力和家

① Ottawa School Board. Bill 157-Keeping Our Kids Safe at School Act［EB/OL］.（2010-05-07）［2010-02-01］https：//www.wcdsb.ca/wp-content/uploads/sites/36/2017/02/bill-157-Keeping-Our-Kids-Safe-at-School.pdf.

长的参与度，使校长和老师能够在具体环境中理解学生的不当行为，能够根据学生行为的特点实施个性化的惩戒措施①该修订案在一定程度上表明了加拿大教育惩戒政策的特征：合法合理、渐进性、程序正当、全员参与。

教育惩戒一直是加拿大中小学改善校园环境安全，纠正学生不端行为的重要举措。加拿大教育惩戒由来已久，于21世纪初逐渐形成独具特色的渐进式教育惩戒政策（Progressive Discipline Policy），实现了教育惩戒方面的重大变革。② 加拿大中小学层层递进地落实教育惩戒政策的措施：关爱、预警和惩戒，明确地赋予了学校开展渐进式教育惩戒的行动理念。2020年12月29日，我国教育部制定并颁布了《中小学教育惩戒规则（试行）》，为学校实施教育惩戒提供了法律保障和遵循尺度，其中提出将教育惩戒分为三大类，对学生不同的错误进行区别对待。③ 在中国，传统的教育观念里"严师出高徒"的思想根深蒂固，还有很多人持有"少了棍子，宠坏孩子"的教育理念，认为即使在现如今法律规定不能体罚孩子的情况下，变相的体罚虽然是打法律的擦边球，但可以树立教师在学生心中的权威，在某种意义上帮助自己的学生提高学习成绩。但无论是体罚、惩罚还是奖励，在本质上都是教师教育和爱护学生的一种方式和手段，目的都是为了教育学生，让学生往更好的方向发展。在中国的中小学学校里，校园欺凌的现象仍然普遍存在，所以很有必要从各地学校的实际出发，以法治为基础，以政策为导向，不断完善当前的惩戒教育，与此同时，要考虑到学生的具体情况，为学生的健康成长、学校教育的正常开展、教育惩戒的严格实施提供法律和制度的保障。对加拿大中小学惩戒教育的历史背景、基本取向和

---

① 程先莲. 加拿大中小学教育惩戒研究及其启示[D]. 安庆师范大学，2021.

② Government of Ontario. Education Amendment Act(Progressive Discipline and School Safety). 2007, S. O. 2007, C. 14-Bill 212[EB/OL]. [2021-01-06]. https：//www. ontario. ca/laws/statute/s07014.

③ GLEASONM. disciplining the student body：schooling and the construction of Canadian children's bodies, 1930-1960[J]. History of Education Quarterly, 2001, 41(2)：189-215.

实施内容等作出梳理和分析，可以看出，我国目前提出的教育惩戒理念与加拿大中小学渐进式教育惩戒理念有着不谋而合之处。通过学习加拿大中小学教育惩戒的经验做法，可以为完善我国的教育法、落实教育惩戒政策提供几点启发性的有益参考。

（一）加强教育惩戒立法建设

为使教育惩戒在学校得到有效落实，法治是基础，国家需在教育方面推进有关教育惩戒政策的立法工作。如若没有法律的保障，没有法律可依，就很难在制度层面对政策的落实加以推进。在加拿大学校教育惩戒政策中，除了有联邦政府出台的《宪法法案》和《加拿大权利和自由宪章》，《安省教育法案》（Ontario Education Act）和《安全校园修正案》（Safe Schools Amendments）等省层面的法律，更有学校听证会、纠错制度等具体规章制度。从联邦的宪章法案到省的修正案再到学校的具体规章制度，充分凸显了加拿大多元文化主义和程序完善的特点。因此，当前我国学校教育惩戒，一方面要推进国家层面教育立法，即由我国最高立法机关全国人民代表大会及其常务委员尽快完善《教育法》、《教师法》和《未成年人保护法》等相关法律，明确"教师惩戒权"等相关内容，为教师行使教育惩戒权提供坚实的法律保障；另一方面，应授权地方立法机关、政府相关部门、教育部以及学校在国家法律法规的指导下，根据校情和学情的具体特点，有弹性地制定地方性法规、政策以及校纪校规等，明确具体措施，为失范受罚的学生提供辅导和帮助。需特别指出的是，在国家治理现代化背景下，教育惩戒应该引入"治理"的基本逻辑，也就是说，教育惩戒并不仅仅是教师、校方或者教育行政部门的个人事务，而是关涉众多利益相关方的"公共事务"。因此，学生、学生家长、教师、学校、教育行政部门，以及相关的社会组织，均应围绕"教育惩戒"这一公共事务，进行全方位地、充分地对话、交流、沟通。学校作为教育的主阵地，更应联合和利用好各方力量，必要时要加强沟通并作出相应的妥协，一切手段和方式的使用都以促进学生的全面发展为出发点。加拿大学校的"听证会"等关于教育惩戒的一系列制度就充分彰显了教育治理的意蕴，凸显了共同参与学校管理的重要性。这对我国教育惩戒政策的落实而言，是一个弥足珍贵的启示。

(二)开发管理与协调功能

学校是学生成长的主要场所和教师实施教育教学的主阵地，教师在这一教育"主场"中作为教育的主导力量，是教育的实施者，知识的传播者，更是学生学习期间模仿的主要对象，因此教师应该加强自身修养、树立自身榜样作用，为人师表，积极贯彻国家的教育惩戒政策，帮助学校制定规范制度。学校要了解自身管理的特点，包括值得一以贯之的特点和平时存在或易忽略的问题。唐纳利(1982)指出："管理即由一个或更多的人通过协调他人的活动，以便收到个人单独活动所不能收到的效果。"这一管理的定义揭示了管理的本质属性在于"协调"。教育惩戒也属于学校管理的一项重要内容。因此，学校教育惩戒规章制度的制定、惩戒内容及方式的选择等方面也应当凸显"协调"这一管理的本质属性。具体而言，教育惩戒的有效实施，除了需要国家、地方政府和相关教育部门建立完善的法律法规以外，还需学校在落实政府和各级教育行政部门的相关规定时，制定一些实施该政策的细则，明确教育惩戒的内容、措施、执行程序、监督办法以及学生和家长的申诉渠道等。在执行教育惩戒权的过程中，要充分考虑学生的合法权利，将相关法律法规和政策文件放在学校官方网页和公众号等各大校级媒体宣传平台上，并对该政策进行解读，而非以简单告知的形式出现在学生视野。应让学生明白落实该政策的重要性和学生若有不当行为会受到惩戒。为充分尊重学生的主体权利和个性尊严，在实行教育惩戒的过程中应当给予学生申辩的机会，并做好教育惩戒过程的书面记录，给予学生申诉或诉讼的权利等。

教育惩戒成功的另一个关键在于惩戒后教育。加拿大的学校在违规学生停学和开除期间，无论时间长短，都会根据学生的实际需要协调各方的力量来为学生定制替代性课程，确保学生能够完成义务教育阶段的学习任务，达到中学毕业的必要要求，这一点尤其值得实施九年义务教育的我国学习和借鉴。没有教育的惩戒只会使违规违纪的学生因无人管理而产生更多的反社会行为。学校的惩戒若不当，会造成对社会的危害，这是学校教育的失职。学生若因停学、开除而使学习成绩更加落后，那受到惩罚定会导致师生、生生关系更加恶化，不利于和谐校园和和谐社会的构建。因此结合学生的实际需求，广泛遵循专家学者和人士的意见，灵活务实地开展惩戒后的教育，不仅能使违纪学生对自己的不当行为进行自我反思，明白自己错在哪里，而且让学生在一定程度上切实体会和认同惩戒教育的必要性和合理性，逐渐学会自我约束和管理，在此过程中认识到在学校加强自我管理的重要性，形成正确的思想和行为倾向，从而保证实现惩戒教育服务于学生终身发展的最终目标。可见，学校只有加强教师素养、制定制度规范、联合各方力量加强教育管理才能充分凸显"协调"这一管理本质。

（三）重视学生主体地位

学校教育的对象是学生，学生在教育过程中处于主体地位。教育惩戒有其鲜明的教人向善的目的，因此可以构建人人参与教育惩戒的和谐民主校园氛围，体现学校惩戒教育"育人为本"的原则。除了在国家立法、学校制定学生遵循的制度法规之外，还需要学生有共同参与的意识，积极主动参与教育惩戒的实施，并勇于乐于指出同伴同学的不当行为，帮助其改正错误，及时迷途知返。加拿大很多学校已经进入了民主式管理阶段，而在我国教育实践中，部分学校却时常出现学校领导自身的意志代表学校最高制度规范的现象，所以加拿大学校的民主式管理对我国学校落实教育惩戒有启示作用，该管理模式强调的是学校所有成员都能以平等的主体身份参与学校管理，每个人的行为以《学校章程》及学校相关法规为基本依据，没有等级观念，没有人身依附，信息畅通。这与我们国家《教育法》和《教师法》明确规定的"每个孩子都平等地享有受教育权"不谋而合。具体到学校教育惩戒，学校的规章制度不是领导意志的体现，也不是少数利益人群的偏好，更不是力量博弈的结果，而是依据《宪法》及上级教育行政部门的法律，并结合校情、学情等相关因素，科学制订。在学校规章中，为了防止教育惩戒权的滥用，学校应该制定衡量不良行为严重程度和针对不同行为的惩罚措施的细则，充分考虑学生的性别、年龄、认知和自控能力，违规行为的参与人数、恶劣程度、原因和诉求等具体因素，将惩戒作为干预不良行为、培养品行、开发智慧的补充手段，使行使惩戒权的方式具有一定的渐进性。

在学校制度执行层面，各个利益相关方都应守自身的行为"边界"，切实以法律、法规为依据，学生应提升主人翁意识，充分发挥自身参与学校教育惩戒的作用，积极行使权力的同时为建设更加美好的校园作出应有的贡献。当前，我国校方不能因为为了维护教师团体的权威和学校不可侵犯的神圣性，而低估学生群体的能力，剥夺学生参与学校民主管理的权利，或者为了单方面维护教师的利益，对教师不当的教育惩戒行为听之任之，对学生参与学校教育惩戒的建议视而不见、听而不闻，或以其他各种方式否定学生的提议和努力等等。学生在落实教育惩戒中的作用不容忽视，只有学生积极参与教育惩戒，才有可能让相关制度法规在整个学校深入人心，增强政策落实的效果。

教育惩戒是一项复杂的系统工程，涉及国家教育法律的制定、学校相关制度的建立、学生家长等多元主体参与等方方面面。但本质上作为一种教育方式，教育惩戒以促进学生全面发展和终身发展为目标，对学生不当行为进行惩戒也是希望该政策能够深入人心，慢慢内化为学生自主意识和自觉行为，从而实现惩戒的教育目的。从这个角度来说，加拿大的教育惩戒制度及其执行比较成熟，给我国落实教育惩戒政策提供了有益参考。

第六章　非洲主要国家教育惩戒政策研究

第一节　非洲教育惩戒的历史背景

公立学校缺乏纪律的情况在世界各地普遍存在，世界各地的许多公立学校都缺乏纪律，这一直是学校管理者和教育工作者非常关注的问题。本章主要列举非洲范围内南非、加纳、塞拉利昂、刚果四个国家的典型案例，并针对该地区教育惩戒的背景和实践措施展开论述。

一、前殖民时期：非正式教育导致学校控制力较弱

非洲前殖民时期的学校教育表明，传统学校通过非正式教育系统培养学生，由此导致了学校控制力较弱的局面。① 一方面，土著语言被用来教授土著知识，对于非洲许多原住民来说，"土著知识"一词或其他人所称的土著人的认知方式，与特定地区居民对其自然环境的创造性和动态认识方式有着非常密切的联系，知识是"口头传播的，它们的分享直接关系到对所接受知识的使用的责任的考虑"。② 知识也被认为是流动的，并且"在生

---

① Graham，C. K.（1971）. The history of education in Ghana from the earliest times to the declaration of independence. Oxo：CASS.

② Dei，G. J. S.（2002）. Rethinking the role of indigenous language in the academy. International Journal of Inclusive Education，4(2)，111-132.

存的严格实验室中得到检验"。① 此时教学的主要目的是充分了解他们的历史、信仰和文化，从而使学生能够充分参与社会生活，并对自我的内部运作产生社会解释，同时还鼓励参与式学习，让"学生"自由地积极参与知识建构。但由于非洲传统的"土著教育"使学生过度自由，教师身份较弱，因此学生在学校当中不易受到有效的约束和指引。另一方面，非洲土著文化中的参与式学习让成年人扮演"教师向导"的角色，最关键的是，它"让学习者参与协商一个空间，共同的基础可以被确定并建立起来，作为知识传授的一部分"。在非洲土著教育中，"成年人不论作为教师和学习者，都需要通过实践参与构建和发展知识，非结构化和灵活的学习环境为学习者提供了在此种环境下探索新知识的自由"。但是，由于非洲土著文化会导致本土教育过度强调自然的实践和个体的天性，以至于学生缺乏系统的理论知识和规则意识，造成学校管理的混乱。②

以上两个方面是导致当时非洲教育系统不完善的重要原因。非洲教育被认定是一种"不充分"的教学方式，学校向受教育者灌输欧洲中心主义价值观，包括以自我为中心的唯物主义和个人主义，这些特征与非洲的集体责任感相矛盾，且在一定程度上破坏了传统学校的控制力，对当时非洲的教育系统具有极大的冲击力。

二、殖民时期：逐渐严格的学校控制手段

1529 年，葡萄牙人在加纳的埃尔米纳城堡开办了第一所城堡学校，非洲教育的一切都随着与西欧商人和传教士的殖民接触而改变。学校系统基

① Hunn, E. (1993). What is traditional ecological knowledge? In N. Williams & G. Baines (Eds.), Traditional ecological knowledge: Wisdom for sustainable development. Canberra: Centre for Resource and Environmental Studies, ANU.

② Shizha, E. (2014). Rethinking contemporary Sub-Saharan African school knowledge: Restoring the indigenous African cultures. International Journal of Cross Disciplinary Subjects in Education, 4 (1), 1870-1878.

本上以三个部分组成——基础教育、中等教育和高等教育。基础教育为 1 至 15 岁的儿童提供教育，免费的义务教育政策涵盖了这一教育；中等教育为 16 至 20 岁的年轻人提供基础后教育；高等教育包括所有颁发文凭和学位的中学以及专业培训机构和非专业高等教育机构。在撒哈拉以南的非洲大部分地区，欧洲商人和传教士被认为是正规教育的先驱，他们经常使用自己的母语——葡萄牙语、荷兰语、丹麦语和英语进行教学，他们的课程旨在培养能够使用欧洲语言读写传教的并坚持其宗教价值观的学生。女孩接受针线活或缝纫的培训，并接受教育成为独身主义者，而木工、石工、打铁和制鞋等技能的培训则是专为男孩设置的。①

　　一项历史研究解释说，教会学校的教育涉及殖民价值观和权力文化，以及欧洲理想的强加。殖民时代的教育推动了传教士重新定义他们与学生的关系，学校变成了为赞助人劳动的场所。同样，现代非洲的学校教育也保持了这一方向，因为学校已经成为社会流动和获得经济权力的场所。一个人在教育阶梯上的进步程度决定了他的人生机遇，在很大程度上也决定了他的社会和政治权力。后殖民国家无法改变殖民制度，即使是在不断变化的时代、环境和社会现实中。非洲许多后殖民政府出于其政治目的继续保留了带有殖民风格的学校教育制度。

　　在殖民统治下，"非洲人逐渐看到殖民者的社会、经济和物质优势是建立在他们获得和控制教育的基础上的。""对一些人来说，这是一种与个人进步潜力相关的认识；而对其他人来说，教育被视为大众政治觉悟的关键。"②其他关于教会学校教育的评论解释说，他们的做法带有文明使命的意味：传教士教师在所有教育活动中运用他们的文化原则，使学生适应来自的欧洲国家的价值观。传教士教师把自己定位在"神圣权利"的主导概念

---

① Debrunner, H. (1967). A history of Christianity in Ghana. Accra: Waterville Publishing House.

② Ball, J. S. (1983). Imperialism, social control and the colonial curriculum in Africa. Journal of Curriculum Studies, 15(3), 237-263.

中，充当上帝的喉舌，禁止学生挑战他们的权威。① 在间接统治的领土上，非洲"本土"法院和欧洲人监督下的"习惯"合法地实施了鞭笞、杖责和殴打，鞭笞被用作教师控制学生的"帝国之杖"。在英国殖民地，鞭刑一直持续到 20 世纪 30 年代，在地方立法委员会拒绝了殖民部关于在非洲殖民地完全废除体罚的建议后，鞭刑才被藤条所取代。使用手杖和鞭子的体罚在学校里被制度化了，大多数传教式教学在家长中被推广使用。之后在协调了学校系统的殖民政府统治下，非洲学校继承了基督教伦理塑造的社区学校标准，其中严格的纪律控制成为核心。在欧洲殖民主义者统治下，学校教育受到控制，以至于学校"在很大程度上起到了维持殖民统治秩序的作用"，并提供"低比率教育"。②

三、后殖民时期：呼吁对学校教育管理的理性思考

后殖民时期非洲出现的文化依赖是对非洲自主心理和主权的威胁，因此很少有受过教育的非洲人意识到他们本身就受到了文化的束缚，几乎所有受过教育的非洲人仍然是西方文化的俘虏。这种对殖民教育和后殖民教育的批判以及对身份的追求，导致一些非洲知识分子重新审视传统的、前殖民形式的教育目标、方法和结果。

独立前，一些非洲知识分子对教育的目标和实践进行了批判性评价，他们的思想与重建主义者的观点有许多相似之处。重建主义者认为，只有将传统文化的价值和力量与现代生活新条件所需的知识和技能相结合时，当代教育才是最有效的，民族主义精神体现在对前殖民时期非洲身份根源的重新发现。自独立以来，非洲教育的作用与追求国家发展和现代化密不可分，继承的殖民制度得到了修改和扩展，以满足非洲各国政府确定的新

---

① Pfann, H. (1967). A short history of Christianity in Ghana. Cape Coast：Catholic Mission Press.

② Busia, K. A. (1964). Purposeful education for Africa. London：Mouton.

的经济和社会需求。在很大程度上，教育政策的决定权和执行权仍然高度集中，反映统治精英的意愿。在许多国家，结果与预期不符导致教育系统在某些情况下给国家建设带来新的问题。

独立后，非洲教育政策重新聚焦于国家发展的优先事项，其中包括非洲化、国家统一和经济增长的目标。这一变化是对殖民主义政策的反应，殖民主义将以欧洲为中心的、分裂的和剥削性的制度强加于非洲。对非洲人民赋权的关注带来了重建社会的希望，然而，由于许多非洲国家极端贫困，社会包容的国家建设面临着许多挑战。迅速的工业化和现代化的目标使国家建设变得异常困难，同时却创造了一个新的阶级结构，并很快产生了许多无法实现的期望。

在非洲，教育政策反映了非洲人接受了资本主义或社会主义形式的经济西方化，同时扩大了他们的受教育机会，非洲的国家在独立之初都有欧洲设计的教育体系，并根据殖民主义的需要进行了修改。1974 年，莫桑比克的学校政策宣言中呼吁消除文盲，从资本主义思想中解放出来，消除非洲传统文化的消极方面，通过教育赋予大众权力，并在教师和学生之间的信任基础上将学校重组为学习社区。

在此基础上，非洲教育彼时面临的挑战是它如何将学校转变为教师进行适当管理实践的环境，这些实践尊重学生在学校和课堂中的发言权和参与决策权。学校成为一股力量，通过培养学生的自我效能感、自我价值感和归属感，降低他们遭受社会排斥的脆弱性，这将要求教育政策促进课程的灵活性，采取以学习者为中心的教学法，在早期教育中采用当地语言政策以及不侵犯学生人权和自我价值感的学校规则和条例。要使这些国家取得成功，就要致力于打破在学校中的殖民教育遗留下来的社会控制。殖民教育利用学校教育来施行与经济和政治相关的行为奖励。取而代之的是，应促进包容性的学校氛围，确保学生在其权利和自由得到尊重的教室和学校环境中学习，积极为知识和决策作出贡献。

第二节　南非教育惩戒政策

一、背景

学校缺乏纪律和安全性是南非教育面临的挑战之一，根据南非学校报告的所有犯罪活动中，50%是由 14 至 18 岁的人实施的，包括在校学生。关于南非学习者反社会行为的研究并不常见，与此同时，酗酒可能是反社会行为的前兆或犯罪行为的结果，不应被忽视。

南非学校正在努力为青少年的全面健康发展提供所需的优质教育，尽管政府承诺提供资源和改善学校条件，但从当前的情况看来，许多学校仍然没有很好地运作。不仅学校本身难以维持秩序，而且为支持学校、学习者和教育者而提供的国家服务也急需得到改善，以便在学校实现教育平等、优质和公正的国家愿景。许多学校无法提供一个良好的环境来抵制或处理社区和家庭中的暴力，因此，学校纪律正在崩溃，学习者和教育者之间的关系正在恶化，此外，学习者正失去对教育者本该有的尊重和信任，这种年轻人的行为导致许多学校的效率下降，教与学的关系趋向紧张，这些问题在很大程度上导致了教育质量受损。例如，许多学校普遍存在暴力现象，在这方面，学校目前的教育惩戒制度存在着许多挑战，因为它本应该创造一个有利于教师教学和学生学习的环境。

南非的纪律问题常常由于低行为水准的学生做出某些不当行为，例如不做作业、课堂上的破坏性行为以及不服从行为，甚至更严重的不端行为，如欺凌、使用酒精和毒品、毒品交易、帮派和性暴力、攻击和强奸，这些问题导致教育工作者很难甚至不可能有效地管理学校。在南非的学校里，许多教育工作者发现很难执行纪律，尤其是在废除体罚之后。在此背景下，许多学校会采用不同的方法来执行纪律，即报复性纪律、积极纪律或恢复性方法。南非的大多数学校目前采取报复性、惩罚性方法，而一些学校正在实施积极的纪律措施。报复性惩戒本质上主要是惩罚性的，并且与专制的惩戒方式相关联，包括纠正性或惩罚性纪律。

在南非姆普马兰加省的恩坎加拉地区的中学里，纪律涣散的现象非常普遍。大多数教育工作者似乎认为，应该让学习者自行其是，不受控制和监督，这些学习者可以随心所欲地行事。这个地区的教育工作者一再抱怨——他们被迫在课堂上做更多的警务工作，而不是教学工作，因此他们需要花非常多的时间来处理学习者的破坏性行为和其行为的后果。不可接受的行为，如嘲笑教育者、对教育者权威和学校纪律的挑战性行为普遍存在。纪律涣散的学生的行为包括早上和上学期间的迟到、逃学、拒绝参加某些课程、不做家庭作业、不遵守学校政策和藐视权威等。这些类型的行为似乎对教育者维持纪律的工作产生了负面影响。同时，在恩坎加拉地区，与教育工作者争吵以及吸毒和酗酒的学生非常多。人们发现，大量的学习者在上学时间和周末酗酒，这些行为并不只是影响他们自己，更影响了整个学校的学生。

教育工作者和家长面临的挑战是如何让学习者对教育有一个积极的看法，学习者需要得到指导，并以这种方式使他们的观念得到积极的转变，使他们积极看待教育的好处，适当的指导可以帮助学习者看到与教育者和家长建立或重新建立良好关系的必要性。教育工作者有责任在学校里保持一种教学和学习的文化氛围，但如果不考虑学校环境中的纪律和安全，就不可能做到这一点。纪律的瓦解导致学校目标的实现出现阻滞，学校运行因此变得困难重重，教育者和学习者都无法在不适宜的条件下有效地工作。

在一个不安全的环境中，教育工作者似乎不愿意与学校管理者合作，而是直接对学生实施惩罚性的惩戒措施。另外一些老师似乎已经放弃了自己的权力而让学校管理者处理所有影响学生的纪律问题。为此学校的教育惩戒问题得到了普遍关注，学习者无法学习，教育者无法教学，但一个安全有序的学校环境是进行有效学习和教学的前提条件。教师普遍认为，学习者在平静且安全的教室里学习效率更高，学习者有权获得有利于教育的清洁并且安全的环境，财产、学校设施、家具和设备得到很好的照顾，上课或考试时没有骚扰，这些都有利于创造一个平稳进行教育和培训的氛围。只有在教室和整个学校都有秩序和纪律的情况下，教育者才能履行其专业职责。同样，如果没有安全保障，教育工作者也无法为所有学习者提供有效和严格的教育，教育工作者迫切需要安全和有利的学校条件，以便他们能够履行其专业职责。

基于以上原因，姆普马兰加省开展了一项名为"Tirisano 2002"的联合活动，以期建立一个安全的学校环境，从而恢复教学文化。"Tirisano"即"一起工作"，是指家长、教育工作者、社区人员和学习者被要求参与到与维持学校秩序有关的日常事务中来。① 教育者和家长有责任尽一切努力确保学校是一个安全且有吸引力的地方，不仅能让学生学习，也能让教育者有效地履行他们的职责。然而教育者和家长面临的挑战是，他们通常帮助学习者将他们的观念集中在学校教育的效益上，而不是集中在可能毁掉他们整个教育和社会生活的偏差行为上。混乱的课堂会分散学习者的注意力，使他们无法听讲、浪费时间，严重阻碍了学习者实现其潜能。在混乱的课堂环境中，学习者不太可能学到很多关于如何尊重他人的知识，为此教育者也有责任在学校建立纪律，应与学校管理者合作，联合起来对学习者进行约束。

在南非，教育惩戒是以让学习者适应以后的成年生活，发展自己的个性为初衷。它被认为是在学习者成为负责任的成年人的成长过程中起着一些特殊作用的方式，这有助于他们获得积极的特质，如自制力、自律和坚持，同时也有助于确保社会秩序的稳定，帮助学习者获得安全和成熟。惩戒被认为是教导学习者自我控制和自我导向的一种手段，可以加深他们对是非的理解。学习者应该有机会参与那些控制他们行为的规则的决策。学习者必须有机会进行自我限制，并进行个人控制学习。

---

① Republic of South Africa. 2002a. Signposts for safe schools. TIRISANO. Enabling safe and effective teaching and learning environments. A resource book from the South African Police Service and Department of Education. Pretoria：Government Printers.

　　教育惩戒的目的是培养具有自我控制能力的公民，教育者如果不通过惩戒的方式，则永远无法教会学习者自我控制，课堂中的秩序是一个必须实现的直接目标，也是培养自我控制公民道路上的重要一步。因此，纪律包括一个人独立的意志，它在与人类同胞和自我的关系中得到表达，它还包括理解他人的感受和抵制诱惑等组成部分，如果学习者要以社会可接受的方式行事，纪律是很重要的。

　　教育惩戒的目的是保持学习环境中的秩序，使学习者感受到秩序感，使学习者意识到世界是有秩序的，某些行为是通过规则和条例来控制的。与此同时，学校应尽可能增加合作和任务行为的频率，并促进亲社会行为的发展，良好的行为应该以快速和自发的方式得到表扬。除此之外，纪律是维持课堂秩序的必要条件，破坏性和反社会行为会对教学产生有害影响。因此，每所学校都必须要有教育惩戒政策，包括校规细节和违反校规的后果。理想情况下，惩戒的目标是通过惩戒手段帮助学习者学会控制自己的行为来减少对教育者工作的干预。如果一所学校惩戒规则严明，它将有效运转，如果一所学校没有学生必须遵守的规章制度或行为准则，那么该学校的纪律氛围就不能得到保证。通过这些惩戒细则，所有学生的学校活动都将受到这些规则的约束，学生的行为将受到监管，并且这些规则可以帮助学习者发展自我控制、自我导向，培养社会责任感。

　　综合来看，当前南非学校教育系统对于纪律问题提供的解决方案并不完善，为此，使用创新方法来看待具有行为问题的学习者已成为当务之急，学校普遍为寻找更有效的方式管理纪律而努力探索。[①] 学校既是教育机构，也是工作场所，为了改善学校的纪律，所有相关方都必须参与制定学校行为准则的过程。此外，至关重要的是，学校是学习者的避风港，在这里可以开展积极有效的教育，利益相关者必须作为一个整体合力，制定解决方案。

---

　　① Reyneke, M., 2011. The right to dignity and Restorative Justice in schools, Potchefstroom: Potchefstroomse Elektroniese Regsblad 14 (6) p 129-171.

二、教育惩戒实践措施

（一）废除体罚

惩戒是有效教学的核心，如果教育者不能管理班级，他们将无法教学。南非的许多教育工作者由于对惩戒策略的了解有限，因此大多数惩戒措施是惩罚性的、羞辱性的，而不是纠正性和培养性的。

1996 年《南非学校法》规定，任何人不得在学校对学生实施体罚，指出每个学生都有尊严和受到他人尊重和保护的权利。同时，《南非共和国宪法》第 12 条规定，人人有权摆脱一切公共或私人来源的暴力，有权不受任何形式的酷刑，有权不受残忍、不人道或有辱人格的待遇或处罚。① 因此，教育者不应该对学习者行使强制力，因为这可能会产生不利影响。2000 年南非国家教育部出台了取消体罚的准则以及制定行为守则的准则，尽管出台了一系列准则，教育工作者面临的学习者惩戒问题的比率依旧很高，仍有许多教育工作者正在使用体罚作为一种策略来惩罚学习者。国家必须主动和建设性地向教育工作者传授惩戒策略，以替代体罚等惩罚措施。在教师职业培训方案上应该专门开设学生惩戒管理模块，因为教育工作者经常缺乏处理学生行为问题的相关策略。此外，教育工作者在进入职业之前，应该具备管理学习者行为的必要知识，当教育工作者需要专家支持和服务时，应由合格和有效的专业机构团队提供帮助。因此，教育工作者需要接受培训，以便他们能够知道有什么可以帮助他们有效和高效地管理学生。

南非共和国基础教育部认为，教师需要在学校促进尊重、宽容和责任。教师和学习者之间的关系必须建立在相互尊重、有尊严和责任的基础上。尽管教师有权惩戒学习者，但"惩戒应该是纠正性的和教育性的，而

---

① Republic of South Africa 1996b. Act No. 84, 1996: South African Schools Act, 1996. Government Gazette, 377(17579). 15 November.

不是惩罚性的处罚"。① 强制力通常会导致教育者和学习者之间的斗争，一旦教育者在强制权力的基础上运作，教学效果就会停止，教育者和学习者之间的斗争将变得司空见惯。这种斗争往往会助长和增加破坏性行为，并使教育工作者处于一种无法取胜的境地。因此，教育工作者应该通过展现专业知识和对学习者需求的关注来树立学校的权威，他们应确保学习者受到尊重，并应始终表现出公平和一致性。举例来说，通过让学习者参与制定学校或班级规则，可以证明对学习者的认可和尊重以及纪律的公平。教育者应该确保在他们为管理学生在课堂环境中的行为而制定规则以及相关的后果时，要让他们的学生参与进来，要确保学习者理解教育者，如果规则是友好达成的，学习者会认为规则是公平的。通过这种民主的方法，可以让学习者对规则有一定的自主权，并承诺自愿遵守规则。因此，教育者和学习者之间将产生积极和谐的关系，并创造一个安全的学校环境。

(二)教育者参与学校惩戒管理

教育者有责任维持学校的纪律，也有责任在任何时候都保持学校纪律。此外，除了教学的责任，教育者还负责学习者的道德培养，确保他们成为守法的公民。具体而言，在学校内，教育者应以控制的方式对违反学校制度规则的行为以及对道德领域有直接影响的行为，如偷窃、欺凌和破坏行为作出反应，同时还应维持学校的纪律，以便实现教学。为了使学习者能够遵守纪律、维持秩序，保障学校中所有人的安全，教育工作者应该有效和高效地使用行为守则、学校政策和条例。

教育工作者应对他们在教育方面对学习者的影响负责，并通过了解教育的全过程，以便能够有效地发挥指导作用。无论学生的家庭是否支持学

---

① Department of Basic Education, Republic of South Africa 2010. Building a culture of responsibility and humanity in our schools: A guide for teachers. Pretoria: Author. Available at http: //www. kzneducation. gov. za/Portals/0/EducatorInformation/Building% 20a% 20culture%20of%20r esponsibility%20and%20humanity%20in%20our%20schools. %20A% 20guide%20for%20teachers. pdf. Accessed 31 January 2018.

校，学校在学习者文化和社会差异方面的作用应该是包容性的，为此学校应为所有学生提供一个稳定、关爱的环境。此外，管理学生是学校管理中最关键的任务之一，教育工作者、学习者和家长必须通力合作，确保在他们的学校建立和维持纪律，以便学校能够管理和运作。学习者的越轨行为、缺乏兴趣和注意力、不尊重权威和反社会行为都会导致管理问题，这些行为都必须加以控制，这样学校才能被视为是安全和有纪律的。学校的纪律是学习者安全的标志，纪律和安全可以被视为建立教育者优质教学效果和学习者成就的主要因素，一所纪律严明的学校也将被视为一所安全的学校，因为学习者可以在不害怕攻击的情况下学习，教育者可以在不害怕威胁和暴力的情况下教学，教育者和学习者应该有一个共同的目标，即拥有良好的表现和成就。

根据《南非学校法》第 8 条，学校和教室的纪律必须得到维护，以便教育能够蓬勃发展，没有破坏性的行为和犯罪。① 事实上，教育者期望他们能在他们的课堂上处理捣乱的学习者，以便所有学习者都能专注于他们的学校作业。在一所高质量的学校里，教育者必须学会如何以一种非惩罚性的方式处理捣乱的学习者，但同时又能使混乱的情况得到控制，同时使学习者打开心扉，在课堂上高效学习。

(三)纪律矫正与预防措施

南非公立学校的学习者纪律意识较为薄弱，因此纪律环境较为松散，这成为了学校管理中一个很严重的问题。有学者指出，南非学校因缺乏纪律而对该国社会的基本道德和价值观有影响，缺乏纪律会干扰教学和学习过程，最终导致教育不成功。

现代社会不想为了促进一致性行为而牺牲自由，这种态度导致校长、教师和受纪律约束者之间的冲突和分歧。同时，南非学校中出现不当行为

---

① Republic of South Africa. 1996a. South African Schools Act. (Act 84 of 1996). Government Gazette, 377 (17579). Cape Town: Government Printers.

的主要原因如下：①学习者互相产生负面影响——不守规矩、傲慢的人受到了钦佩和模仿；②一些学习者缺乏尊重他人的意识，导致欺凌和被欺凌；③家长在家没有管教孩子；④父母希望学校能教会孩子礼貌和正确的行为；⑤父母不尊重权威，也不尊重教育者；⑥接触酒精、色情、性虐待和毒品；⑦环境的影响。

针对这些行为最基本的预防措施或者说最好的办法，即是为每所学校制定行为守则和学校规则。行为守则必须旨在为学校建立有纪律和有目的的教育和学习系统，必须规定尊重学习者和教育工作者权利。同时，孩子的行为也是父母的责任，因此，家长不能指望学校教他们的孩子礼仪或正确的行为。教育工作者有权使用体罚之外的任何合理措施防止学习者伤害他人或自己，在轻微犯罪的情况下，可以考虑采取纠正措施，例如教育工作者或校长口头或书面申诉、勒令赔偿或暂停学习者的活动等。

当下一些南非学校正在利用社区服务取代体罚，一个学校会让有失范行为的学生穿着红色工作服打扫学校场地，用社区服务替代学校惩罚，但这种方法被父母认为是羞辱性的，并被呼吁停止使用。南非学校惩戒学习者的另一种方法是，如果学习者做出某些失范行为，他们会在学科成绩上失分或扣除学分，而当他们的行为到达某一标准时，则会受到更严重的纪律处分，其犯罪行为会被累积记录、归档，并在有严重犯罪行为或有太多轻微犯罪行为时，这些记录将被用于确定适当制裁的依据。

此外，一些学校正在使用一种价值驱动的方法作为一种教育方法，因为价值观对于良好的纪律是必不可少的。教育者试图通过使学习者遵守规则和寻找可以迫使学习者遵守的措施来约束学习者，并逐渐摒弃使用威胁手段来规范一个人的行为，因为这只会破坏人们对价值观、规范、规则和权威的承诺。

（四）恢复性司法

恢复性司法是一个不断发展的概念，在不同的国家会有不同的解释。广义而言，它强调寻找解决犯罪问题和犯罪对个人、社区或社会造成伤害的方法。恢复性司法可被视为刑事司法系统内部的一场运动，特别关注受害者，并与妇女和儿童等边缘化群体密切相关。

恢复性司法是可以在南非学校应用的替代传统惩罚的一种方法。因为导致违法行为的风险因素常被忽视，所以传统惩罚只能提供短期的解决办法，虽然其用于制裁的威胁肯定具有威慑价值，但很难在学校社区获得高度遵守。因此，通过恢复性司法理念改变南非学校的学科体系变得至关重要。

恢复性司法的价值可以在非洲人的思维中发现，并体现在非洲词"Ubuntu"中。在南非，关于恢复性司法的辩论主要是在整个刑事司法系统的背景下进行的，传统非洲问题的解决总是带有很强的恢复性因素。传统的刑事司法系统应当利用传统的领导体制，为南非的恢复性司法作出重大贡献。① 恢复性司法作为南非学校传统惩罚学生的替代性方法，其目标是改变社会看待和应对犯罪或错误行为的方式。调解、会议等恢复性程序为罪犯和受害者提供了会面的空间，同时允许社区参与决策过程。② 该过程旨在提供治愈以及理解受害者和犯罪者看待该过程的方式。为了实现这些目标，这些模式主要建立在尊重、诚实、倾听和真理的价值观之上。

根据恢复性司法方法，犯罪被视为针对受害者的行为，它将重点转移到修复犯罪对受害者和社区造成的伤害而不是制裁罪犯。恢复性司法的主要目的是减少缓刑和维持与罪犯的联系，帮助罪犯重返社会也是一个重点。采用恢复性司法方法的学校将惩罚作为恢复学校社区现状和修复对受害者伤害的一种手段，它允许犯罪者弥补过错，他不会被贴上标签和污名，学校将确保这个年轻人在学校不被排斥，并且改正后再次被学校接纳。

---

① Nhlapo, T., 2005. The Judicial Function of Traditional Leaders: A contribution to restorative justice? A paper presented at the conference of the association of law reform agencies of eastern and southern Africa (ALKAESA). Cape Town, Vineyard.

② Van Ness, D. W., 2018. What is Restorative Justice. [Online] Available at: http://restorativejustice.org/restorative-justice/about-restorative-justice/tutorial-intro to-restorative-justice/lesson-3-programs/circles/#sthash. QtmN7JCP. dpbs

研究人员认为，特定学校在处理个人和社会问题方面有相当好的手段。然而其挑战在于，一旦学习者根据问题的性质被"惩罚"或"判刑"，这个过程就结束了，没有采取任何善后或后续行动或采取恢复性司法，以确保纠正违规学习者行为造成的后果，恢复秩序与和谐。作出不当行为而受到惩罚的学习者可能会感到尴尬或耻辱，在某些情况下甚至是英雄主义。然而，问题仍然是，这种惩罚是否真正地起到了威慑该学习者和其他学习者的作用？或者学习者是否会开始"接受"这个标签，成为惯犯？学习者的自尊也可能受到伤害，以至于他会参与其他反社会行动来恢复幸福感。根据勒默特的观点，对罪犯进行污名化或贴标签可能会增加其随后出现更多异常行为的可能性。这本身就给整个社区或社会以及学校造成了更多更大的问题。① 当然，在施加惩罚时往往会产生这样的效果，即学习者如果想要改变冒犯行为以适应社会的话，学校就一定要采取行动帮助学习者做出改变。与勒默特的观点一致，剑桥犯罪发展研究报告称，定罪会增加一个人自我犯罪的数量。② 如果采用恢复性方法，将起到"恢复"的作用，鼓励罪犯为所犯的冒犯行为承担责任，帮助违规的学习者从经验中学习，并纠正行为。

恢复性司法将犯罪视为针对受害者的行为，并将重点转移到修复对受害者和社区造成的伤害上，这一范式提出罪犯也需要援助，并寻找需要改变什么以防止未来再次犯罪，旨在维护受害者和罪犯的尊严。学校里适应良好的学习者很可能也是他们所在社区和整个社会中适应良好的成员。恢复性司法做法对所有社会环境都有积极影响——从家庭、学校到后来的职场。③ 在高风险社区长大的儿童，在他们不守规矩的时候，社区会给予

---

① Lemert, E., 2002. Punishing juveniles: principles and critique. In: D. R. A. Weijers, ed. Oxford: Hart publishing.

② Besemer, S. & Farrington, D. P. B. C., 2017. Labeling and intergenerational transmission of crime: The interaction between criminal justice intervention and a convicted parent. [Online] Available at: https://journals.plos.org/plosone/article?id=10.1371/journal.pone.0172419

③ Wachtel, T., 2013. Defining Restorative. [Online] Available at: http://www.wrpp.ie/resources/Information/Defining%20Restorative.pdf

支持，并允许他们承担责任和作出补偿，发展对社区的信任，并希望以
积极的方式给予回报。恢复性司法可以帮助整个学校改变氛围，可以帮
助犯错者找到暴力的替代品，可以防止学习者使用消极做法作为解决冲
突的方式。①

随着学校纪律问题——例如南非学校的欺凌、暴力犯罪——越来越严
重，甚至到达失控状态，教育水平也受到不良纪律的影响。人们普遍认
为，一旦纪律和行为问题得到解决，学生在学校的表现不良问题也将得到
解决，许多学校的教育因不良行为和不良纪律而中断，学生成绩为此深受
影响。学校的领导和家长都应发挥作用，② 管理纪律要遵循的方法应该是
恢复性的，而不是惩罚性的。研究表明，恢复性司法方法有助于整顿整个
学校的不良风气，学校良好的风气有利于教学。学生违反纪律和违规的行
为侵蚀了风气，损害了学校的目标，某些人应对此负责，因为其行为导致
其他人的学习受到干扰，并出现不成功的教育结果，在这一过程中起作用
的是教育工作者、教师和一般的教育机构。学习者在学校当中感受到安全
的学校氛围不仅会对学习者的情感、健康产生影响，还会带来更好的教
育、学术效果，从而形成一个更具生产力的社会。

在这种背景下，学校尝试开发一种可以在学校使用的恢复性司法模
式，作为当前保守做法和报复性惩罚的替代办法，这种方法将在教育背景
下给违规学习者带来积极的行为改变。除了受害者的参与，这种方法还将
允许父母和同伴的参与，并为学校在这一过程中的作用提供指导。③

---

① Alvis, M., 2015. Teachers' Perceptions About Using Restorative Practice Based Programs in Schools, New York: The College at Brockport: State University of New York.

② Osman, R., 2017. Discipline problems in South African Schools. [Online] Available at: https://www.wits.ac.za/news/latest-news/general-news/2017/2017-09/disci-plineproblems-in-south-african-schools.html

③ Drewery, W., 2007. Restorative Practices in Schools: Far-Reaching Implications. In: G. Maxwell & L. J. H, eds. Restorative Justice and Practices in New Zealand. Wellington, NZ: Institute of Policy Studies, pp. 199-213.

第三节 加纳教育惩戒政策

一、背景

在加纳，学生们遵循一种服从和死记硬背的学校文化，其效果是促使学校制度来激励被动学习，学校制度使用规章制度来奖励遵守和遵从。一项研究表明，学生在加纳学校经历的监管使其觉得学校经历使他们成为"无名小卒"，主要是通过知识的交付、绩效模式以及他们在学校管理和交付过程中的被边缘化，[①] 学生被定位为知识的被动接受者，学校控制侵犯了他们言论自由方面的人权。

在此背景下，学生的不当行为、反社会和犯罪行为正在成为制约加纳学校教育发展的一个主要问题，学校中很大一部分学生都有极端的反社会行为，例如自残(如用尖锐物品切割自己、用蜡烛烧自己)、滥用酒精、伤害他人、破坏财产、欺凌、恐吓等。然而加纳的教育系统为许多撒哈拉以南非洲国家独立后继承的教育结构、内容和过程提供了一个典型案例，揭示了如何利用学校结构和作为社会控制机制的等级系统来监督和规范行为，以培养尊重权威的公民。

二、教育惩戒实践措施

(一)体罚

基础教育学校的老师经常认为学生需要一些道德规范来控制他们的行为，主要目的是培养有纪律和守法的公民。加纳学校政策和课程文本明确

---

① Adzahlie-Mensah, V. (2014). Being 'nobodies': Students regimes and student identities in Ghana. Doctoral thesis (PhD), University of Sussex.

指出，初中教育的愿景是促进"对既定权威、规则和条例的尊重"①，其基础是学校作为使学生成为"问题"的一个地方，需要通过不断的监管来解决②，这一目的也在撒哈拉以南非洲国家的政策文献和校长及教师手册中得到强调。加纳学校的《校长手册》指出："惩戒措施可以阻止学生犯罪，并强迫他们在日常活动中开展自我控制和自律行为。"③在学校内部，校长维持纪律的方法是通过严厉的惩罚起到威慑他人的作用，对违法行为的处罚包括警告、鞭笞、令其擦洗阳台或厕所、令其除草、退学、停学、拘留等。到目前为止，许多非洲学校中除了对违规学生进行警告之外，鞭笞是惩戒最常见的形式。

在加纳，教师经常"召唤"手杖作为"纪律之杖"控制学生。例如，集体惩罚是在许多教师心中规范行为的一种方式。④它由男女教师共同管理，罪名包括上学迟到、不履行早晨职责、在课堂上或学校集会上讲话、不服从老师、在课堂上回答错误以及在学校或课堂上打架。加纳的许多教师沉浸在殖民传教士价值观中，这种价值观强调以严格的纪律来培养牧师、教义问答者和教师。教士通过严格的纪律来控制教师的培训，从这些机构毕业的教师将把同样严格的纪律转移到学校的教学当中去。

在加纳，学校受到严格控制，学生成为受约束的行为者。学校等级制度和官方系统强调监控实践，这些实践不可避免地为学生毫无疑问的服从和不反思的生活做好准备。学校教育的主要关注点和重点似乎是对学生的

---

① Federal Ministry of Education, Nigeria. (2015). National quality assurance handbook and evaluation schedule for basic and secondary education in Nigeria (draft). Nigeria: Ministry of Education.

② MacLure, J. L., Holmes, M. R., & Macrae, C. (2012). Children and objects: Affection and infection early years. International Research Journal, 32(1), 49-60.

③ Harber, C. (2004). Schooling as violence: How schools harm pupils and societies. Falmer: Routledge.

④ Akyeampong, K., & Stephens, D. (2002). Exploring the backgrounds and shaping factors of beginning student teachers in Ghana: Towards greater contextualization of teacher education. International Journal of Educational Development, 22(3/4), 261-274.

监控，学校检查实践、课堂控制以及教师对学生实施控制的方式限制了学生的个人的能动性以及发展独立思考的能力。鞭笞形式的体罚一直被认为是教师控制学生的"帝国之杖"，尽管许多教育系统已经采取行动禁止使用体罚，但它仍然被许多非洲学生经历过。加纳的许多学校教育系统都被当成控制机构。

（二）分层式管理模式

基本上，加纳的公立学校实行控制和过滤行为的分级领导模式，学校通过规则、等级和监督系统的运作，维持学校的专制。如下图所示：

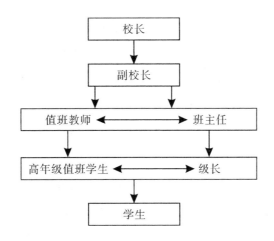

校长的排名最高，而学生的排名最低。附加在这个层次结构上的角色和责任产生了合法化的控制行为及结果，校长是"必须确保教师和学生之间有纪律"的人物，任务是检查教师和学生的迟到和旷勤。校长任命值班教师帮助维持纪律，教师由值班的高年级学生和由学生选出的级长协助，但在他们在任职前要得到学校领导的批准。校长还将每位教师分配到特定的班级，在教室里监督和管理学生的行为。通常老师会直接坐在教室那一排排学生课桌的前面，用各种方式观察和控制学生的行为，努力将教室呈现为实现静态社会秩序的空间。

（三）学习时间表

学校时间表是一个关键的公共管理工具，换句话说，它是检查规律性、准时性的重要监视工具。在许多情况下，学校时间表是加纳控制学校的一个关键因素，也是一个可能导致辞职或自我监管的监督工具。时间表也可以安排学生教育，以确保教学的秩序和系统化。为此，它经常被用作一种纪律手段，用来促进价值观、良好态度的形成和守时等习惯的养成。

学校时间表介绍了每周的一系列活动，包括沉默期、集会期、休息期、登记期。它是一种规范学生行为的方式，也被作为一种控制机制，例如，在沉默期间，禁止任何学生移动或发出任何声音，州长和值班人员在走廊上巡逻，记录打破沉默规则的学生的名字。

在早上集会之后，学生们申请进入教室之前，值班教师会宣布他们在教室里应如何行为，以及犯错行为对应的的惩罚。教师在课堂中的权威体现在告诉学生不要在课堂上发言，除非是为了回答老师的问题或为了参与教学活动，任何被认为是"噪音"的声音都很可能受到惩罚，通常发出"噪音"的学生会被施以手杖。实际上，时间表的使用不仅是为了在课堂上规定教学科目的时间，还扩展了控制的边界，剥夺了学生言论、社会交往和行动自由的基本权利，此外，它还培养了教师或学生"独立行动，批判和挑战主流社会和政治教条"的能力。学校时间表已经成为一种合法工具，一方面使压迫学生的控制行为合法化，另一方面使教师和省长执行专制规则合法化。

第四节　塞拉利昂教育惩戒政策

（一）历史背景

塞拉利昂是一个拥有近700万人口的西非国家，是世界上最贫困的国家之一，将近一半的成年人没有受过正规教育，孕妇和儿童死亡率是世界上最高的。① 塞拉利昂于 1808 年成为英国殖民地，并于 1961 年 4 月 27 日独立。由于塞拉利昂的殖民统治者是英国，所以塞拉利昂大多数惩戒原则都源自英国，学校制度采用了十九世纪的英国学校纪律，其中就包括体罚儿童，因此儿童在学校和家中仍会受到体罚。1991 年至 2002 年塞拉利昂发生内战，在这场战争中，大约有 5 万人丧生，200 万人无家可归，内部冲突后，许多人流离失所，出现经济不稳定和治理不善的现象。内战结束以来，由于公共机构的腐败和治理不善，经济发展缓慢且经济负担沉重。除了与极端贫困有关的压力外，内战期间使用儿童兵和随后的政策也影响了塞拉利昂的教育环境，在这种环境中，儿童应该顺从并对成人和长者表现出极大的尊重，成人和儿童之间正常关系被颠覆，导致了社会秩序的破坏。

早在 30 多年前，《非洲儿童宪章》呼吁各国保护儿童免受暴力，包括体罚——全世界儿童遭受的最常见的暴力形式。然而，今天在非洲只有 10 个国家完全禁止这种做法，只是非洲大陆 54 个国家中的一小部分。1926 年《防止虐待儿童法》明确了父母、教师和其他人对儿童"施以惩罚"的权力。2001 年内战结束后，塞拉利昂呼吁让"儿童权利"成为一个焦点，各种项目的实施对儿童教育权利有所保障，强调了体罚和童工是对儿童权利的侵犯。② 2007 年《儿童权利法》明确了"合理"惩戒的概念。塞拉利昂几乎普遍接受对儿童实行一定程度的体罚，这就要求法律明确，任何程度的体罚都是不合法的，应禁止父母和所有有监护权限的人实施体罚。此外，2009 年颁布了《教师行为守则》，规定了教师的职业行为标准。根据政府 2016 年《普遍定期审查》的报告，新成立的儿童委员会正在努力消除体罚。③ 2016 年以前，体罚在塞拉利昂尚未真正在法律上被禁止。2019 年塞拉利昂于批准了

---

① Statistics Sierra Leone, and ICF International, 2013; World Bank, 2015.

② Williamson, J. (2005). Reintegration of child soldiers in Sierra Leone. Washington, D. C: USAID.

③ Change Over Time in Parents' Beliefs About and Reported Use of Corporal Punishment in Eight Countries With and Without Legal Bans (nih. gov)

安全学习的呼吁，其中包括承诺禁止在学校体罚并保证积极的纪律。

由于体罚，许多儿童留下了身心上的伤疤。对一些儿童来说，身体上的伤疤和残疾是残暴的教育系统留下的终身烙印。儿童是塞拉利昂的未来，无论是以教育的名义还是以意识形态的名义，无论是在学校还是在家里，他人都没有理由让儿童遭受暴行，儿童有权在自由和和谐的校园环境中不受恐惧地接受教育。塞拉利昂真相与和解委员会表示：每个人都有权不以残忍、不人道或有辱人格的方式受到对待或惩罚，特别是每个儿童都有权得到保护，免受虐待、忽视。

尽管制定了旨在保护儿童的法律、方案和干预措施，但与其他国家相比，塞拉利昂的体罚使用率仍然相当高。这表明，塞拉利昂对儿童的体罚在其文化中根深蒂固。①

(二)实践措施

根据 2010 年儿童基金会多指标集群调查方案第 4 轮收集的统计数据，81.7%的 2~14 岁儿童在家中遭受过暴力"纪律"，如体罚、心理攻击。65%的人遭受体罚，18.8%的人遭受严厉的体罚，74.4%的人遭受心理攻击。② 由于体罚为塞拉利昂的孩子带来了严重的伤害，并违背了教育的理念，因此塞拉利昂政府力求做出以下改变，规范校园惩戒制度，使校园惩戒具有科学性。

1. 民主参与：增添惩戒合理性

自塞拉利昂内战结束以来，一直努力确保建立适当的法律和政策框架，防止暴力和剥削，《儿童权利公约》和《非洲儿童权利与福利宪章》等人

---

① Lansford, J. E., Cappa, C., Putnick, D. L., Bornstein, M. H., Deater-Deckard, K., &Bradley, R. H. (2017). Change over time in parents' beliefs about and reported use of corporal punishment in eight countries with and without legal bans. Child Abuse & Neglect, 71, 44-55.

② Sierra Leone | Global Initiative to End All Corporal Punishment of Children (endcorporalpunishment. org)

权条约已经得到批准，并颁布了《儿童权利法》等其他法案，规定了儿童享有被尊重和受教育的权利。此外，2009年颁布了《教师行为守则》，规定了教师的职业行为标准。但在微观层面，由于缺乏民主性，塞拉利昂的惩戒条例还不够明晰，各个学校也没有落实到位。

沟通不畅是导致校内冲突的主要原因之一，当面对冲突时，没有一个老师和学生能使用解决问题的技巧。因此，在这种背景下，为了使教师和学生获得解决问题的技巧，塞拉利昂学校会将民主的教学和实践融入课堂。在塞拉利昂的学校中，有许多这样的情况，即在与学生纪律有关的问题上，学校都没有让大多数学生和家长参与到决策中，缺乏民主。由于参与决策是民主原则的基础，学校应该为学生和家长创造机会，让他们积极参与学校委员会。最后，家长教师协会应与学校管理委员会一起制定学校条例和惩戒程序，旨在使学校惩戒制度更加公平公正。

2. 教师培训：规范惩戒手段

针对教师教学实践和惩戒方式的培训已被塞拉利昂提上日程。教师是课堂惩戒的发出者，不仅如此，他们还可以通过课堂实践和教学来使行为规范根深蒂固。因此，至关重要的是，教师惩戒权从一开始就需被纳入学校惩戒制度中并规范其细则，使教师根据细则惩戒学生，避免惩戒过度。同时，要提高教师和学校工作人员的能力，创造无暴力、对儿童友好的学习环境。规范课堂管理和积极的纪律约束非常重要，特别是对于未经培训的新手教师而言。

3. 文化干预：改变思维定势

塞拉利昂的文化反映出，体罚孩子在管教者的心里并不一定是负面的。例如在大部分非洲国家，一些祖父母将体罚描述为是对孩子表达爱的一种方式，并认为在必要的时候不打孩子就是忽视孩子。①

塞拉利昂发现，使用"更慢的、学校驱动的、自下而上的儿童保护方

---

① Frankenberg, S. J., Holmqvist, R., & Rubenson, B. (2010). The care of corporal punishment: Conceptions of early childhood discipline strategies among parents and grandparents in a poor and urban area in Tanzania. Childhood, 17(4), 455-469.

法"更有可能改变长期以来的做法和观念。① 此外，迫切需要解决的根本问题是贫困。贫穷为父母带来了严重的压力。从长远来看，结合家庭生计的惩戒多方面发展可能是最适合、最有效的方法。减少对儿童的体罚不能只由法律规定，虽然这是举措的第一步，但根据塞拉利昂的国情，仍需从文化的立场出发，才能具有有效性和可持续性。否则，他们可能仅会在行为上做出改变，而不会改变关于惩戒和尊重权威的潜在想法。

在塞拉利昂，教育已经成为一个重要的民族产业，因此在学校和更大的社会中要融合种族差异、文化差异，学校在这个过程中可以发挥作用。研究显示，刻板印象导致了许多学生之间、师生之间、家庭之间的冲突。对此，学校可以通过组织各具特色的文化活动，使学生、家长、教师能够重视和接受文化多样性。鉴于此，来自塞拉利昂的学生、家长、教师必须学习新的相互包容的方式，为了促进这种文化多样性，学校的课程可以从生活方式、服装、饮食习惯以及其他文化问题着手。

第五节　刚果教育惩戒政策

一、背景

比利时在 1908 年接管了刚果领土，当时比利时急于拨乱反正，为了将刚果重塑为一个"示范殖民地"，试图把教育作为其文明项目的基石。当时刚果的大多数学校都是由接受国家补贴的天主教传教士创办的，对刚果人来说，学校是与西方文化和文明接触的地方，他们相信学校会带来解放和社会变革。20 世纪 50 年代，刚果人的学校教育系统已经成为殖民政府的

---

① Ismayilova, L., & Karimli, L. (2018). Harsh parenting and violence against children: A trial with ultrapoor families in Francophone West Africa. Journal of Clinical Child and Adolescent Psychology, 1-18.

招牌，由于殖民学校教育继承了 19 世纪的比利时教育，人们开始怀疑其传播的"学校式秩序"在殖民地所起的作用。事实上，它受到了同样的合理化、效率和道德纪律等基本原则的启发，但问题是，它在很大程度上受到了不同的殖民地环境的挑战。

尽管刚果的教育是按照自己的逻辑运作的，但即使是最初级的有组织的学校教育，其秩序和纪律原则也是固有的。十九世纪末，当宗教团体首次进入刚果自由邦时，他们的主要目标就是向当地居民传教，实现该目标的一个有效途径是通过教育。很快，学校就成为分散在全国各地的传教所的相同功能机构。最初，刚果儿童被迫上学，只接受初级的读写和计算课程，为此，利奥波德二世还建立了数量有限的官方学校，主要是为了培训经济方面的从业人员。无论是国立学校还是传教士学校，生活都很艰苦，与军事训练相似，学生们的生活包含严格的学习、劳动和天主教学校的祈祷节奏。一旦学生犯错，就必须接受鞭子的鞭打，这一管理方法成为了当时众多孩子试图逃离学校的主要原因。

20 世纪初，刚果学校的外部特征更加明显，一些教师、传教士在印象中认为刚果人认为学校的本质就是学习经济。刚果人似乎相信，通过上学，即使是短暂的或不定期的，也会自动增加他们的经济机会。此外，就道德和宗教教育的优先性而言，刚果和比利时的情况有一些惊人的相似之处，由于刚果长期受到殖民统治，在教育问题上与传教士的合作得以继续，教育也变得更加规范。虽然学校在教学中拒绝体罚，但学校的军事化管理仍然被认为是对刚果学生进行道德培训的必要条件。由于学生需要文明，他们的"道德教育"被置于比智力教育优先的地位。

事实上，20 世纪 60 年代初，刚果在独立后对教育制度做了一些调整，开始在全国范围内继承并普及源自比利时的中小学课程。这种"国民教育"与 1950 年代开始的殖民主义教育遗产结合在一起，为刚果人提供了更多但仍然非常有限的机会。殖民时代后的教育有不同的目标，在最初独立的几年时间里，人们尽一切努力确保动荡的独立后所留下的东西的连续性。此外，刚果人民明确希望能够获得比利时或欧洲的课程，而不是局限于"适应性的课程"，以满足他们的教育需要。

在一个与新的后殖民时代政治、社会和文化不断斗争的国家背景下，刚果学校发生的秩序问题被纳入教育中"西化"或"非洲化"趋势的张力之中。

二、教育惩戒实践措施

刚果的启蒙学校与严格有序、正式的西方学校形成鲜明对比。随着蒙博托的人民革命运动的兴起，所谓的学校"异化"特征也随之而来。① 学校的"异化"的特性受到了攻击，与泛非的"团结"意识形态相似。刚果人民认为刚果教育的本质是将其人民连根拔起，认为刚果人民在精神上被殖民，甚至在独立后也是如此，并把矛头指向了学校，特别是天主教学校，认为它的道德化和宗教课程应受到谴责，认为教育的目标不是培养基督徒而是培养忠于国家、对国家有用的公民。然而，这种思路并未真的威胁到西方的学校管理模式，为了从根本上消除学校教育的异化影响，刚果质疑学校湮灭个人在社会中晋升的机会，换句话说，刚果为了达到社会普遍接受教育的目的，认为学校在社会中的地位必须改变。

一般来说，学校纪律会在国家动荡的历史中幸存下来。学校教育的格局被复制了，只是在相当肤浅的程度上做了一些改变。例如，刚果共和国总统府用革命的学校戏剧取代了晨祷，在法语课程中引入了革命歌曲，禁止基督教相关的活动或组织，如青年运动和祈祷团体，并以共和国总统府青年部取而代之。② 然而，学校生活仍然被之前的学生之间的竞争和考试

---

① Wyatt Macgaffey, "Education, Religion, and Social Structure in Zaire," Anthropology & Education Quarterly 13 (1982): 238-50; John D. Studstill, "Education in a Luba Secret Society," Anthropology & Education Quarterly 10 (1979): 67-79; Niyi F. Akinnaso, "Schooling, Language, and Knowledge in Literate and Nonliterate Societies," Comparative Studies in Society and History 34 (1992): 68-109.

② See for instance the history of Collège Imara: Marcel Verhulst, Le Collège Saint François de Sales, ou, L' institut IMARA au fil des années (1912-2012): aperçu de 90 ans d' histoire avec une attention particulière à l'époque post-coloniale[The college Saint François de Sales or the Institute IMARA over time (1912-2012): Overview of 90 years of history with a particular attention to the post-colonial era] (Lubumbashi: Editions Don Bosco, 2005).

所支配，至少在天主教广泛传播的大都市学校里，同样的价值观和规范，如惩罚、勤奋和祈祷，在国家独立后还在长期培养。正是这种规范使这些学校如此受欢迎。这些学校教育惩戒的运作方式非常相似，即根据非常稳定甚至可能是普遍的"学校式"心理和现实运作，其中秩序和纪律的理念发挥了关键的作用。因此，刚果教育工作者坚持在课堂上引入秩序和纪律，对学生进行分类并引入学校式的时间和空间，符合当时的笛卡尔精神和理性主义思想。

（一）禁止体罚

根据 2019 年 12 月的刚果民主共和国国别报告中强调的，在家庭、学校替代照料场所、日间照料和惩戒机构中需执行体罚禁令。1987 年刚果《家庭法》第 326(4) 条曾规定，"行使惩戒权的人可以在与儿童年龄和行为相适应的范围内对儿童进行训斥和惩罚"，该规定现已被废除。过去体罚在育儿中几乎得到了家长和学校的普遍接受，这就需要在法律上明确规定，任何程度或种类的体罚都是不合法的。一切形式的体罚，无论多么轻，都应该被禁止，即在所有替代照料环境，包括学校、寄养机构、安全场所、紧急护理等环境中都应禁止体罚。此外，所有收容违法儿童的惩戒机构都应禁止将体罚作为纪律措施。

（二）构建地方学校委员会的治理体系

在刚果，家长是学校资金的主要来源，地方学校委员会(LSB)是战略管理机构，家长在管理学校资源(财政、人力和物资)和管理教学质量方面参与行使决策权。为此，地方学校委员会的改革十分重要，因为它开发了学校资源的参与性管理或治理功能，其中，对学校纪律的控制也是教育督导员的重要任务之一。从理论上看，各种机制限制了领导者的机会主义行为，尤其是地方学校委员会作为一个负责批准学校领导决策的法律机构，在解决这些利益冲突方面发挥了重要作用。学校为此构建了一种内部治理机制，即学校董事会机制，其有效性可能对价值的创造以及由此产生的接受者的满意度有很大影响。学校董事会在学校教育惩戒方面开展的控制活动被具体地划分为三大类，第一，由学校董事会治理体系直接指挥和控制的活动；第二，不直接控制和指挥的活动；第三，间接控制和指挥的活动。具体而言，在学校董事会改革中，有四种学校董事会领导模式适合确定谁拥有教育惩戒决策权。第一，行政控制，即将权力下放给校长；第二，专业控制，将主要决策权下放给教师；第三，社区控制，将主要决策权下放给家长或社区；第四，平衡控制，平衡家长和教师的决策权。此外，一般来说，学校董事会拥有四个使命，第一，动员学生家长、社区、教职员工和其他合作伙伴参与学校纪律管理；第二，制定、实施与改善教育、教学质量和学校管理有关的活动；第三，控制学校教学秩序的管理活动；第四，预防、调解和处理学校各方面冲突。具体而言，地方学校委员会的职责主要包括提供与学校运作有关的行为指导，并通过学校董事会的领导，直接进行学校管理、跟踪学校和教室的教学活动、审查与学生有关的框架和纪律文件等。此外，它还通过与家长委员会协商，管理有关纪律、教学质量和学校人员管理的事项等等。

第六节　非洲教育惩戒政策对我国的反思与启示

非洲的教育惩戒虽然总体呈逐步完善之势，但依旧有不少地区的教育惩戒政策存在着一些不足之处并有待改进。结合实际情况来看，非洲教育惩戒的实施过程与效果反馈对反思我国教育惩戒政策具有一定的帮助。我国教育惩戒政策在规章制度的完善与落实、教育惩戒监督与激励机制、教师惩戒权的界定以及增加家长和学生参与等方面，还需要进一步厘清方向与加快推进。

一、深化道德：建立学校秩序的无形之手

由于非洲教育经历过殖民时期的"异化"并深受宗教道德教育的渗透，

同时认为道德教育优先于智力教育，从而在非洲教育惩戒体系初步成型后，非洲教育从业者仍然会使用道德这只无形的手辅助法律，对受教育者的不良行为进行约束。因此，在建立教育惩戒新秩序的过程中，道德这只无形的手还应继续发挥作用，与法律法规这只有形的手一起配合，方可建立并维护好学校秩序，让教师的教育惩戒权充分发挥其应有的作用，达到教育学生的目的。

我国在个体多元主义的影响下，有不少人都过度追求自身个性，不接受外部的控制和约束，认为那是对自己自由和尊严的侵犯。但是当这种价值观成为人们的行为导向时，社会道德规范将会崩溃，因此通过道德培养纪律精神和遵守纪律的习惯以约束人们的行为，是道德教育的首要步骤。根据我国国情，可从以下几个方面实施：

第一，制定明确的惩戒条例。为了让学习者遵守规则，首先需要做的是明确规章条例，制定相关的惩罚和奖励措施，这样才能让学习者有章可循，认识自己的行为，明确自己的行为方向。第二，营造合作学习的课堂氛围。营造合作学习的氛围将有助于让学习者自觉遵守纪律。纪律精神培养过程可以从两个方面进行：一是让学习者参与制定学校或班级规则，从而证明对学习者的认可和尊重以及所制定纪律的公平。同时，学习者在制定细则内容过程中通过与其他人的交流、讨论，确定最终方案，使学习者逐渐理解其所制定内容对于每一个人以及班级、学校的意义，进而主动遵守，且其制定内容也反映学习者自己的意愿，更加有助于加深学习者的自身认同。二是让每一个学习者都分工明确，做好纪律执行的情况监督，同时做好相关行为发生的惩罚和奖励工作。通过以上两个方面，可以营造出一个合作的氛围，促使学习者自觉遵守其所参与制定的纪律。在此过程中，教师要积极引导，避免学习者在集体合作的过程中产生个人主义以及小团体主义的情绪。第三，践行社会责任，培养道德意识。如果仅在学习中培养学习者对社会的责任感，是不充分的，因此对于身心发展水平较高的学习者可以让其参与到周边社区或者是所在城市具体政策实践当中。通过扩大学习者活动的范围，有利于学习者意识到自身作为社会中一员所应有的责任，从而映射在其对班集体的责任乃至对社会的责任上。社会与学校联合培养学习者的责任意识将会是道德教育中相当关键的一个环节，因此我国的学校也可以通过与社会合作管理学校事务的途径，减少学习者不良行为的发生。

二、强化监督：确保监督与激励齐头并进

任何缺乏监督的权力都可能或多或少地导致权力的滥用，教育惩戒权也不例外。非洲虽然制定了一定的教育惩戒管理政策，但政策在实践的过程中学校教师出于对自身利益维护的考虑或不清楚惩戒的界限，刻意避免惩戒或超出惩戒原则而与学生发生冲突，所以政策并没有得到充分的落实，却在落实过程中极大程度上混淆了惩戒权的使用，在"权威与服从"的语境中失去平衡。例如，学生过错往往有两种：故意和过失。对两者不同类型的犯错的未成年人教育惩戒处置应设有不同的标准。比如非法收集、传播他人信息的隐私侵权、暴力伤害、携带非法武器、药品等过错都可以视为是"故意"，而公开他人私人信息或隐私物件等过错应视为"过失"，这些过错的区分对于权威与服从情境中教师惩戒权使用的边界问题尤为重要。

目前，我国仍缺乏有关机构对教育者的惩戒行为进行有效监督。教育者纠正学生的不良行为既是一种权利，更是一种义务。所以，我们更应通过对教师进行监督和激励来全面提高惩戒教育的效率。例如在学校中设立教育惩戒巡视处，巡视处主要负责教师行使惩戒权的维护以及其实施过程的监察，针对教育惩戒活动的落实情况进行监督和激励。当教师处理学生的惩戒教育时，巡视处应对时间发展脉络进行完整地记录，以便之后的巡查和激励。一旦发现学校教育惩戒的实施有异常，教育者和学生都可通过巡视处进行调节，以此共同保障教育者及学生的权益，也让教师在正常行使其正当惩戒权时更有信心和底气。此外，对于及时正确纠正学生不当行为的教师应给予相应的奖励，同时，对于那些刻意回避学生不良行为或使用一刀切的方式纠正学生不良行为的失职教师应予以惩罚处分。再者，学

校每年都应针对本校教育惩戒的情况进行有效的绩效评估，以此来对教师进行激励，促进教师积极地开展教育惩戒，从而避免惩戒不当的发生。

三、形成合力：保障教育惩戒的有效推进

家长与学生参与学校教育惩戒十分必要，许多国家对家长以及学生参与教育过程的重要性已经有了清醒的认知。在非洲教育惩戒制度的实施过程当中，学校会让学习者参与制定学校或班级规则，从而证明对学习者的认可、尊重和纪律的公平。教育者应该确保学生是认同、支持双方所制定的规则，以体现教育惩戒制定过程中的民主性。可以让学习者对规则有一定的自主权，并承诺自愿遵守规则。因此，教育者和学习者之间将产生积极和谐的关系，并创造一个安全的学校环境。

但在当前的教育实践中，我国教育惩戒的实施面临一系列的现实困境，如家校合作机制不完善、合作意识缺失、家校合作简单化、线性化，以及家长干预过度或失位等。造成这种情况的原因较为复杂，但主要包括：家校对教育活动的认知不够；教育惩戒细则边界不清；教师缺乏对教育惩戒规范的理解；社会舆论干扰了教育惩戒的实施等。为此学校需积极设置家校联合沟通机制，家长应知晓学校本学期的课程设置、各科目教师的联系方式、学校活动的通知、学生奖惩情况、学生违纪行为等，以确保家长可以实时了解学生在校动态和近期学习情况。如增设家校信息交流册，学生有义务认真保护并每天随身携带信息交流册，不得恶意遗失、损毁、篡改信息交流册，且应定期交由家长查看并签字。另外，学校应当充分利用家长会、家长委员会、校园开放日、家访等手段发挥学校教育对家庭教育的辐射功能，同时利用好入学、开学初、学期末等关键时段，通过制度解读、讲座宣讲、案例分析等多种方式加强对学生家长的宣传教育，争取家长群体对学校教育管理制度的理解和支持，营造良好的家校共育生态。学校也应让家长以及学生积极参与校内教育惩戒制度的制定过程当中，学生是教育惩戒制度的接受者，让学生以及家长充分参与到规则的制定当中，以确保本校教育惩戒制度的合理性以及公正性。构建家校合作的

育人共同体，不断提升家长和社会对教育惩戒的认知水准，通过家校共商共议，有效补充教育惩戒规则信息，更好地推动教育惩戒的开展与实施。

总之，面对当前我国校园中学习者频繁出现不良行为的现象，我国相关的教育部门必须尽快作出反应并制定有效措施。只有落实教育惩戒权，制定完备的教育惩戒政策，才能真正使我国教育惩戒政策合情、合法、合理，构建和谐校园。

第七章 亚洲主要国家教育惩戒政策研究

纵观全亚洲,一些国家已经制定了相对完善的教育惩戒制度,详细规定了教师惩戒权的内容、形式和程序等。他山之石,可以攻玉。作为亚洲教育水平较高、教育惩戒制度完善、操作经验丰富的三国,新加坡、韩国、日本关于教育惩戒的立法和实施方法,可为健全和完善我国教育惩戒的法律、制度和实施细则等提供思路。

教育惩戒作为一种强制性的纠错方法,是学校为了使违纪学生改过自新,利用惩戒手段使其意识到自身错误,自觉遵守校规校纪的教育方式。追溯各国教育惩戒政策的发展历史,可知亚洲有很多国家有过将体罚作为一种教育手段的传统。教育惩戒制度不断完善的今天,有些国家仍存在体罚学生的现象,关于是否禁止体罚的争论仍在继续,本章选取了亚洲国家中教育惩戒制度较完善的三个国家,对它们体罚学生的相关立法和做法作出阐述;其次,关于教育惩戒政策的实施,分别介绍了三个国家的特色做法和最新实践动向;最后,从立法、程序,方式等方面总结三个国家的教育惩戒的经验做法,以期对我国教育惩戒政策改革提供启示与借鉴。

第一节 新加坡教育惩戒政策

一、新加坡的体罚制度

新加坡是一个仍然植根于传统观念和习俗的现代亚洲社会。在过去的

50 年里，它已经成为世界上生活水平最高的发达国家之一。该国居住的主要是华人、马来人和印度人三个族裔，他们非常重视社会秩序、种族和宗教和谐，因此关于儿童性虐待方面的法律有很多。比如 1927 年的《儿童法令》是对儿童免受虐待的正式法律保护，随后是 1949 年更全面的《儿童和青少年法令》，2001 年出台的《儿童和青少年法》对儿童的"虐待"定义为"任何不必要的身体虐待"。该法还以罚款和监禁作为虐待儿童罪犯的惩罚。对儿童安全的进一步保障包括《儿童保育中心法》，该法要求所有儿童保育经营者应向当局报告涉嫌虐待儿童的情况。尽管有如此多的法令法规作为保护儿童免遭虐待的法律基础，但父母对孩子施以轻微体罚的行为并不被视为违法。《妇女宪章》虽然对"家庭暴力"给出了宽泛的定义，允许法院发布保护令，但没有将"用于纠正"儿童的武力视为犯罪行为。

在新加坡儿童虐待案例中，身体虐待是最常报告的虐待类型，其中鞭笞是其中最臭名昭著的体罚形式——也许是因为它在一代代新加坡人的纪律中有着悠久的历史地位。鞭笞作为一种身体约束手段，起源很难追溯，但从有记载的历史时期起，各种形式的体罚就被用于儿童和成人身上。一些宗教团体甚至引用他们的圣书中的某些段落来为体罚儿童辩护。无论是在家里还是在学校，体罚都是一种被广泛接受管教孩子的方法。对亚太各国大学生的一项调查发现，65.6% 的新加坡学生报告说在 12 岁之前都曾遭受过体罚。许多新加坡人童年时就有因各种不良行为或学校表现不佳而被体罚的记忆。在新加坡的中学里，对男生的手掌或臀部轻轻鞭笞是一种可以接受的惩罚形式，但这通常是被视为"最后手段"的惩戒方法。随着鞭笞在新加坡社会各阶层的广泛使用，要说服父母放弃在家中使用鞭笞这一体罚方式显得更无可能。大量研究表明体罚给孩子带来的痛苦和其对体罚的恐惧很有可能会干扰孩子道德价值观和理想行为的内化，且会给孩子带来的其他负面影响。最多的证据是体罚与儿童攻击性和反社会行为之间的联系，这种联系可能会在体罚后持续数年。儿童时期体罚的影响可能会更深远，与成年期的精神疾病有联系，甚至会减少大脑中的灰质体积。关于体罚对孩子影响的分析表明，体罚的唯一积极作用是让孩子立即遵守纪律，但长期的消极影响超过了短期的好处；这些消极影响包括更多负面情绪的聚集和更少的道德内化。

体罚作为一种惩罚手段，关于其适当性和有效性的辩论在新加坡仍激烈进行中，无论是对家庭中的儿童还是对司法系统中的罪犯，新加坡不太可能在不久的将来完全废除体罚。如果一个国家的公民在国家法律的规定下自觉认同和接受体罚这一教育方式，那么在家庭和学校中废除体罚将是十分困难的。

二、新加坡教育惩戒的实施内容

新加坡是一个位于东南亚的现代化国家。新加坡是一个多民族的国家，同时也是一个极具凝聚力的高学历的社会。其教育事业发展举世瞩目，其中一个重要的因素在于新加坡实施了严厉的教育惩戒。该国教育惩戒政策的落实在整个东南亚都具有代表性，其基本的取向主要有以下四个。

(一)以人为本，具体措施人性化

根据新加坡教育(学校)条例，鞭笞是学校体罚的一种形式。这种惩罚总是辅以对被鞭打的学生的心理咨询和后续指导。鞭笞作为一种身体约束手段，在新加坡教育惩戒中有悠久的历史，且被认为是一种有效的体罚方式。公众对用藤条等其他物体击打儿童有很高的容忍度，1996 年对新加坡公众虐待和忽视儿童的看法的一项研究显示，73% 的人认为有时或总是可以接受鞭笞这一体罚手段。在新加坡学校，体罚只能由校长或在其明确授权下实施。鞭刑通常是最后的手段，也适用于严重的失范行为。虽然法律规定新加坡教育惩戒可以实施鞭笞，但它不同于司法的鞭刑。学校用的鞭子，也就是一根藤条，大约一根手指粗细，比司法鞭刑用的鞭子细很多。司法用的鞭子是鞭打犯罪分子的，鞭子很粗而且要蘸水抽打，常常打得皮开肉绽，学校鞭打比司法鞭刑轻许多。即便如此，鞭笞在一些学校也很少使用，且只鞭打男生，不鞭打女生，学生生病不能鞭打，有的学校甚至几年才使用一回。鞭打的时候，还专门用软垫或书本将腰部保护起来，鞭打后还要对学生进行心理辅导。

（二）以型定刑，惩戒规则具体性

一般而言，教育部会列出轻微和严重罪行的清单，并就处理这些罪行（包括屡犯）的方法提供指导方针。这些指导方针强调坚定和公平，考虑到学生的福祉和学习的最佳方法。给予学校的指导方针适用于全日制小学和全日制中学，包括提供大学预科教育的大专和集中学院。然而，虽然有指导方针，但学校可以根据给定框架内的"背景和需求"自由确定自己的规则。这些规则在入学期间通过学生手册、学校网站、家长教师会议和致家长的信件传达给学生和家长。新加坡学校对学生的教育惩戒不是一成不变的，而是根据学生犯错行为严重性的不同给予不同形式的惩戒。就拿鞭打来讲，法律规定可以鞭打 6 下，但一般学校都选择不超过 3 下；鞭打种类分为 3 种，像冲撞教师这类不尊敬教师的行为，往往在全体教师面前鞭打；如在班级打架斗殴，往往在班级里当着全班师生打；行为十分恶劣且屡教不改的，往往会在礼堂，当着全体师生的面鞭打。鞭打一般由学校校长、副校长或训导员来完成，也可以选择由家长完成。法律规定被鞭打的对象年龄一般是 6~19 岁的男生，但多数被鞭打的学生都是 14~16 岁的中学生。在 2016 年的一个例子中，来自一所男校的大约 30 名学生因保存和分享 6 位老师的裙装照片和视频而被鞭打——其中几人在各自级别学生面前公开。

（三）以惩示戒，惩戒目的明确化

惩戒不是目的，而是手段，通过惩，让学生改正错误，达到戒，达到育人的目的。在新加坡惩戒教育中最重的鞭打惩罚，普通教师是不可以执行的，只有专业人士才能执行。新加坡政府规定只能是校长、副校长和训育主任等才有执法权，当事教师必须回避。执法前学校必须征求家长的意见，家长不同意鞭打，可以换用其他方法进行惩戒。鞭打时要按照一定的标准进行，如鞭打的力度、角度、速度等。为避免误伤，鞭打时不要求学生脱裤子，还会对学生进行保护。执行时必须有见证人在场，执行后还必须形成书面报告。但值得指出的是，学校教师与私人导师不同，家长不是直接雇主，所以无权为学校制定指导方针。因此，除非鞭刑不按照教育部的指导方针进行，否则父母不太可能因对孩子进行鞭刑而对学校提出投诉或采取行动。如果在未经校长许可的情况下强加鞭刑给孩子，或者被鞭打得太严厉，或者家长认为惩罚不当或过度，他们可以将他们的想法传达给校长和老师(例如通过信件或家长会)。这种家庭与学校共同促进对学生的惩戒的联合方式有利于家校共育，也可以有效达到以惩示戒的效果。

(四)以严促施，惩戒执法规范化

新加坡教育部制定了较为完善的教育惩戒法规——《处理学生纪律问题的指导原则》，规定新加坡所有中小学可以对违法违规学生实施惩戒，并对惩戒做了具体规定。比如，在学校教育、留校等措施无效的情况下，对严重不良行为可授权指定教师鞭打违纪学生，并且对鞭打有详细的规定，如鞭打次数、鞭打部位等。这些规定为新加坡的教育惩戒提供了充分的法规依据，让教育惩戒有章可循。新加坡惩戒教育中的鞭打由专业人士来完成，这些专业人士(一般是副校长或训导主任)事前都受过新加坡教育部专业培训，他们在执法时要按照规定进行鞭打，既不能打歪——要打得准；又不能像挠痒痒——要打得狠(还不能打伤学生)，要打出学校的尊严，打灭违纪者的嚣张气焰。让违纪者记住教训，从而痛改前非。事实上，在新加坡，有不少被鞭打过的学生，记住了自己被鞭打的教训，改正了违纪违法的坏毛病，这也是新加坡学校纪律很好的一个重要原因。

第二节　韩国教育惩戒政策

一、韩国的体罚制度

在韩国，体罚在所有场合都是非法的，包括在家里。但根据首尔市教育厅 2016 年关于学生权利的报告，在接受调查的 2.1 万名学生中，约有 19%在过去一年中在学校受到体罚。体罚最常见于初中生(31%)，其次是高中生(22%)和小学生(15%)。与公立学校(16%)相比，私立学校报告的案例更多(27%)。由于教育系统是更大社会系统的一个较小部分，教育系统有可能是社会系统的一面镜子。在韩国，体罚作为纠正学生不当行为的一种方式，被认为是从过去传到现代韩国的纪律方法之一。早在朝鲜王朝时期，就有书面记录表明在教学期间体罚被用来管理和控制学生及其行为(Jeong，1987)。朝鲜王朝长达 600 年，是世界上统治时间最长的王朝之一，也是统治时间最长的儒家王朝。重要的是，在该时期，体罚的做法是控制和管理学生的直接手段。朝鲜王朝的一位著名学者(Yulgok Lee Yi)在《学校模式》(国家文化推进委员会，1982)中写道"打小牛鞭笞学生犯错误"，这是朝鲜王朝时期写的一本关于教师和学生控制的书。在现代，这被翻译成"打一个犯错误的学生，在其小腿上"，其目的是加强他们的心理训练和控制。言下之意就是，殴打学生的小腿肌肉(一种在韩国仍然实行的体罚形式)实际上被视为学生行为管理的有效方法。事实上，利用身体疼痛是让学生提高成绩的一种手段。在成君馆(一所建于朝鲜王朝时期的大学)可发现当时学校校规中有这样的惩罚条款："对于不是故意的错误，惩罚是打小腿 40 下，诽谤老师将打小腿 100 下，一般日常违规会导致小腿肌肉受到较少的打击。"(Jeong，1987)

　　韩国关于使用体罚的法律有很多。关于学生纪律的法律是以 1947 年的《综合教育法》为基础的。该法案在 1998 年《初等和中等教育法案实施令》之前是有效的。《中小学教育法实施令》第 31 条涉及在学校实施处罚，第 31 条第 7 款规定："在根据该法第 18(1)条主要部分的规定的情况下，校长应使用纪律和训诫的方法，而不是对学生造成身体痛苦，除非在不可避免的情况下。"这意味着在学校系统中体罚仅作为最后手段选择，执行者应该是学校的校长。在一系列关于体罚的争议之后，1998 年的法律受到了质疑。2011 年 3 月，韩国政府实施了新修订的第 31 条法律，规定："根据学校条例，应使用纪律和训诫的方法，不应使用工具或身体某一部分等对学生造成痛苦。"这表明执法者不能对学生进行造成痛苦的体罚。本质上，现在的韩国法律规定，所有韩国学校禁止使用体罚，这意味着新的制度应该以使用非暴力惩罚形式为基础。虽然使用体罚的教师减少了，但体罚仍然在韩国教育系统中发生。禁止体罚虽然可能是一种法律限制，但并没有使体罚的使用大幅减少(延哈普新闻，2011 年)。法律是为了更好保障公民权利、约束公众行为而制定的，但体罚在韩国教育环境中一直是一种重要的惩戒手段。

事实上，韩国早在 1998 年就明确规定禁止教师对学生进行体罚，但受传统观念的驱使，老师在学校里打学生的现象依然存在，体罚作为一种教育手段仍被人们认同。针对此情况，韩国教育人力资源部于 2002 年 6 月 26 日公布了一项名为《学校生活规定预示案》的方案，对违反学校纪律的学生，教师可在规定范围内进行一定程度的体罚，从而使教师对学生的体罚"合法化"。这项方案适用对象包括小学四年级以上的小学生及所有初高中学生，方案对体罚的对象、程度、方式都做了详细规定。此次公布的预案还对建立校内奖罚分制，学生服装、头发的具体样式也作出了详细的规定。此法案的内容包括：(一)可进行体罚的情况包括：不听老师的反复训诫和指导；无端孤立同学；学习态度不端正；超过学校规定的罚分等。(二)实施体罚的场所要避开其他学生，在有校监和生活指导教师在场的情况下进行；实施体罚之前要向学生讲清理由，并对学生的身体、精神状态进行检查，必要时可延期进行体罚。(三)实施体罚所用的工具：对小学、初中生，用直径 1 厘米、长度不超过 50 厘米的木棍；对高中生，木棍直径可在 1.5 厘米左右，长度不超过 60 厘米。同时规定教师绝对不能用手或脚直接对学生进行体罚。(四)关于体罚的部位及体罚的程度：男生只能打臀部，女生只能打大腿部；实施体罚时，初高中生不超过 10 下，小学生不超过 5 下，程度以不在学生身体上留下伤痕为准，受罚学生有权提出以其他方式，如校内义务劳动，来代替体罚。韩国教育部有关人士说："此法案是为了更好地适应学校生活的新变化而制定的，它有利于实现学生的自律管理，减少校内各种纠纷的发生。各校应以此方案为基础，制定适合本校情况的学校生活规定。"①

几世纪以来，体罚在韩国一直是一种被社会普遍接受的、根深蒂固的惩戒行为，这与其作为一个儒家社会，信仰儒家思想有着密不可分的联系。体罚是儒家教育的传统惩罚方式，是教导学生努力学习和工作以获得成功并在社会中获得更高地位的一种有效方式。儒家思想强调一种等级社会结构，当在课堂上使用这种结构时，有助于在学生中形成课堂凝聚力。学生必须知道自己的位置——其地位低于教师，并且他们服从教师的权威是维持这种和谐的基础。如果学生的一个失范行为破坏了老师的权威，破坏了其他学生之间的和谐，这种对等级制度的破坏要求教师在其他学生面前惩罚行为不端的学生，以此来恢复课堂秩序和权威，并以行为不端的学生作为其他学生的反面教材，维护上级对下级的权力。

因为儒家思想在韩国文化上已根深蒂固，所以与儒家信仰相契合的体罚，其历史和该国教育本身的历史一样长，因为实现良好教育的根源在于教师的能力，而教师的能力取决于教师在学生中的权威程度，这种权威以体罚的形式保证。在日本殖民时期，韩国教育成为军事化与儒家正规教育的融合，这种教育体罚学生的行为更暴力。在日本军方的指挥下，韩国人的教育成为日本人的控制工具，剥去了韩国人的民族自豪感和身份认同，代之以强制的对日本的忠诚。在学校里，学生不应该表示反对。新的教育政策禁止教授韩语。不服从的学生将被老师体罚，主要是鞭打或监禁。从日本殖民统治下获得独立后，随着美国军队的占领，韩国的教育也被改变成类似美国的制度，以取代正式建立的日本模式。在美国占领后的一系列军事独裁措施以及文官政府逐渐向民主政府转变后，体罚仍然是促进学生变优秀的关键工具。无论是在日本帝国主义统治下还是在美国资本主义支配该国时，体罚都作为一种被认可接受的纪律手段，在韩国的课堂上一直存在。

① 杨光富. 英美韩泰四国教育体罚现象透析[J]. 当代教育科学，2003，（9）：31-32.

二、韩国教育惩戒的理念与背景

韩国的政府从权威政府（1948—1962 年）和军事独裁政府（1963—1992 年）发展到文官政府（1993 年至今），政治对教育管理的影响也在不断深入。在韩国教育发展的基础上，以及在韩国的"机构之眼"（Surveillant Institutional Eyes）等理念冲击下，韩国学校在教育惩戒政策的实施落实中呈现出一定的趋势与导向，这些也可为我国开展教育惩戒提供一些思路和启发。

（一）自由浮动的控制

德勒兹在他的《关于控制社会的后记》中，将福柯的"学科"概念与"控制"概念作了对比。德勒兹认为，十八和十九世纪的"纪律社会"应该与我们今天的社会相区别。他把今天的社会描述为"控制社会"，并认为它取代了福柯谈到的纪律社会。德勒兹将社会分为两个时期——纪律社会和控制社会，反映了现代社会的信息数字化及其对权力系统再生产的应用。换句话说，他认为控制社会是基于数字技术的，而纪律社会是基于模拟技术的。

数字技术促进了自由浮动的控制和数据库之间信息的连续流动，而模拟技术具有"禁锢"和"塑造"的逻辑，将单位划分为物理细胞和模具，如工厂和监狱，从物理瞭望台进行监控。在数字控制的条件下，德勒兹观察到，大众成为漂浮的样本和数据。甘迪指出，个人信息是"通过对行为的监控产生的，而不是单独的行为"。正如工人在工作场所的行为被雇主管理，日常生活中的消费者被私人公司通过所谓的"全景分类"识别、分类和评估一样，新技术增强的是数字化、收集、分类和控制公民在公共空间活动的能力。在这方面，数字技术成为一种新的手段，使现代权力从壁垒、栅栏和边界的禁锢中摆脱出来，进入对流量、速度和流动性的自由浮动的控制。

(二)权力的隐蔽性

在类似于德勒兹的纪律社会和控制社会的区分中，鲍曼用"实体性"模拟和"流动性"数字的概念将资本主义现代性分为两个阶段。他观察到，权力的金字塔已经越来越多地建立在"获得运输工具和由此产生的行动自由"上。鲍曼指出，行使权力的主要策略已经变得域外和无界。他认为当前资本主义体系中的"固体的融化"是"游牧主义对领土原则的报复"。这种对任何领土限制的拒绝意味着，对于权力的使用，现在很少有关系，"命令的发出者在哪里"。鲍曼的"液体"权力的隐喻对于构想一种分散的、去中心化的、甚至是中和的权力是很有用的。这种权力技术的广泛分散使得控制的目标更容易被掩盖。正如福柯所说，"权力是可以容忍的，唯一的条件是它掩盖了自身的一个重要部分"。因此，权力试图"通过使自己变得不可见来使所有的东西变得可见"。权力的不可见性由于高科技全景设备的分散和"价值中立"技术而大大增加，如射频识别（RFID）芯片、电子窃听器、地理定位系统（GPS）、无线跟踪技术和其他细粒度的数据挖掘软件。这些设备伴随着新的霸权主义价值观，说服人们接受"数字崇高"，从而获得整个社会对它们的一致接受。实际上，新的权力技术是一个狡猾的假体，它扩大了它的范围，拥有一个欺骗性的面具，掩盖了它的野蛮性，以便减少个人对结构控制的反感。

(三)差异的调节和组合

如果权力难以将流动的、自由漂浮的、分散的监视实践纳入其"数据库"库中，那么权力的调节机制很可能是不完整的。因此，如果没有互联的网络，大规模的权力调控是不可能的。雷利（Raely）指出，互联的网络构成了"调控的指挥网络"。尽管雷利的研究集中在全球资本主义体系的当前转变上，换句话说，集中在"'帝国'控制的社会"，"指挥的调节网络"的概念对于分析新的控制技术是相当有用的。雷利把权力的调节系统解释为"一种松散的关系组合，其特点是灵活性、功能性、流动性、可编程性和自动化"。允许这种组合的技术是电子网络，它"把人的身体从他们的地域环境中抽象出来，并把他们分离成一系列离散的流动"，松散但整合的通讯网络是权力的"工具性促进者"。雷利总结说，新的权力机制"不需要"通过支配、服从和强加来运作，因为它现在通过暗示来运作，这是一种权力的模式转换，包括主人接受而不是拒绝或被迫接受。当电子通信的空间管道成为当代权力的物质基础设施时，调制和组合成为共同协议或代码的技术标准，将个人、团体和阶级的自由浮动的数据连接起来。

(四)纪律性权力

在韩国，至少在 20 世纪 90 年代初，肉体暴力，如酷刑、监禁(前资本主义社会的典型)和纪律(有代表性的民主社会)被联合用作权力的保障手段。威胁公民公共权利的军事专制做法无处不在：识别每个韩国人的国家身份证系统，使用准军事暴力破坏工会，使用闭路电视维持治安，政府广泛的窃听行为，出于政治动机对政治积极分子的调查，以及其他方法。在20 世纪 70 年代和 80 年代，当权的政府采用了各种各样的手段来迫使大多数公民成为驯服的对象。实施宵禁，强行剪掉"嬉皮士"的头发，折磨政治活动家，在街上搜查公民的财产，压制左派在公共领域的声音，等等。

在制度层面上，在韩国的镇压和惩戒社会时期(1948—1992 年)，国家的监管控制系统主要由两个强大的手段组成：国家身份证系统和国家安全法。1948 年 12 月，在共和国第一任总统李承晚(1948—1960 年)的领导下，以铲除共产主义朝鲜的间谍或同情者以及保护韩国免受共产主义渗透和影响的名义，颁布了《国家安全法》(NSL)。在接下来的半个世纪里，军事独裁者利用《国家安全法》对"反国家团体"的弹性定义来镇压政治反对派。目前仍然有效的《国家安全法》的最后一次修订是在 1996 年，其对"反国家团体"的定义仍然允许对该词进行任意解释。第 2 条规定，"反国家团体是指以进行或协助渗透政府或造成国家动乱为目的的国内或国外组织或团体"(1991 年 5 月 31 日修订)。《国家安全法》规定，对那些赞扬、鼓励、传播反国家团体的材料或与反国家团体合作的人，最高可判处 7 年监禁

（第7条），对未报告"反国家"活动的人，最高可判处5年监禁（第10条）。利用这部法律，任何希望惩罚政治反对派的独裁者都可以依靠法律的模糊语言，合法地监禁甚至处决他们。尽管韩国的宪法宣布"所有公民都享有言论和新闻自由，以及集会和结社自由"（1948年7月17日通过，第一章第21条），但《国家安全法》授权政府可以推翻宪法。

许多国家都使用身份证，但韩国的国家身份证系统是一个识别每个韩国人的全面监视系统。所有公民都被要求携带这样的身份证。如果警察要求查看该证，人们必须能够提供。每个公民都必须获得一个由国家提供的个人识别号码，然后在其一生中用于各种目的，其中一些将在下面描述。此外，所有17岁以上的公民必须有全部10个指纹的档案。韩国政府为该系统进行了辩护，并强调这是为了保护公民免受犯罪和识别事故受害者。但这样一来，政府的数据库积累了大量的私人信息，为每个人收集了超过140个不同的剖析信息。这个监管全体公民的项目是在朴正熙时期建立的，他是第一个通过军事政变上台的独裁者，从1963年到1979年一直担任总统。1968年，他将臭名昭著的登记制度扩大到全体民众。这种身份识别系统与大佬式的"超级国家"的身份识别系统没有什么不同，它用一个13位数的个人参考号码来管理所有公民，这与商业商品上使用的条形码系统没有什么不同。如果没有这个号码，公民将面临严重的困难，因为一个人须提交这个号码购买某些商品、租赁房屋、在酒吧喝啤酒、向银行申请贷款、在企业或学校申请就业，甚至在互联网上发表评论时，都必须提交个人参考号。对公民的监管控制是侵犯基本人权隐私的，因为它在时间上是永久的，范围上是巨大的。

通过使用国家身份证系统和NSL监管武器，军事独裁者对公民的控制超过了40年。其中最糟糕的是1980年至1988年执政的全斗焕将军，他是一个臭名昭著的暴君，压制了人们对民主化的渴望，他知道如何在情报机构的帮助下维持权力。就在1979年通过军事政变上台之前，春秋彩票娱乐平台控制了韩国中央情报局（KCIA）。中央情报局（KCIA）于1961年在朴槿惠总统任期内成立，1999年更名为国家情报局（NIS）以及国防安全司令部

（DSC），其最初的任务是反共产主义活动和打击军队腐败。在秦始皇政变成功后，KCIA 和 DSC 被用作国内监视和间谍机构，收集、分析和编造关于公民的情报数据。情报机构、国家身份证系统和 NSL 的整合使一个极端的纪律社会得以发展，以管理"不正常"或"其他"的人，如罢工的工人、抗议的学生、进步的政治家，以及任何批评政府的公民。

（五）正常化的权力

在军事政权的长期压制下，韩国公民渴望拥有更多的政治权利，如言论、表达和集会自由等等。政府推动韩国经济从传统的劳动密集型产业向文化或知识型经济转变，促进政治范畴的变化。例如，为了在全国范围内推广宽带互联网网络，1999 年 3 月，韩国政府信息与电信部启动了 "网络韩国 21"（CK21）项目，旨在创建一个"知识型社会"，以提高"国家竞争力"，并将"生活质量提高到更先进国家的水平"。

CK21 增加了对建立 IT 企业的政策支持，并通过提出有计划的 IT 增长准则，为先进的信息经济建立了政策目标。而事实上，生活质量也因宽带网络而得到改善。2003 年，CK21 演变为"2006 年电子韩国愿景"（E-KV06），其目标是既要在国家层面建设"信息社会"，又要获得"面向全球信息社会的强大国际合作关系"。最近，政府提出了"U（biquitous）-Korea"的口号，旨在鼓励所有通信系统和电子设备的整合。政府希望以此树立韩国作为世界上最发达的互联网和无线国家之一的形象。

由于政府的新自由主义信息技术政策，韩国的移动电话和互联网用户数量正在迅速增长：截至 2005 年 1 月，在 4800 万人口中，有超过 3650 万的移动电话用户，每 10 个家庭中就有超过 7 个有宽带互联网接入。根据经济合作与发展组织 2005 年发布的数据，韩国电信网络的数字化进程已于2003 年完成。事实上，大多数韩国人的大部分时间都花在了电子网络上——在网吧玩网络游戏，装饰自己的博客，用移动设备互相交流，通过互联网门户网站与爱好或其他兴趣小组联系，并与他人交换视听材料。这种通过电子媒体的不断交流以及通过这些媒体的自由表达文化的兴起，为控制韩国＂网民＂的交流提供了机会。

由于过去军事政权的惩戒机制与公民政治自由的需要相冲突，自文官政府上台以来，权力系统倾向于通过建立综合数据库，使用更多的"积极"和"软"手段进行自我重构。所谓"强化"的城市地理概念或"cerceral"、"城市（Soja）"的地理概念，反映了韩国国内对空间进行监管的新阶段，即无孔不入和无所不在的手段。

自由浮动控制技术的发明是所有这些中最重要的，因为它可以在道德的外衣下隐藏真正的控制意图，建立网络社会的新数字规则。例如，"实名制"的实行阻止了匿名的表达，这可以被视为一种预先审查的形式。此外，新的控制技术将国家身份证系统的旧纪律技术嵌入其中，因为它使用国家身份证数据库来验证互联网上的真实姓名。

在金大中政府时期（1999—2003 年）推出的"互联网内容分级制度"实际上被用来扼杀互联网上的少数群体的声音，如政治激进分子、同性恋者、辍学学生和女权主义者群体的声音。与"实名制"相比，互联网内容的评级制度可以被认为是一种后审查制度，其目的是对偏离权力统治规范的"反常"网站进行监管。伴随着互联网上这些前审查和后审查的制度性试验，人们对无线领域的实时监控的渴望也在增加。例如，在三星 SDI 案件中，三星使用手机进行劳动控制，再次证实了政府默许国内垄断企业的长期做法，如将激进的工人列入黑名单，再次证实了韩国商业监控的企业文化的不正常和不民主的倾向。最近，政府正在考虑在手机中植入 RFID 追踪芯片的想法。

国家教育信息系统（NEIS）的引入是中央政府对地方分散的微观力量进行调节和组合的一个典型案例。政府以系统化管理的"效率"为借口，对公民，特别是对韩国的八百万学生进行控制。NEIS 在政府的中央电脑中管理所有学生的私人记录。这个全国性的数据库系统将一万多所学校和教育机构的信息连接在一个由教育部管理的中央服务器上。以前在各个学校或地区管理的学生记录（学业、健康、活动和家庭记录）已被整合到教育部的中央数据库中，该数据库将再次整合全国身份证号码数据库和其他个人和私人信息数据库(这意味着地方的微观权力和中央政府的宏观权力之间的整合和衔接进入了新阶段)。数据的相互联系和整合,是为了将权力监管控制的触角延伸到地方学校和机构。

(六)权力流动性的替代方案——反监督

为了加强官僚机构的社会控制能力,韩国的文官政府试图将权力转移到数字数据库的自由浮动控制中。随着数字技术和官僚控制的结合,公民的隐私权被蒸发了,他们的损失比在学科社会中更难察觉。此外,不发达的政治体系、被商业利益分门别类的弱势客户、社会对隐私缺乏兴趣,以及手机用户中的自我监控文化,这些因素的汇合使流动性控制力量的普遍使用变得正常。

为了抵制这种无形和隐蔽的权力,公民的隐私权应该通过反监视或所谓的"同步监视"(panopticon)等反转的监视策略来保护,使公众不仅能够监视权力的监视眼睛,而且能够抵制权力的监视网络。在其最初的概念中,同步监视是一种从万能的高塔上监督囚犯的纪律模式,而反监视或"synopticon"则指定了一种反转,即多数人(公民)监视少数人(权力者)。换句话说,如果说全景主义是一种通过重新配置地点进行监控的权力策略,那么反全景主义则是一种通过反转权力地点进行反抗的反抗策略。在控制社会中,地方已被转化为"流动"。通信网络在权力的产生和强化中发挥的作用越大,公民就越能重新拥有主导的流动性系统。很可能加强权力的条件也能赋予公民权力。即使在看似严格的控制下,政治张力也存在于权力的编纂和人类代理人的干预对其的重新安排之间。数字网络作为一个竞争的场所,"同时是对当代全球权力的描述,也是反对这种权力的反叛的必要形式"。

在韩国,在进入文官统治的稳定阶段后,公民的政治行动已经从街头设置路障转变为在电子论坛上抵抗社会的主导话语。网民中这种抵制权威控制系统的数字表达的激增,可以起到抵制当代权力控制中的流动技术的作用。正是在这种行动中,未来的希望才得以存在。

第三节　日本教育惩戒政策

一、日本的体罚制度

日本是亚洲国家中教育惩戒制度较为完善，且极具代表性的国家之一。日本在教育惩戒前期并未出台关于教师教育惩戒权的法律，对失范行为的学生惩戒主要以体罚为主。"二战"前，日本中小学教师以体罚作为主要手段惩戒学生的现象普遍存在，导致了许多负面影响和社会问题，也因此遭到了家长的强烈谴责。家长认为体罚不仅会降低学生对学校和教师的信任，还会使学生的自尊心受到伤害，更易产生反抗性、攻击性的心理，无法达成教育目的，同时还会成为校园欺凌和学校暴力的诱因。经过多方讨论，1947 年日本政府颁布了新的《学校教育法》。该法案规定："根据教育需要，校长和教师可根据文部科学省的相关规定，对学生进行惩戒，但不允许体罚。"自此，日本正式从法律上确定了教师的惩戒权，为教师实施教育惩戒提供了法律依据，并禁止了体罚行为。[1]

日本教育法明确禁止体罚，明确体罚是一种侵犯学生人身健康等合法权益的违法行为。[2] 日本文部科学也对教师体罚的具体行为做了详细的列举和阐释，主要有以下 6 项行为：（1）不让学生如厕，或超过用餐时间后仍留学生在教室中，是体罚行为；（2）不让迟到的学生进入教室，即使是短时间，在义务教育阶段也是不允许的；（3）不可在上课中因学生偷懒或闹事而把学生赶出教室；在教室内罚站学生基于惩戒权是可以的，只要时间和方式上不超过常识；（4）为了对偷窃或破坏他人物品的学生给予警告，

---

[1]　胡雅婷，马早明．全球视野下教育惩戒权立法的经验与启示——以英、美、日三国为例[J]．中国德育，2020，（01）：13-18.

[2]　宋雁慧，张丹．日本教育惩戒的立法与实践[J]．教育家，2018，（44）：26-27.

在不达到体罚范围内，放学后可以将学生留校，但必须通知家长；（5）发生偷窃事件，放学后可以留下当事人和证人调查，但不得强迫学生写下自白书和供词；（6）因迟到或懒惰等原因，增加学生扫除值日的次数是可以的，但不得差别对待或过分逼迫。

日本"禁止一切的体罚"若无法律保障，则是不合法、无依据的。关于明令禁止体罚，日本出台了很多不断完善的相关法律。在 2019 年 5 月，就修订 2000 年《防止虐待儿童法》和 1947 年《儿童福利法》的法案进行辩论期间，日本首相宣布，根据修订后的立法，在任何情况下都不允许体罚。这一声明延续了 2000 年《防止虐待儿童法》第 14 条第 1 款的禁令：为儿童提供了免受一切形式体罚的保护。尽管《民法典》第 822 条仍然承认拥有父母权威的人有权"管教孩子"，但自 2019 年 7 月以来，这项管教权以及与家庭法相关的其他问题一直在接受审查。根据 2019 年补充决议的建议，预计第 822 条将被废除或修改，以使其符合禁止体罚的规定。2019 年补充决议进一步承诺政府将提高公众对体罚有害影响的认识，并为家长提供有关替代管教方法的信息和支持。厚生劳动省此后向各县市发出通知，敦促他们向家长、机构和广大公众广泛传播该指南，并正在计划开展提高公众认识的活动。这些行动是受欢迎的，因为政府在颁布禁令后采取措施正确实施禁令至关重要。政府应继续传播有关禁令的信息，并进一步加强对大规模提高认识活动的支持。有了政府的这一明确声明，日本成为全球第 59 个和亚太地区第三个国家禁止对儿童进行一切体罚的国家。2019 年 6 月通过的 2000 年《防止虐待儿童法》和 1947 年《儿童福利法》的修订法（于 2020 年 4 月 1 日生效）已将 2000 年《防止虐待儿童法》第 14(1) 条修改为：对儿童行使管教权的人，不得体罚儿童，或者采取其他超出本条规定的照顾和教育儿童必要范围的行为来管教儿童，并应适当对孩子行使父母权力。此外日本还修订了 1947 年《儿童福利法》，禁止儿童指导中心负责人、儿童福利机构负责人和养父母进行体罚。但是，当时民众对禁令的范围存在一些担忧。根据于 2019 年 6 月通过的补充决议，厚生劳动省将制定有关禁令范围的指南。该指南由促进育儿无体罚委员会于 2020 年 2 月 20 日发布。随着

2020 年 2 月 20 日《无体罚育儿指南》的发布，日本明确禁止对儿童进行一切体罚。指南提及了联合国儿童权利公约，将体罚定义为造成某种程度的痛苦或不适的惩罚，无论多么轻微，并指出其他侮辱性和有辱人格的惩罚也侵犯了儿童的权利。他们还指出："体罚是一种不可接受的行为。无论父母的权威如何，任何人都不应体罚儿童。"

即使"禁止一切体罚"在日本被明确的法律规定，但从日本教育和司法实践来看，是否属于体罚不仅要从教师的行为是否对受罚学生的身体造成肉体痛苦和伤害来判断，还需要考虑到教师的动机以及学生的年龄、健康状况、场所、时间、环境以及社会常识等各种因素。① 这里以一个典型的法庭案件为例阐明该评判依据。案件：东京高等法院女教师的体罚案；时间：1981 年 4 月 1 日；案件概要：在水户市一初中，老师在对学生进行体质测试，一个 15 岁的初中生跟同学打闹。于是女教师敲了他一下。在场的其他学生的证词显示：女教师就是用手指戳了他一下，大多数人都没有注意到，也没有到引起周围的人注意的程度。那个学生自己当时也并没有特别表示反抗或反感，只是老实地接受了老师的批评。当时，对学生的身体未留下伤害和后遗症。但 8 天后，这名学生得风疹突然死亡，家长便以体罚导致该生病逝为由状告老师；女老师并没有生这个学生的气，也没有被该生激怒，一开始只是口头上骂了他一顿。然后她张开的手在他的额头上轻轻地敲了一下，并没有家长说得那么严重。一般来说，在惩戒措施上，口头训斥学生是最好的方式。不过，有时轻轻"拍拍"学生的肩膀或背，是一种师生关系的体现，在教育上也是有益且有效的。它使学生更加注意自己的行为，鼓励他们养成良好的举止。在采取惩戒措施时，必须考虑到年龄、性别、犯罪的严重性、身心的成熟程度。必须根据手头的事实判断每个案件。因此，刑法上的暴行罪不成立，女教师的行为不属于体罚，无罪。从该案件判决结果可知，为了避免教育惩戒的争议问题，应充分了解

---

① 宋雁慧，张丹. 日本教育惩戒的立法与实践[J]. 教育家，2018，（44）：26-27.

法律对体罚行为的界定和分类。

二、日本教育惩戒政策的实施内容

(一)立法层面：有法必依，严格遵守法定细则

在日本，《学校教育法》及《学校教育法实施细则》(以下简称《实施细则》)等法律法规对教育惩戒的具体手段和形式进行了规定。首先，惩戒的前提条件是"在教育上有必要"。教育上的必要除了包括对学生学业和教育上的督促外，还应包括维持学校纪律和秩序管理的需要。其次，校长和教职员工对学生实施惩戒时应考虑到学生的身心发展状况等，教育惩戒需要平衡惩戒的教育效果与对当事人权利的侵害，应充分考虑到当事学生的性格、行为、身心发育情况以及不良行为的程度等因素。惩戒的教育效果必须是正面的，而非让学生因恐惧肉体伤害而停止不良行为。再次，《实施细则》明确规定了惩戒权的行使人，即涉及退学、停学及训告的处分由校长行使。当然在教育实践过程中，训告等不涉及改变学生身份的处罚，通常由直接进行教学实践的教职员工行使，但不得转交给学生代表和其他非教职员工。另外，对于停学处分是否适用于公立中小学的学生，是有争议的。虽然《实施细则》明确规定了"不得对学龄儿童和学生加以停学"，但日本《学校教育法》第 26 条也规定：儿童品性不良或妨碍其他儿童教育时，监护人可以命令其停止上学。这种停止上学的措施虽然不被认为是一种惩戒处分，但已经构成了实质上的停学。依照上位法优于下位法的原则，公立中小学的学生也可以适用停学处分，但必须严格遵守法定的程序。除法律规定的教育惩戒形式外，在日本还有一种被认为是"事实上的惩戒"，包括教师在日常教育活动中实施的训斥、留校学习、制定作业等个别的制裁性措施。日本认为事实上的惩戒，如放学后将学生留在教室里，如果不造成学生肉体上的痛苦，而且不超过社会常识认可的合理限度范围的话，就不构成违法行为，可以作为教师正当行使的惩戒手段。

（二）体系层面："三位一体"协调惩戒实施

1947 年的《教育基本法》与 1949 年的《社会教育法》两部法律在法律层面确立了日本学校教育、社会教育和家庭教育"三位一体"的教育体系，三者的协调配合在一定程度上使教育惩戒发挥了"1+1+1>3"的整体效果。①家长是学生的法定监护人，为保证学校教育顺利开展，学校需赋予家长教育惩戒的知情权。家长普遍信任教师对学生实施惩戒的方式，教师同样会礼貌地与学生家长就相关惩戒情况进行沟通。首先，学校会将学生所犯错误的内容、性质、程度及进行惩戒处分的裁量，以书面报告形式呈现给家长，让家长了解孩子需接受惩戒的原因及需接受的惩戒方式，征求他们的意见，获得家长的支持后再实施惩戒。其次，邀请家长参与学校教育惩戒的过程，加强学校与家长的良性沟通，帮助家长学习教育惩戒的制度，破解因不理解或误会而产生的信任危机，放心将教育惩戒权交给教师行使，减少家长为维护学生而出现的"校闹"现象。② "三位一体"的教育惩戒体系使得家庭、学校、社会三方联动，共同推进了教育惩戒政策的落实。

（三）制度层面：为少年定制，辅助教育惩戒

日本针对青少年违法犯罪行为制定配套《少年法》（2014 年最新修正）、《少年审判规则》（2015 年最新修正）等较为完整的刑事法律和司法体系③。在这一刑法体系下，年龄不影响犯罪行为的成立与否，家庭裁判所可以利用少年司法体系对未成年人予以追诉和处理，构成严重罪行的学生将可能被送往少年院进行一定期限的收容改造。少年司法体系的确立主要针对校

---

① 刘兰兰. 日本家庭教育立法及其对我国的启示[J]. 教育评论，2015，（1）：155-157.

② 胡雅婷，马早明. 全球视野下教育惩戒权立法的经验与启示——以英、美、日三国为例[J]. 中国德育，2020，（01）：17.

③ 任海涛，闻志强. 日本中小学校园欺凌治理经验镜鉴[J]. 复旦教育论坛，2016，14（6）：106-112.

园管理的难题——校园暴力。对于轻微的打闹、欺辱等未造成严重后果的行为，教师一般采用课后留在教室、教室内罚站等较轻的惩戒方式督促犯错学生自省悔改。若是遇到严重的暴力行为，教师出于正当防卫或者制止暴力的目的，可以对正在施暴的学生使用合理的暴力，即使对学生造成身体侵害或肉体痛苦也不用承担刑事责任或民事责任。而且，学生的严重暴力行为将构成刑事犯罪，这对学生的约束和威慑作用更为明显。可以说，作为后置法、保障法的少年刑法体系对中小学生违法违纪行为具有重要的威慑作用。

在中小学各种教育教学活动中，最令教师头疼的主要是学生可能具有自闭、抑郁、厌学等心理疾病或者不良倾向。这些心理问题严重影响了学生的学习和在校生活，但囿于心理疾病情况复杂，往往难以依靠学校或者教师自行解决。为了解决各地学校师生的困惑和烦恼，文部科学省1995年正式建立"学校顾问"制度。该制度指导地方教育行政部门组建一支心理专家顾问组，顾问每周两次到管辖范围内的中小学进行心理教育指导，并帮助解决学生的心理问题。此外，该制度还鼓励官民机构结合，设立"适应性指导教室"等机构，广泛地参与学校教育惩戒，以不断提升学校教育质量和促进学生培养健康向上的心态。①

第四节　新加坡、韩国、日本教育惩戒政策对我国的启示

我国属于亚洲国家，与新加坡、韩国、日本都有着很深的渊源。此节根据三个国家教育惩戒的发展背景和实施内容，结合我国的教育环境以及文化差异，为我国落实教育惩戒政策提出几点思考建议。

---

① 马德益．日本基础教育校长制改革刍议［J］．教育发展研究，2006，（3）：62-65.

一、新加坡教育惩戒政策对我国的启示

(一)法律层面：制定惩戒法规

鉴于我国已有禁止体罚和变相体罚学生这一规定，因此在制定惩戒法前就要在有关体罚法律法规的基础上充分调研，广泛征求学生、家长、教师和社会各界人士的意见；制定过程中还要利用媒体组织全社会进行讨论，明确什么是惩戒，惩戒的标准是什么，如何惩戒，惩戒要注意的问题等。目前，我国教育部门还需根据现行法律、法规不断修改和完善《未成年人保护法》《教师法》《义务教育法》，使教育惩戒在法律上有理有据，明确教师实施教育惩戒的内容、形式、标准及过程，以确保惩戒教育有良好的法律基础，使教师明确自己在教育惩戒中的主体职责，合理使用惩戒权。[①] 惩戒法制定后，学校应要组织全体教职员工认真学习新制定的惩戒法，明确教师个人无权惩戒学生，只能由学校校长、副校长或德育主任实行。教育惩戒法需要全校师生在学校生活共同遵循。一方面，有法可依，教师依法合理正确行使教师惩戒权，可以避免发生不必要的冲突和误解，学生在受惩戒时也可根据法律适当维护自身合法权益。另一方面，我们要严格依法办事，必须彻底改变过去教师随意惩戒学生却不受法律约束的情况，也要避免学生发生违纪行为可"巧妙"避免受罚的乱纪现象。

(二)程序层面：具化落实细则

惩戒法规要切实可行，必须对惩戒内容进行细化，要尽可能具体，让惩戒者有章可循。惩戒法规必须包括惩戒原则、惩戒适用对象、惩戒范围、惩戒程序和方法、惩戒回避制度以及相应的纠纷解决机制等。为具有可操作性，要明确规定对哪些违纪行为实施惩戒。惩戒前，应将该生违纪

[①] 胡雅婷，马早明. 香港中小学惩戒教育的理念、模式与经验[J]. 中小学德育. 2017，(2)：67-69.

行为、惩戒措施等告知家长。惩戒时，要具体规定是否使用器械惩戒，使用什么器械惩戒，惩戒时要注意什么等。惩戒后，要及时对学生进行心理治疗和开导，应考虑惩戒后该生若二次违纪怎么办等等。这样才能让学校依法依规进行惩戒。

2019年11月下旬我国教育部正式颁布《中小学教师实施教育惩戒规则（征求意见稿）》（以下简称《规则》），随后广东、河北等省率先领跑，着手制定地方性制度。①《规则》中根据学生违规违纪情节的严重程度，将教育惩戒分为一般惩戒、较重惩戒和严重惩戒三种级别，相应的惩戒措施包括点名批评、教室内罚站、通知家长共同教育、暂停课外集体活动、记过、留校察看等。这是我国教育史上关于教育惩戒的一大进步。我国需进一步完善有关教育惩戒的法律法规，明确学校实施教育惩戒权的法律地位，为教育惩戒提供明确具体的法律条款支持。同时，教育惩戒规则应与未成年人保护法、教师法、教育法等位阶较高的法律中关于"教育惩戒"的相关条款保持一致，明确上位法，才能更加有效地制定地方性法规。② 同时，我国应进一步明确教师教育惩戒权实施的相关操作细则，制定相关的操作手册，使学校、家庭、公众都明晰教师实施惩戒的权力边界，以法律作保障、细则作依托，才能为合理安全的惩戒措施实施提供保障。

（三）方式层面：促进家校合作

在我国，教育惩戒始终是一个焦点与难点问题，究其原因，长期以来的教育环境中家校沟通缺乏，有些学生家长从小孩开始上学到毕业离校都没去过学校，对小孩放任自流的态度导致与学校接触甚少。在教育惩戒落实上，一些家长有不少反对意见，担心自己的孩子受到实施不当的教育惩戒而产生身心上的伤害，造成不可磨灭的心理阴影。一些民众担心有些教

---

① 李瑞芳，王汉蒙．关于教育惩戒权的立法思考[J]．法制博览，2019，（34）：193-194.

② 缪国富．新加坡学校惩戒教育的现状及启示[J]．教育视界，2019，（1）：77-79.

师会借教育惩戒之名泄私愤，使学生受到不公平、不公正的待遇。在家长担忧的同时，一些教师也担心法律规则不明晰，家长不配合，实施惩戒过程中易造成与家长的矛盾冲突，甚至会危及自身的职业稳定与人身安全等诸多问题。

而在新加坡，教育惩戒却获得了社会、家庭的认可和支持。20 世纪末新加坡建立了学校与家长的教育互动体系，形成了家校联动机制，每所学校都要开设家庭生活教育课程。学校每年至少有 70 个小时与家长进行沟通，帮助家长更好地了解学校，了解学生在校的表现情况，使家长与学校紧密联系，促进沟通，确保教育的实效性。① 学校在开学初的细则手册中表明：学生必须每天穿规定的校服上学，不可擅自修改校服；学生不可留胡子、化妆、纹身；学生不可带酒、香烟或有不当内容的书籍到学校等等。以此可使家长与学校的观念达成一致，减少家校矛盾，共同营造和谐稳定的教育环境。因此，为取得良好的教育惩戒效果，我国学校在落实教育惩戒政策时必须联合家庭力量，共同对学生进行有效管理。

二、韩国教育惩戒政策对我国的启示

教育惩戒的目的一般都是为了学生更好的发展，具有良好的初衷，但在具体的实践中却始终存在很多难题。教育惩戒的消极作用毋庸置疑，消除惩戒的消极作用也不容忽视。如何在允许教育惩戒的情况下，将惩戒的消极作用降到最低程度？韩国的做法值得我们借鉴。

（一）程序上：落实惩戒的做法规范化

韩国教育人力资源部在 2010 年公布了一项"学校生活规定预示案"，该预示案对体罚的对象、缘由、器械、部位都做了详细规定，并对实施体罚的程度、时机、方式做了严格限制。如老师绝对不能用手或脚直接对学

---

① 高梦函. 新加坡家庭教育的特点及启示[J]. 广西青年干部学院学报，2019，29(4)：68-72.

生进行体罚；实施体罚的场所要避开其他学生，必须在有校监和生活指导教师在场的情况下进行；实施体罚之前要向学生讲清缘由，并对学生的身体、精神状态例行检查；受罚学生有权提出以其他方式（如校内义务劳动）代替体罚等等。这些规范化的做法，一方面可以减少乃至杜绝教师任意体罚学生的现象发生，另一方面可以减轻对受罚学生的身体和心理的伤害，彰显体罚不在"惩"而在于"戒"的本义。① 预示案的规定从学生的自尊、权利、长远发展等方面出发，规范化的落实措施充分维护了学生的权益。

（二）方式上：划分不当的行为明确化

如何在不使用体罚的情况下纠正学生的不当行为？在韩国学校，学生的不良行为和惩戒方法都得到了明确的划分。帕克（2001）将学生的不良行为分为 7 类：1. 课堂干扰；2. 侵略性的行为；3. 对教师的挑战权威；4. 懒惰；5. 违反学校规则；6. 违反社区规则；7. 不道德的行为以及纪律问题。虽然这些违规行为看似不值一提，也不会对学校造成影响，但这些行为的出现确实扰乱了课堂秩序，有可能导致教学效果的下降。所以必须对学生的这些失范行为进行适当的教育惩戒。（Kim，2004）对学生的不同不良行为划分了不同的惩戒方法：对于个别行为不端、故意无知、影响学习者交流、训斥、放学后留校、剥夺权利或优势、处罚、学校体罚的学生，应告知家长；Sohn（2003）确定了八种方式来处理有不端行为的学生：①写道歉信；②学生生活评估卡；③在校服务；④特殊教育计划；⑤开除学籍；⑥仅限于课堂参与；⑦仅限休息时间；⑧放学后不送回家。

对我国中小学教育的现状分析可知，适度的教育惩戒有存在的必要性。如今的学生接触电子产品过多，而受到的诱惑越多就越不好管教，这是目前中小学老师常发出的感慨。面对"不听话"的学生，教师容易走两个极端：有的教师对这部分学生放任不管，得过且过；有的教师游走在违法的边沿，随心所欲对学生实施体罚，往往这部分老师在实施体罚过程中存

---

① 晏扬. 给教育惩戒立个"规矩"[J]. 基础教育论坛，2012，（21）：25.

在方式不当或程度过重等问题，有些教师甚至将体罚当作发泄私愤的手段。前一个极端会导致教师的失职和学生的桀骜不驯；后一个极端则侵犯了学生的健康权、身体权、人身自由权等权利，且容易让学生产生逆反心理，既不利于学生的心理健康成长，也不利于对学生的正向教育。所以，我们该从中小学教育的实际情况出发，无论是在实施教育惩戒的程序还是方式上，都应该做出严格要求和明确规范，以期在教育惩戒落实上取得明显成效。

三、日本教育惩戒政策对我国的启示

日本有关教育惩戒政策和制度的完善，是通过立法、司法裁判及行政指导法治体系的逐级细化，以及严格落实实现的。由于日本《学校教育法》第11条的规定是原则性的，司法和行政部门在推行的过程中，具体和细化了法律上关于教育惩戒的规则，深化了对教育惩戒的认识，推进了相关实践的良性发展。

（一）完善相关立法，夯实法治基础

在我国现有的立法中，有关教育惩戒的规定大多是由低位阶的法律文件提供，缺乏对权力的授权，法律适用的效力不确定。而纵观日本法律体系，关于教育惩戒权的立法、司法和监督体系都有完整的法律基础。如1900年的日本《小学校令》第47条首次明确规定，因教育上的必要可实施惩戒。这一规定被《学校教育法》第11条继承，这为学校和教师因教育上的需要实施惩戒提供了法律上的依据。所以我国应从法治要求出发，尽快通过国家立法对教育惩戒作出规定。

（二）加强行政指导，细化落实措施

为避免教育惩戒和禁止体罚法律在适用范围上的混乱，日本文部科学省下达了一系列通知。这些通知具有鲜明的特色。第一，与相关行政部门通力合作。这种由不同部门从各自的职权角度发挥作用的方式，看似"跨

界"的介入与配合，是日本对教育惩戒与体罚进行行政指导的一大特色。第二，着重强调惩戒和体罚的概念、内容及手段的区分，通过列举明示了教育惩戒与体罚的具体方式，明确、细化和补充了《学校教育法》相关规定，对指导学校和教师合法合理地实施惩戒具有积极的参考指引作用。第三，对法院判例的借鉴和参考。日本文部科学省发布的《平成 19 年通知》及《平成 25 年通知》，考虑了司法审判的动向与趋势，注意对法院判决的借鉴，将"学校教育法第 11 条规定的学生惩戒、体罚等相关参考事例"和"学校教育法第 11 条规定的学生惩戒、体罚等相关的思考见解"分别作为附件下达。

我国法律的规定通常比较原则和抽象，行政机关应制定规范性文件使之具体化，以便于操作和执行，是十分必要的。目前，一些已颁布的规定在对教育惩戒的内容、方式、限度和惩戒、体罚与变相体罚之间的区分等问题的具体解释上尚有完善充实的空间。在完善我国教育惩戒制度和禁止体罚制度的过程中，相关行政部门应发挥指导作用，在形式、内容、部门合作等方面进一步有所突破和创新。同时，在制度上应寻求家庭和社区的多方理解与协助，建立教师、学校、地方教育行政部门间的多主体相互协助通报系统，全面杜绝对学生的体罚行为，使《中小学教育惩戒规则（试行）》能得到有效落实。

（三）修正校规纪律，增强针对性

在学生不服管教的情况下，教师对学生采用肢体接触的方式进行管教是否被允许？如果允许，肢体接触保持在怎样的一个限度才是合法合理的？这是实践中绕不开的困惑和难题，同时一定程度地导致教育惩戒难以实施，或在实践中出现惩戒过度的现象。由于实际情况的错综复杂，实践中人们对肢体接触形式的惩戒行为往往有着不同的理解和判断。为消除争议、统一认识，回应社会对教育惩戒的法治要求，需要结合法律界定和具体案例参考以明确惩戒的适用标准，对该部分的校规校纪作出明确的修正。对此，日本的一些裁定思路细致并有借鉴意义。制度的出发点是解决社会发展对法治提出的迫切需求。一些惩戒适用上的具体问题，立法部门难以对其进行预设并建立一套齐全的规定。因此，法律须通过一个个鲜活的指导性案例，对与惩戒和体罚相关的法律原则作出解释，再将其可在校规校纪中明确的部分明晰化、具体化为学生在校行为规范，不仅为实践中的教师惩戒行为进行指导和规范，而且可以对学生进行约束和管理，从而进一步促进我国的教育惩戒政策在学校的具体落实。

第八章　现代教育惩戒实践的国际新动向

进入现代社会，教育惩戒这项活动出现了系统性、多学科性、开放性等特点，涉及教育学、社会学、犯罪学、心理学和批判性安全等多学科领域知识，具有学科交叉重叠的特点，对重塑学校的新发展意义重大。从国际范畴来看，教育与刑事、司法系统之间的联系日益紧密，家庭与学校不断紧密耦合，新自由主义的学校政策向军事化发展，学校关于安全和纪律新制度的出现。

在这一章，笔者希望能从世界范围内，站在历史的角度全面了解现代社会教育惩戒最新发展，为此，将过去数十年各国实施的教育惩戒政策和实践与结果联系起来十分有必要，如通过对一些国家学校行为管理对学校实践的长期影响的研究可以发现被停学的学生在多年后缺乏社区投票和做志愿者的意愿，其中一项著名的关于对年轻人过度监视的跨国研究分析指出，年轻一代人在成长过程中极度缺乏信任，"对基础广泛的'共同利益'持愤世嫉俗的看法"，从而破坏了年轻人的集体参与信念。学校纪律和惩戒模式在现代社会发生了多种变化，其中一个原因是"恐惧文化"，其基础是与犯罪有关的的焦虑，以及被媒体放大的焦虑，而学校也经常发现自己的任务是制定保护学生的安全对策。鉴于教育惩戒活动的不断复杂与动态发展，本章将尝试从纵向性和结构性的视角出发，梳理进入现代社会后这项教育活动出现的新动向，尽可能地还原其真实样貌。

第一节 学校教育惩戒与刑事司法实践的融合

一、零容忍学校政策

20 世纪末开始，零容忍政策是一种几乎流行于整个西方国家的教育惩戒方法，通常对违反特定学校规则的行为预先确定惩罚后果——最常见的如开除和停学等处罚手段，而不考虑环境或情境如何，其明显意图是阻止和预防不良行为。这项政策始于美国，可以追溯到 1994 年的联邦无枪学校法案①，该法案试图限制学校中的武器，后来扩大到与武器无关的非暴力行为，之后这项方法在美国全国范围内的 50 个州的大多数学校得到应用，并传播到包括英国和加拿大在内的一些其他国家。尽管零容忍因其不合理的后果而受到广泛批评，例如其对贫困学生和少数民族学生将产生更大负面影响，但最初的支持者主张对学生更公平、更一致的暴力预防。② 大量证据表明，这种手段对学生、学校和社区造成了广泛的伤害，但零容忍政策仍然作为不可撼动的一项教育惩戒手段迅速席卷全球。

(一)零容忍理念的兴起

在 20 世纪 80 年代和 90 年代的美国，对学校和教学场所出现暴力现象的担忧导致了所谓的零容忍教育惩戒政策的实施。这个词的第一次使用是在 1983 年弗吉尼亚州诺福克船厂的一艘潜艇上，40 名水手因吸毒而被调

---

① Ofer, U. Criminalizing the classroom: The rise of aggressive policing and zero tolerance discipline in New York City Public Schools[M]. New York Law School Law Review, 2011: 56, 1373.

② Henault, C. Zero tolerance in schools. [J]. *Journal of Law and Education*, 2001: 30, 547.

离。① 尽管该政策从一开始就有争议，但它也找到了有影响力的支持者。在这次事件发生后不久，第一夫人南希·里根与海军部长共同强调新的"无毒品"政策，使用一种全新的"不讲道理"的缉毒方法。正是第一夫人的影响推动了这一理念的发展，1986年，里根政府为美国学校提出了第一个零容忍政策。当时一名美国律师提出一项计划，扣押被发现含有任何数量毒品的船只。这一观念的普及促使美国总检察长采取了全面零容忍的方法，要求海关官员在以联邦最高法院起诉这些罪犯之前，扣押所有被发现携带任何非法药物越过美国边境的个人车辆和护照。零容忍的本质意味着任何违反禁毒法的行为都将受到惩罚，而不管当前或过去的情况如何，也不允许任何形式的司法披露。

当时，在一个普遍认为学校被暴力淹没的时代，零容忍一词引起了共鸣。尽管后来有数据反驳了这一观点——学校暴力事件的数量在30年内保持相对稳定。但在20世纪80年代末和90年代初，各学区开始重新规划他们的教育惩戒政策，对越来越多的违规行为进行停课和开除的处理，包括打架、戴帽子，甚至不完成作业。克林顿政府和国会很快就加入了这一行列，于1994年通过了《无枪支学校法》，规定在校园内携带枪支的学生要被开除一个年度。

零容忍理念和政策的核心是假定强有力的执法可以对其他潜在的破坏性学生产生威慑作用。零容忍的理念主要依靠学校的排斥，即停课和开除，以及增加安保和警力，此基于"破窗理论"。该理论认为，社区必须以相对强大的力量对社会秩序的轻微破坏作出反应，以便"发出信息"，表明某些行为是不能容忍的。零容忍的倡导者认为，如果不以这种方式进行干预，就会使破坏和暴力的循环在学校和社区中不断进行。

(二)零容忍的影响

由于零容忍的理念是将所有的事件都视为值得严厉干预的事件，因

---

① Skiba, R. J. The failure of zero tolerance. [J] *Reclaiming Children and Youth*, 2014: 22(4), 27-33.

此，在美国对成千上万的事件的处理中，许多惩罚的事件中学生行为似乎与犯罪行为不相称。新闻报道记录了层出不穷的案例，在这些案例中，美国学校的学生因为在午餐盒中带刀切鸡肉，用画在纸上的枪指着同学，把塑料斧头带到学校作为万圣节服装的一部分，或者用手机给驻扎在伊拉克的母亲打电话而被停学或开除。其中一些案例已经导致了社区的愤怒，甚至是诉讼。如弗吉尼亚州费尔法克斯县的零容忍政策成为激烈争论的中心，因为一名成功的学生运动员因持有合法但受管制的物品而被学校开除后自杀了。在俄亥俄州的托莱多，一个 14 岁的女孩因违反着装规定而被捕。在佛罗里达州的棕榈滩，一名 14 岁的残疾学生在偷窃同学的 2 美元时被抓，虽然这是他第一次被捕，但他在成人监狱中被关押了 6 周。检察官对他提出了成人重罪指控，但在新闻媒体介入后，在该男孩的听证会现场撤销了这些指控。此外，2009 年在伊利诺伊州的芝加哥，一所特许学校的二十几名 11 至 15 岁的学生因食物争斗而被捕并被拘留了一夜。

这些事件引发了媒体和社会的广泛关注，但就排斥性政策改变学校的结果而言，很可能只是冰山一角。自 1973 年以来，校外停课惩罚手段的使用大约增加了一倍，而对美国黑人学生的使用几乎增加了两倍。在美国伊利诺伊州的芝加哥，自从 1995 年实施零容忍政策后，三年后开除的人数从81 人上升到 1000 人。① 有证据表明，从学校转到少年司法的学生数量也在增加。在宾夕法尼亚州，2010 年的一份报告显示，在七年的时间里，移交给少年司法的学生数量增加了两倍。在佛罗里达州，2007—2008 年有超过 21000 名学生被逮捕并被移交给该州的少年司法局。这些被学校逮捕或转介的学生中，有很大一部分是因轻罪或扰乱秩序而被逮捕或转介的，司法部门担心青少年司法系统和法院会因为那些本可以在课堂上或学校里处理的行为而变得拥挤。

① Rae, K. Stand downs, suspensions and exclusions: Potential impacts of the 1998 Education Amendment (2) Act. [J]. *New Zealand Annual Review of Education*, 1999: (8), 27-44.

(三)零容忍的发展

美国学校实施零容忍政策的背后，更多的是一种意识形态的驱动，旨在阻止潜在的违规行为，并对已知的违规者进行惩罚。对公立学校毒品零容忍式的处理方式在里根 1986 年的《无毒品学校法案》中被制度化。在此之后，1989 年，肯塔基州路易斯维尔和加利福尼亚州奥兰治县颁布了政策，保证对任何帮派或与毒品有关的犯罪进行驱逐。① 纽约州扬克斯也颁布了对"违规"学生的零容忍政策。美国政府 1994 年通过了《联邦无枪支学校法案》，该法案要求小学或中学的任何学生，如果在学校持有枪支，将被自动开除一年，并移交给当地执法部门。尽管该法明确规定，每个区的监管机构都有根据需要修改个别驱逐决定的自由，但大多数采取零容忍的学校并没有利用这一权利。《无枪支学校法案》是美国联邦政府首次尝试影响地方教育惩戒政策。自从联邦政府代表各州和学区强制要求学校和学区采取纪律行动，就从多方面影响了学校政策。《无枪支学校法案》作为 1994 年《改善美国学校法案》的一部分，为遵守教育惩戒这一联邦政策和提高学校的安全性提供了经济支持，学校大部分财政支出用于加强学校安全措施，例如雇佣学校资源官员（SROs）②、安装金属探测器、引入毒品嗅探犬，以及对学生使用电子监控。

《无枪支学校法案》是促使州级零容忍法律数量急剧增加的直接原因。美国最初的 1994 年联邦无枪学校法案只涉及枪支，然而，大多数州、地区的学校已经扩大了其零容忍政策的范围，纳入了各种额外对违反学校规则的自动、自由裁量的预先确定的惩罚条款。虽然具体的学校政策各不相同，但对酒精、毒品、烟草、欺凌、打架、骂人、破坏行为和穿某些衣服

---

① Mallett, C. A. The school-to-prison pipeline: A critical review of the punitive paradigm shift. [J]. *Child and Adolescent Social Work Journal*, 2016: 33(1), 15-24.

② McKenna, J. M., Martinez-Prather, K., & Bowman, S. W. The roles of school-based law enforcement officers and how these roles are established a qualitative study [J]. *Criminal Justice Policy Review*, 2016: 27(4), 420-443.

已经自愿采取了零容忍的理念,① 从而成倍增加了美国学生遭受惩罚性待遇的比例, 这种待遇经常剥夺学生的一些教育权利。

驱逐是违反 1994 年《联邦无枪学校法》的纪律后果。开除学生即把他们从学校永久开除, 是学术机构能使用的最极端的惩罚。随着越来越多的学生行为被纳入学校的零容忍政策, 一系列其他惩罚形式的纪律被引入, 包括校外和校内停课。短期和长期的校外停课都是暂时让学生离开学校的方法, 被用来约束学生行为。校内停课是让学生离开教室一段时间, 并在校园内执行纪律, 而校外停课则让学生离开学校, 和开除一样, 这两种停学在本质上是排斥性的, 将学生从更大的学生群体中驱逐出去。其他国家也纷纷效仿, 对学校安全采取零容忍的态度。1990 年代, 英国学校的开除人数迅速增长, 从 1990—1991 学年的 2910 人增加到 1996—1997 学年的12700 人。零容忍政策于 1999 年在英格兰国家正式实行, 最初要求立即驱逐, 作为对性行为不端、毒品交易或学校严重暴力行为的处置方式, 2002年, 携带武器和严重的欺凌行为被归为要求驱逐的行为。在某种程度上, 澳大利亚和加拿大也采取了这种惩罚性措施。② 澳大利亚的全国学校毒品教育战略提倡学校对毒品采取零容忍的态度。加拿大也在省一级采取了一系列零容忍政策。

(四)零容忍的有效性

零容忍政策的目标是确保严厉惩罚所有违反特定规则的人, 同时防止适用自由裁量权, 通过开除学籍从而对潜在罪犯的进行威慑并使当前罪犯的能力丧失。理性会使个人选择不打破规则, 作为零容忍的威慑目的。然而, 这种类型的制裁假定了理论和逻辑原则, 这些原则仍然没有被实证研究所证实。首先, 研究表明, 年轻人不像成年人那样有能力权衡自己行为

---

① Findlay, N. M. Should there be zero tolerance for zero tolerance school discipline policies? [J]. *Education Law Journal*, 2008: 18(2), 103-143.

② Munro, G., & Midford, R. 'Zero tolerance' and drug education in Australian schools[J]. Drug and Alcohol Review, 2001: 20(1), 105-109.

的后果和代价，因为他们的前额叶皮质——负责冲动控制和未来规划的大脑区域——尚未完全发育，因此，一些学生可能还没有能力对某些行为产生控制。第二，像零容忍这样的政策要有效，违反它后果必须是所有学生都知道的。然而，学校内部没有实施一致的做法来确保学生知道是否违反规则，甚至他们不知道规则的存在。最后，在不允许考虑任何程度的欺骗的情况下，理性甚至可能无关紧要，因为这项政策导致了不管犯罪的学生有没有犯罪意图，都要开除学生。

　　一些研究探索了与零容忍政策相关的惩罚在实践中阻止学校不当行为的程度。研究发现，这些政策充其量没有威慑效果，或者最坏的情况是，实际上加剧了招致惩罚的行为。纵向研究表明，曾经被停学的学生更有可能随后被停学，这表明最初的惩罚增加而不是减少了进一步的不当行为和停学的可能性，没有证据表明政策具有威慑作用。① 一项评估州一级零容忍法律威慑效果的研究发现，学区内的强制驱逐预示着被停学学生的比例会增加，有权威能力实施纪律的学校官员会增多，对学校中不当行为和违法行为的看法会更普遍。在田纳西州，在学校实施零容忍纪律政策的前三年，学校中毒品和暴力犯罪的数量急剧上升，这表明政策在那里的威慑效果相反。在地方一级，案例研究和档案分析表明，零容忍政策并没有阻止错误行为。尽管存在对欺凌行为的零容忍政策，但这种行为仍然普遍存在，20%的中小学生承认欺凌过其他学生。此外，零容忍政策增加了学生未来出现问题行为和接触少年司法系统的可能性。

（五）零容忍的替代方案

　　鉴于上文详述的零容忍对学生、学校和社区的负面影响，必须重新考虑对学生不当行为采取零容忍方法的优缺点。最终理想的政策建议是，只有在绝对必要时，才使用零容忍对策。相反，学校和社区应该促进替代行

---

　　① Heilbrun, A., Cornell, D., & Lovegrove, P. Principal attitudes regarding zero tolerance and racial disparities in school suspensions[J]. *Psychology in the Schools*, 2015: 52(5), 489-499.

为计划，这将需要额外的教师和管理人员培训，学校社区所有成员之间的合作，对学生学习需求的关注，以及将公平和公正应用于纪律中。以这种方式重新分配资源可以让学校免受零容忍政策的负面影响，即削弱了学生的学业成就，并使他们走上了从学校到监狱的道路。学校领导们会见州领导和特许学校官员，试图说服他们"重新思考"他们的纪律政策。美国奥巴马政府减少了零容忍惩罚的使用，到2015—2016学年，美国100个最大的学区中有23个实施了政策改革，限制停学的使用并引入非惩罚性的纪律形式。① 一些地区禁止对某些行为零容忍，一些地区缩短了排除性惩罚的时间。2014年，加州是第一个禁止对小学生"故意挑衅"的零容忍政策的州，这一举措使被停学的儿童总数比前一年减少了近13%。在修改政策后，芝加哥和纽约市的校外停课现象大幅减少。密歇根州引入了一项两党措施，要求学校管理者在惩戒学生时考虑许多因素，包括他们的年龄、违规的严重程度以及他们的惩戒历史。

从零容忍转向替代零容忍需要使围绕学生需求和学校社区的思维发生重大变化。虽然学校安全和学生问责仍然是重要的优先事项，但在不考虑它们所处的大环境的情况下解决它们是没有解释力的。考虑到零容忍的许多缺点，学校和学校部门完全有动力推动改革，废除零容忍政策，并促进这种转变。最近，在美国改革学校纪律的倡议很对，特别是替代零容忍政策，已经开始被引入。2014年，当时的美国教育部长阿恩·邓肯发布了一封政策信，表明他不支持零容忍政策。2015年，美国联邦政府提出了一项公共教育和政策倡议，敦促州议员和学区放弃对纪律的零容忍态度，美国教育部长小马丁·路德·金花时间宣传"重新思考纪律"运动，召开会议强调改革零容忍的好处。

综合来看，在过去的10到15年里，随着越来越多的学校出现合理的替代方案，可以促进有利于学习的安全的学校氛围，而不需要剥夺大量学

---

① Cohen, R. M. Rethinking school discipline. [J]. *The American Prospect*，2016：11(2).

生的学习机会，也不需要通过增加惩罚来创造更加消极的学校氛围，零容忍政策逐渐走向落幕。以下几种方法和理念迅速普及，被视为是确保学校安全的综合教育惩戒方案的有效组成部分。

第一，全系统的积极行为干预和支持措施。一种预防性惩戒和行为支持模式已经开始出现，这是一种成功解决学校安全和纪律问题的模式。该方法以心理健康和行为规划的初级预防方法为基础。全系统积极行为干预和支持系统(简称 PBIS 或 SWPBS)是一种完善的系统性和数据驱动的方法，用于改善学校学习环境，其重点是改变处理行为的基本态度和政策。① 一些著名的民权组织一直在为 PBIS 寻求联邦支持，一些儿童权益团体指出了基于 PBIS 的成功干预措施。

PBIS 包括三个不同层次的干预。首先，全校性的预防工作，如解决冲突、改善课堂行为管理和家长参与，可以帮助建立一个不太有利于暴力的氛围。在第二个层面，学校评估暴力威胁的严重性，并通过指导愤怒管理检查和教授亲社会技能等干预措施，为可能有暴力和破坏行为风险的学生提供支持。最后，准备好预防暴力的学校有计划和程序地应对发生的破坏性或暴力行为，包括全校的纪律计划，个人行为计划和跨系统的合作，特别是在教育系统和少年司法系统之间。发展有利于学习的安全和有序的学校需要全面、长期的规划，一系列有效的策略，以及教育系统和少年司法系统、家庭、社区、学生本身的合作，全面影响到学校社区的每个成员。其目标是通过鼓励适当的学生行为，同时努力减少惩罚性纪律措施，确保一个安全和有效的学习环境，在这个层面上，PBIS 需要经常监测办公室的纪律转介，并制定全校性的目标来减少这些转介。干预和支持系统的目的是将管理重点从个别学生转向所有学生。

第二，全校性的行为规划和改善课堂管理。大量研究将有效的课堂管理与改善教育成果联系起来。当学生从小学升入初中时，停课率明显提

① Netzel, D., & Eber, L. Shifting from reactive to proactive discipline in an urban school district: A change of focus through PBIS implementation. [J]. *Journal of Positive Behavior Interventions*, 2003: 5, 71-80.

高，这表明当儿童成为青少年并更有可能挑战权威人物时，课堂管理问题变得更加严重，为青少年服务的教师可能需要更专业的培训并对青少年发展更多地了解。不同种族停学率的巨大差异也表现出了这样的问题：如果课程包括文化敏感性的内容，使教师意识到隐性偏见可能会影响他们对学生的管教，那么加强课堂管理技能的培训会更加有用。同样，数据显示，教师可能会受益于对残疾学生工作的更多支持和培训，因为他们越来越多地被普通教育课堂所接受。

全校性的纪律计划和行为支持团队，通过积极的行为干预和支持等项目，建立一致性和沟通，这对有效地应对学校的破坏性行为至关重要。对学校的破坏行为作出有效的反应，处理不当行为和鼓励适当行为的适当策略可以帮助学校防止轻微的不当行为成为课堂或学校的危机。此外，注重加强师生关系的干预措施可以减少排斥性措施的使用，尤其是对非裔美国学生而言。"我的教学伙伴"（MTP）是一个专业发展项目，它让那些在课堂上成功建立积极关系的教师成为其他教师的导师。在一项随机对照试验中，格雷戈里等人发现，MTP减少了教师对所有学生的排斥性纪律的依赖，这种影响对非裔美国学生最为明显。

第三，社会情感学习。社会情感教育可以帮助建立一个非暴力的学校氛围，教导学生用暴力以外的方法来解决人际关系的问题。社会情感学习（SEL）方法通过灌输知识、态度和技能来建立社会情感技能，以识别和管理情绪，培养对他人的同理心，建立积极的关系，作出负责任的决定，并建设性地应对具有挑战性的情况（CASEL 2015）。

第四，早期筛查心理健康问题。及早发现可能有反社会行为风险的学生。早期识别可能有反社会行为或情绪障碍的学生，可以增加为这些学生提供行为支持的机会，从而使未得到满足的社会和行为需求不会升级为暴力。

第五，学校的数据系统。改进关于纪律、办公室转介和执法联系的数据收集，特别是按种族和族裔分类的数据，这可用于评估学校和学区在处理重大和轻微纪律问题方面的进展。对那些受学校纪律影响过大的群体的数据进行分类，是实现学校纪律制度公平的关键。

第六，有效和持续的合作。要减少移交给少年司法系统的案件和学校中的逮捕事件，需要教育系统、少年司法系统和执法部门之间的合作，制定有效的替代策略，如恢复性司法，在减少学生卷入少年司法系统风险的同时，也能促进学校安全。

二、学校到监狱的管道

学校到监狱的管道（STPP）是美国现代学校系统中一个极为重要且有争议的话题。数十年来，来自多个领域的美国研究人员调查了教育惩戒政策与美国日益增长的大规模监禁之间是否存在联系。一些人认为，惩罚性学校政策的增加将儿童和青少年推出了学校，这样做的方式增加了他们与美国青少年和成人司法系统长期接触的可能性。[1] 大量研究还表明，STPP 对有色人种学生的影响更大，他们在学校受到的惩罚比白人学生要多。[2] 为了证明这一现象，2014 年，美国司法部和教育部提出了一项解决 STPP 问题的特别联合倡议。学校监控和惩罚措施的持续增加正在改变美国学校的面貌，高度监控的环境类似于监狱。学校惩罚性政策的增加被认为反映了对暴力和犯罪的种族化道德恐慌，以及向"严厉打击犯罪"转变。校园枪击和枪击威胁的现象进一步形成了学校是不安全环境的印象，需要加强安全和监控。STPP 的研究将严厉惩罚的系统实施与针对校园暴力、犯罪和不当行为的刑事司法方法联系起来。

（一）什么是学校到监狱的管道

STPP 可以被定义为刑事司法控制机制，如执法、惩罚政策和学校的监视机制，增加了青少年进入刑事司法系统的可能性。这个术语经常带来

---

① Hirschfield, P. J. Preparing for prison? The criminalization of school discipline in the USA. [J]. *Theoretical Criminology*, 2008：12, 79-101.

② Gregory, A., Skiba, R., & Noguera, P. The achievement gap and the discipline gap：Two sides of the same coin[J]. Educational Researcher, 2010：39, 59-68.

误导，因为它是一个从学校到监狱路径的概念。许多学者指出，将教育惩戒与少年司法系统联系在一起的关系、政策和制度错综复杂。虽然 STPP 隐喻表示学校惩罚和成人监禁之间的直接联系，但大量学术研究普遍呼吁改革形成这一现象的制度和政策，包括美国联邦移民系统的地方本土主义政策，高风险的教育测试政策以及存在系统性的种族主义政策。

STPP 不仅仅是线性的，涉及相互关联的路径，它更像是一个复杂的障碍过程。STPP 不仅包括与美国青年相关的制度和法律要求，还包括青年，尤其是有色人种青年在校外面临的挑战，这些挑战源于系统性和历史性的种族主义、贫困、破碎的移民体系、同性恋、变性人、性别歧视等等。

(二)惩罚性的做法和政策

尽管有关 STPP 与教育惩戒的研究通常将学生的刑事定罪归因于实施严厉的惩罚措施或政策，但重要的是，这些措施或政策是任意实施的，它们与其他惩罚性教育政策协同工作，这些政策不成比例地惩罚少数族裔学生，并将他们推入刑事司法系统。① 具体而言，STPP 使用暴力特殊教育做法，特别是将少数族裔学生贴上学习障碍的标签，并由此对这些特定学生进行过度惩罚，以及与特殊教育相关的其他种族化惩罚做法，这些做法与学校惩罚的话语和环境相互作用。同样，在 STPP 中也出现实施高风险测试，与严厉的惩罚做法或政策等同起来，导致在这些测试中表现不佳的公立学校学生被开除。最后，在有色人种和经济背景差的学生人数多的学校里，学校经费的缺乏也被认为会形成严厉的惩罚措施或政策。

社会各界开始出现批评惩罚性的政策过于严厉的现象，认为这不会使学校更安全，只会将学生赶出学校，推入刑事司法系统。将学生赶出学校并送进刑事司法系统可能会以多种方式发生，其中主要是通过学校协助，

---

① Payne, A. A., & Welch, K. Modeling the effects of racial threat on punitive and restorative school discipline practices. [J]. *Criminology*, 2010: 48(4), 1019-1062.

由司法部门在学校现场直接逮捕。研究表明，随着公立高中校园中学校资源官员的出现，直接逮捕学生的情况有所增加。学生如做出打架等行为，以前由学校行政人员内部处理，作出的教育惩罚如校内停课，但现在会导致学生被逮捕。此外，因行为不检而在校园被捕的人数有所增加，行为不检是一种主观指控，使用时会导致学生被逮捕，以及通过驱逐、拘留和勒令退学脱离教育。在主观指控的情况下，其执行往往不公平，导致处罚不公。学生认为惩罚不公平或不公正会影响学生遵守学校政策的可能性，在规则执行方面存在差异的惩罚性校规会影响学业投入，并通过间接促使学生脱离学校而将学生赶出学校。

(三)学校到监狱管道的理论阐释

学者们普遍认为，美国学校的学生从学校转到监狱有许多途径，比如少年司法系统联系和转介、被同学排挤以及限制获得教育机会和资源等。这些方式包括 STPP 中没有提到的其他政策和实践系统，如美国联邦移民系统、大规模监禁实践和高风险教育政策等。根据文献综述，对于 STPP 是如何形成的，以及它是如何包含管道隐喻中没有提到的复杂关系的，主要有三个主要理论阐释，分别是文化再生产理论、威慑理论以及青少年犯罪和恐惧理论。需要强调的是，管道的路径可能因学校、社区环境的差异以及学生个人的文化、性别、性取向、种族、感知能力和班级不同而异，路径的预期变化可能导致三个理论交叉重叠的情况，或者适用于经验发现的分析。

1. 文化再生产理论

学校被视为是一个重要的社会化媒介，保持着不同的层次和形式。学生们来到学校后，以不同的文化品位和行为进行社交，被布迪厄称之为区别不同阶级社会群体之间的差异。① 学校期望学生的某些行为借鉴了与富

---

① Kupchik, A. *Homeroom security: School discipline in an age of fear.* [M]. New York: NYU Press, 2010

裕阶层相关的风格和品位，这是一种文化霸权概念，这些概念成为智力等积极特征的指标。"因此，这些相同类别的行为被老师解释为智力和野心的标志，而实际上它们只是不同的行为"，学校会对不符合学校期望行为的弱势学生产生负面影响，并导致学校加剧分层和不平等。学者们认为，文化资本的分布起着在再现社会不平等的作用，学校作为再现文化资本的社会化媒介的角色，被称为"文化再现"。文化再生产理论认为，学校传播和维护再现阶级和权力关系的民族文化信仰。统治阶级的学生"继承的文化资本与工人阶级的孩子有很大不同"，学校对已经拥有统治阶级文化资本的学生寄予期望后再给予奖励，如果学生没有这种文化资本，他们可能会在学校受到惩罚或被排除在外。

相关研究认为，文化再生产理论需要考虑的另一个方面是布迪厄的"惯习"，其概念指的是一个人基于自己和家人的信仰和经历看待自己的方式，这影响了他们的个人行为。信念和价值观的内化可以改变人们对社会结构或制度的看法。学校将迎合主导阶层的文化资本，没有这种文化资本的学生可能会感到被排斥或被推向边缘化的职业或获得不太理想的未来。学者们认为，一个人的习惯可能会影响他们对自己的看法，从而影响他们未来的潜力。惯习和文化再现的结合会对学生产生不同的影响，这取决于种族、阶级、性取向、移民身份、能力和性别，当"学习成绩被视为能力的合法标志"时，学校强化了文化资本的不均衡分布，这一点暗示了美国学校在文化再生产中高风险测试实践的作用。

有关教育惩戒的文献指出了过度的惩罚形式，如零容忍政策是如何破坏学生的教育成就的。当惩罚不成比例地在学生中分配时，这不仅影响了他们的学业进步，而且进一步强化了学校中社会不平等的再现。此外，惩罚后果还体现在父母的角色上，体现在他们根据自己的社会资本为子女辩护的能力上。学校在再现阶级和权力分层方面的社会化功能是显而易见的，因为学生和家长都感到无法挑战学校管理者，因为他们缺乏或仅拥有有限的特权社会资本。

从文化再生产的角度来看，STPP 可以理解为一种现象，这种现象是由学校以欧洲为中心的再生产中所扮演的角色所塑造的。在创造一个群体高于另一个群体的文化价值观的学校环境中，那些不符合上层欧洲中心主义理想、品位和行为的学生在课堂上受到不同的对待，被视为离经叛道，并因他们的差异而受到惩罚。研究人员发现，通过停课或开除的方式将"有问题"的学生从教室和学校带走可以增加学生的脱离接触。① 因此，学校中的文化复制不仅可以通过教育教学来实现，还可以通过惩罚和将某些学生贴上"问题""偏离者""罪犯"或"残疾人"的标签来实现，因为他们不符合学校中对学生的文化霸权行为。

2. 威慑理论

在许多社会学理论例如社会学习、社会控制、一般压力、社会瓦解、人生历程和威慑理论中，学校被概念化为社会化和获得机会的途径，以及可能影响青少年犯罪风险的潜在转折点。一些研究强调了学校内部纪律控制的重要性，认为这是确保安全的学习环境以及使青少年在青春期和成年期走上亲社会行为轨道的关键机制。② 反过来，有人认为学校惩罚行为可以阻止不良行为，是学校内部控制的核心组成部分。③

威慑理论源于理性选择和功利主义的理念原则，它确立了通过严格的学校惩罚实践来增加对确保学校内亲社会行为的支持的策略。根据这一理论，可以通过让个体付出高昂的代价来防止不合规的社交行为。预计学生会选择遵守规则和教导，因为他们害怕与不当行为相关的后果，换句话说，威慑是实现社会控制的一种有效手段，被视为控制青少年不良行为和确保学校内亲社会行为的一种有效方式。

---

① Hirschfield, P., & Celinska, K. Beyond fear：Sociological perspectives on the criminalization of school discipline. [J]. *Sociology Compass*, 2011：15, 1-12.

② Zimmerman, G. M., & Rees, C. Do school disciplinary policies have positive social impacts? Examining the attenuating effects of school policies on the relationship between personal and peer delinquency. [J]. *Journal of Criminal Justice*, 2014：42, 54-65.

③ May, D. C., Barranco, R., Stokes, E., Robertson, A. A., & Haynes, S. H. Do school resource officers really refer juveniles to the juvenile justice system for less serious offenses? [J]. *Criminal Justice Policy Review*, 2016：1-17.

3. 青年犯罪化和恐惧

如前所述，许多学者强调了学校处罚的增加和 STPP 的兴起是如何与美国治理和犯罪控制的变化同时发生的。①②③ 重大社会、政治和经济变革影响了犯罪控制、大规模监禁，并极大地改变了对犯罪、越轨行为的看法，并由此对美国日常生活的其他方面产生了集体影响。保护公民免受伤害并创造一种对犯罪的恐惧文化的想法导致了围绕青年暴力、吸毒等问题的恐慌。恐慌强化了治安，尤其是对少数族裔，影响了人们互动和生活的方式。

"通过犯罪治理"的观点，围绕着对青少年暴力的恐惧文化是如何与重构学校安全和惩罚的意识形态以及教育和青少年犯罪之间的"法律平衡"联系在一起的，这种意识形态已经成为学校的重要部分，并被用来证明对学校安全和学生不当行为问题的过度反应是合理的，从而证明加强对青年行为的监督和对青年的刑事定罪是合理的。少年犯罪曾经由学校内部以软惩罚形式处理，现在被视为刑事犯罪，无异于把青少年当作罪犯。

学校不仅使学生社会化，还为许多学生提供了他们的第一次治理经验。④ 犯罪控制意识形态和技术已经深入学校，导致学生不断社会化，并对侵入性和侵扰性的社会控制和监视方法表现冷漠。此外，这为学生提供了一个基于压迫和以犯罪为中心的意识形态的知识生产、权力和治理的导向。学校可以将学生经历的不平等待遇视为客观和应得的，从而导致学生

---

① Garland, D. *The culture of control：Crime and social order in contemporary society.* [M]. Chicago：University of Chicago Press，2001

② Simon, J. *Governing through crime：How the war on crime transformed American democracy and created a culture of fear.* [M]. Oxford：Oxford University Press，2007

③ Rocque, M. , & Snellings, Q. The new disciplinology：Research, theory, and remaining puzzles on the school-to-prison pipeline. [J]. *Journal of Criminal Justice*，2017：1-9.

④ Hirschfield, P. J. Preparing for prison? The criminalization of school discipline in the USA. [J]. *Theoretical Criminology*，2008：12，79-101.

社交化，实施"象征性暴力"，导致学生变得被动、恐惧、不安全和顺从，而不是对权力和系统控制持批评态度。

如上所述，美国政策制定者通过在学校实施刑事司法机制来应对青少年暴力和吸毒的种族化恐慌，以加强对青少年的监视，尤其是对少数族裔的监视。研究人员将青少年犯罪化的概念定义为"风格和行为变得异常并受到羞辱、排斥、惩罚和化身的过程"，① 也被概念化为"在一个广泛的过程，多种刑事司法政策和机构被用来推翻刑事司法系统对青少年的处理"。特别是在学校背景下，青少年犯罪化被理论化为"在学生越轨问题的定义和管理中向犯罪控制范式的转变"。

在学校，这种做法可能涉及排斥性惩罚，其功能是"刑事定罪的象征性形式"。学者们认为，通过排斥进行象征性刑事定罪反映了现代美国刑事司法实践，过程包括识别学生是"问题"或"麻烦制造者"。犯罪标签可以改变学生的自我认知，可能还会改变他们的人生历程，从而对校外的学生产生影响。研究表明，随着学生的犯罪化，学校使学生习惯于与法律的互动，法律互动涉及学校警务实践，包括对学生进行搜查、毒品嗅探犬、毒品测试、金属探测器。② 总体而言，关于青年刑事定罪的文献表明，这一过程不仅仅起源于学校，它是由学校内部产生的不同意识形态融合在一起的结果。由此可见，当把美国的学校教育系统理解为社会再生产场所时，基于学校的刑事定罪的含义变得至关重要。

(四)学校到监狱管道的影响

1. 辍学率上升

美国的高中辍学率令人担忧，据估计，三分之一的美国高中生无法在

---

① Rios, V. M. *Punished*: *Policing the lives of Black and Latino boys.* [M]. New York: New York University Press, 2011

② Kupchik, A. *Homeroom security*: *School discipline in an age of fear.* [M]. New York: New York University Press, 2010

四年内获得普通高中文凭。① 辍学是一个严重的问题，因为没有完成学业的人总体健康状况较差，失业、犯罪、吸毒、被监禁的几率也更高。根据美国加州法律，任何 16 至 18 岁以下没有高中文凭或普通教育文凭的人都必须上学。当一个年轻人被学校开除时，无论是长期停学、开除、转到另一所学校或还是被逮捕，都必须被提供教育服务。严格的惩戒措施经常导致年轻人进入"替代学校"，这种学校根据他们在教育系统中的时间，给他们贴上标签，并将他们与各种教育机会隔离开来——进入家庭学校或者辍学。现有研究表明，学校惩罚增加了学生从高中辍学的可能性。②

2. 教育公平和平等的减少

一旦受惩罚的学生被开除或者被转到一个缺乏资源的替代学校，他的受教育程度和时间都会减少。事实上，美国教育部 2014 年的学校学科统计数据报告称，"在 2011—2012 年期间，有近 350 万学生因停课或被开除而错过了教学时间"，显然减少接受教育的时间不利于教育成就。③

3. 被孤立和削弱的学业成就

受惩罚的学生在社会上变得孤立或与学业繁忙的同龄人和健康人隔离，这对学习成绩都将产生负面影响。此外，有证据表明，惩罚会削弱学生与学校的联系，这也与学生的学业成就相关。④

4. 等级保留

当学校教职员工和管理人员决定一个孩子不能继续读下一个年级时，

---

① Cataldi, E. F., Laird, J., & KewalRamani, A. *High school dropout and completion rates in the United States*: 2007 (NCES 2009-064). Washington, DC: National Center for Education Statistics, Institute of Education Sciences, U. S. Department of Education, 2009

② Gregory, A., Skiba, R., & Noguera, P. The achievement gap and the discipline gap: Two sides of the same coin. [J]. *Educational Researcher*, 2010: 39, 59-68.

③ Advancement Project & Gay Straight Alliance Network. (2015). Power in partnerships: Building connections at the intersections to end the school-to-prison pipeline[EB/OL]. (2015-09). http://www.equalityfederation.org

④ Brea, P., & Morris, E. W. Suspending progress: Collateral consequences of exclusionary punishment in public schools. [J]. American Sociological Review, 2014: 79, 1067-1087.

留级现象就出现了。研究表明，决定学生去留的行政决定可能与许多因素有关，如缺课过多、成绩差和高风险标准化测试的低分数。① 此外，过度惩罚和留级之间存在关系，可能对学业成功、学业投入、自我概念和自尊的形成、维持健康的学校同伴关系和完成高中学业产生严重的有害后果。②

5. 校内和校外的刑事定罪

定罪是学校惩罚促使受惩罚学生增加并与青少年刑事司法系统产生接触的方式。首先，青少年在学校的不当行为已经被"定罪"，行政官员最初被指派到校园以加强学校和社区的关系，但现在已经转变为严格的执法，使以学校为基础的青少年定罪已经成为另一个强有力的刑事定罪工具。其次，由于学校反复和过度的惩罚，被排斥和禁止上学的青年更有可能从事越轨和违法行为，这将使他们被捕的可能性增加。

青少年在发展的关键时期经历的重大创伤和挑战，如辍学、被捕或监禁，会对个人的人生历程产生重大影响，逮捕会增加辍学的可能性，而辍学会增加成年后被监禁的可能性。青少年时期接触刑事司法系统会降低中学后的教育程度，从而增加他们进入成人刑事司法系统的概率。学者们不仅进入将刑事司法系统视为青少年创伤，还注意到青少年与刑事司法系统接触的经历的附带后果，其中一些后果包括就业、教育、住房、投票权被剥夺，对执法部门的不信任以及家庭方面的挑战。青年在就业、购房和申请大学时，会进行犯罪背景调查并考虑犯罪历史。此外，对于刑满释放人员及其家庭来说，居住权力变得复杂，特别是对于居住在政府补贴住房中的低收入家庭。重刑犯不得居住政府补贴的住房，包括与居住政府补贴住房的家庭成员居住在一起，而且给重罪犯提供住房的家庭成员可能会导致他们被逐出住所或失去住房福利。严厉的惩戒对可能被指控和判定犯有重

---

① Andrew, M. The scarring effects of primary-grade retention? A study of cumulative advantage in the educational career. [J]. *Social Forces*, 2014：93，653-685.

② Moller, S., Stearns, E., Blau, J. R., & Land, K. C. Smooth and rough roads to academic achievement：Retention and race/class disparities in high school. [J]. *Social Science Research*, 2006：35，157-180.

罪或被移交成人刑事法院的青少年具有特别挑战性的后果，一旦他们依赖政府的住房援助，就被认定从监禁中释放后不能与家人住在一起。

综上所述，美国教育机构基于学校对青少年定罪成为了"学校到监狱管道"激增的主要原因，虽然这一问题因阻碍了美国的教育公平和平等发展而饱受诟病，但其背后依然蕴藏着深厚的现实基础和理论支撑，从布迪厄社会再生产理论中提到的学校中犯罪、吸毒和福利的种族化恐慌的增长使得治理向"严厉打击犯罪"政策的相关转变，到威慑理论提出的预防犯罪的观点以及青年的种族化刑事定罪的趋势来看，也显示出 STPP 在国际上的发展趋势。

三、恢复性司法和替代性处罚

研究表明，学校中的恢复性方法可以改变学生行为，还可以全面改善学校氛围。① 首先，本书通过概述对教育中的学生行为采取恢复性方法的关键定义和要素，追溯了其在恢复性司法中的起源。其次，借鉴美国、澳大利亚、新西兰和加拿大最近和当前的发展，考察了基于学校的恢复性策略和实践中的关键主题、恢复性语言的使用以及与年轻人、家长和社区的互动，从而讨论恢复性方法提出的学校安全、监视和教育惩罚的关键问题，最后通过分享恢复性方法的实践案例了解其主要做法。

(一)恢复性司法的定义

联合国 2003 年将"恢复性司法"定义为一种解决犯罪问题的方法，重点是尽可能修复犯罪造成的伤害，并让受害者、罪犯和社区与立法机构建立积极关系，共同制定解决方案。② 它将犯罪视为一个需要解决而

---

① McCluskey, G., Kane, J., Lloyd, G., Stead, J., Riddell, S., & Weedon, E. Teachers are afraid we are stealing their strength': A risk society and restorative approaches in school. [J]. *British Journal of Educational Studies*, 2011: 59(2), 105-119.

② United Nations. *Glossary of humanitarian terms*. New York: Office for the Co-ordination of Humanitarian Affairs Policy Development Studies Branch, 2003

不是简单遏制的问题，需要让包括受害者在内的所有受犯罪影响的人参与进来，并强调"信息、真相、授权和赔偿"而不是报应。因此，它与传统的刑事司法原则形成鲜明对比，后者坚持国家作为中立保护者和仲裁者的重要性。

纽约恢复性司法倡议者最近提出了一个更广泛的定义：恢复性司法是一种司法理论，既可以重新积极地用于应对冲突或犯罪，也可以通过促进沟通和换位思考来积极解决社区中的问题。恢复性司法邀请受冲突或犯罪影响的每个人对犯罪根源和影响形成共同的理解，寻求解决那些受到伤害的人的需求，同时鼓励那些造成伤害的人承担责任。此外，恢复性司法强调所有人康复、成长和转变的能力，并以这种方式鼓励问责能力、自我决定、康复和相互联系。恢复性司法在社区、学校和司法系统中有广泛的应用，它也可以用来解决大规模社会冲突或社会不公正问题。①

恢复性司法需要对赔偿和修复原则作出承诺，个人和社区将获得更多的利益，通过修复犯罪造成的伤害，建立更好的关系，而不是惩罚或排斥那些造成伤害或冲突的人。正是这些原则在教育界引起了强烈的共鸣，因为它们是惩罚的替代方法和对学校违纪和驱逐数量上升的有效反应。例如，在苏格兰，政府最初资助了一个为期两年的试点项目，同时委托爱丁堡大学和格拉斯哥大学的作者和同事共同进行了一项评估。评估考察了18所学校（10 所小学、7 所中学和 1 所特殊学校）发展恢复性司法的成果。②试点项目及其后续行动的成功导致在全国范围内引入了政府层面的恢复性司法政策支持和培训。恢复性司法原则现在已经牢固确立，这反过来又增强了教师在应对挑战性情况以及在学校中建立和维持积极行为和增强关系方面的信心。

---

① http：//www . restorativejustice. nyc
② Kane, J., Lloyd, G., McCluskey, G., Riddell, S., Stead, J., & Weedon, E. *An evaluation of restorative practices in three scottish local authorities.* Edinburgh：Scottish Executive Education Department, 2008

（二）恢复性方法在教育环境中的定义和概念

教育背景下的恢复性方法可以定义为当发生冲突或伤害时，恢复良好的关系，发展校风、政策和程序，以减少这种冲突和伤害发生的可能性。苏格兰进行的国家研究中，政府与学校和教育当局工作人员合作开发的术语"恢复性司法""恢复性司法实践""恢复性实践"和"恢复性方法"都是常见的用法。① 然而，鉴于"恢复性方法"的术语已经在国际上获得了更广泛的认可，这种认可不仅包括实践，还包括与风险评估相关的基本理念、价值、技能和策略，因此本书将采用这种说法。研究表明，恢复性方法可以为思考文化冲突提供更广泛、更相关的观点。它使风险评估能够超越仅仅被视为"实践"或"工具箱中的另一个工具"。教育中恢复性方法原则主要强调了以下方面的重要性：在学校社区中培养积极的社会关系，承担责任、对自己的行为及其对他人的影响负责、尊重他人及他人的观点和感受、同情他人的感受、对公平程序的承诺，让学校里的每个人都积极参与对自己生活的决策，参与者保留冲突和困难的问题，而不是病态的行为，以及愿意为学生和教职员工的反思性改变创造机会。

（三）将恢复性方法引入学校社区

恢复性方法采用多种策略和做法，包括但不限于教师的关系教学法培训、恢复性精神建设、以关系冲突预防为重点的课程、课堂管理举措、情感和社会素养技能、愤怒和冲突管理、操场友谊项目（有时也被称为"操场伙伴"）、恢复性语言的使用、"伙伴"计划、圈子时间、调解和同伴调解、以解决方案为重点的干预、非正式的恢复性对话、与学生和家庭的恢复性小组工作、个人咨询、以人为本的规划以及正式的恢复性协商。在 21 世纪初英国引入恢复性方法之前，国际上的许多学校已经提供了一系列支持性

① Kane, J., Lloyd, G., McCluskey, G., Riddell, S., Stead, J., & Weedon, E. *An evaluation of restorative practices in three scottish local authorities*. Edinburgh：Scottish Executive Education Department, 2008

做法，研究表明，通常最佳做法是圈子时间、小组工作、同伴调解以及一些与其整体恢复性方法兼容或已成为整体恢复性方法一部分的做法。并不是所有的学校都能找到以上概述的所有方面。事实上，研究表明，各管辖区、教育主管部门以及学校内部之间都有非常大的差异。① 到目前为止，还没有可靠的研究明确指出这些方面中哪些是最关键的。然而，对于大部分学校来说，风险评估提供了一个独特的连贯框架，在这个框架内，关系价值、原则和行动被认为是内部一致和有效的。

恢复性方法具有一系列的理论基础，其中一些与支持学校儿童和年轻人的方法有共同特征，包括人本主义、以人为本的心理学、认知行为方法、社会包容模式，以及承认学校教育目的和教育过程的社会学观点。恢复性方法并不是把学校简单地看作努力实现个人最好成绩的个人的集合，而是提出了学校是社区的概念，它的每一部分或每一个成员都是必要的。它符合这样一种观点，即问题不是人，问题就是问题本身。

恢复性方法承认人类希望感到安全、归属、被尊重、被理解并渴望与他人建立积极的关系。一些学者②将学校中的麻烦比作有机体或身体生病的迹象，将制造麻烦的人视为问题出现的场所，因此这种模式将"冒犯"视为对该社区中的人和关系的侵犯，而不是应受惩罚的犯罪。这种关系是需要恢复、修理和重建的。功能主义类比暗示了学校某种可能的和谐的完美状态。然而，恢复性方法认为学校是一个由不同的个人和关系组成的社区，他们有不同的兴趣和关注点。冲突动态发展且不可避免，学校校长和教师必须不断平衡学业成绩和教育包容这两个优先事项之间的动态关系，引导变革并确保教职员工和孩子的稳定，培养个性、对风险的开放和创造力，同时提供明确的界限和功能性学习。父母希望他们的孩子在学校快

---

① Kane, J., Lloyd, G., McCluskey, G., Riddell, S., Stead, J., & Weedon, E. *An evaluation of restorative practices in three scottish local authorities*. Edinburgh: Scottish Executive Education Department, 2008

② Amstutz, L. S., & Mullet, J. H. *The little book of restorative discipline for schools*. Intercourse: Good Books, 2005

乐，感到安全，但随着他们的成长，孩子必须接受测试和调查，并以可能导致紧张的方式尝试不同的身份。随着他们进入青春期，这种复杂性变得更加复杂，寻求平静或和谐往往难以实现。

这些推拉理论中存在的因素也是由个体、家庭、社区和社会层面的不平等以及全球金融滑坡和对恐怖主义的恐惧等国际背景所决定的。在这一切中，教师和学生必须不断学习、协商和重新协商相处和合作的方式，帮助他们为充其量只能部分想象的未来做好准备。恢复性方法承认社会和经验学习方法的潜力，使学生和工作人员能够理解和学习管理自己的行为，以及在这个被称为"学校"的复杂机构中有效支持和明确控制和边界问题。超越监管形式主义的主流范式，转向更具响应性的范式的学校社区，需要将伤害或错误行为回馈给受影响最大的社区，并使社区能够处理伤害。

(四)恢复性方法与学校安全、教育惩戒和监督问题

国际研究一致发现，大多数学生表现良好，努力学习，在学校感到安全。随着时间推移，英国开除率有所下降(仍属于欧洲最高)，青年犯罪率也大幅下降，但随着恢复性方法在国际上逐渐获得认可，关于行为标准下降的呼声越来越大，学校面临着巨大的压力，要求它们加强监控系统和对不当行为的零容忍。学校的压力通常也是基于对日益危险和不确定的世界的担忧，以及在多变的时代对学生安全和保障的需求。可以说，学校比以往任何时候都更加规避风险，虽然在学校中已经不容易再看到的更为极端的监控水平，如武装警卫或警察的搜身，但在英国学校周围广泛使用高围栏和闭路电视，对学校生活各方面的监控激增，对学生活动的限制无处不在。汉斯伯里说：试图预见、管理和应对学生福祉面临着可能导致风险的沉重负担，导致学校在报告和官僚主义上花费了过多的时间，这些报告和官僚主义都是关于正在采取什么措施来阻止学校出现问题。

在英国，英格兰、北爱尔兰、苏格兰和威尔士这四个国家的教育系统有许多共同的特点，但在教育惩戒方式上也有很大的不同。在过去十年里，随着权力从英格兰转移到英国其他较小的国家，关于惩戒政策中使用

排斥、驱逐的做法越来越不一致。在英国，政府官方管理行为的方法在很大程度上是惩罚性的，没有对学生问题行为的替代或恢复性反应。目前的政策指出，学校应该通过表扬和奖励来鼓励良好行为，如政府在《给校长的建议》中用7页的篇幅描述了惩罚、未经同意搜查的权力、使用"合理武力"的权力以及隔离的使用。在苏格兰，教育惩戒政策的标题为"纳入、参与和介入：预防和管理学校排斥的积极方法"。《部长前言》指出，这一"更新后的政策更加注重可用于防止排斥需求的方法，确保所有儿童和青年都参与他们的教育活动"，包括提出关于惩罚替代办法的建议，并明确提到学校需要注意已有的排斥、驱逐带来的即时和长期的负面效应，特别建议采纳恢复性办法。在威尔士和苏格兰，国家政府都支持和促进了恢复性方法在教育领域的发展，并且远离使用惩罚的举措。

但也存在异议，认为惩罚是对错误行为的一种有用和必要的回应，应该是纪律而不是对话。也有人认为，虽然惩罚可以阻止特定的行动或行为，但只能在短期内起作用，其局限性很快就会凸显，由于没有机会来回顾、反思和学习不同方法来处理困难或解决冲突，错误的行为很可能会再次发生，并反过来导致重复的惩罚。众所周知，惩罚的重复或强度的增加往往会导致效力的降低和有害行为的强化，而不是积极的改变。重要的是要理解恢复性办法在这种情况下的潜在作用及其提供的质疑传统惩罚制度的平台，特别是考虑到对学校监督和纪律做法中持续存在的种族、族裔歧视以及社会阶层比例失调的日益担忧。[1] 许多研究表明，永久的纪律排斥对年轻人有许多其他负面的长期后果，包括导致他们教育程度低、长期失业、伤疤效应、身心健康不佳、参与犯罪或无家可归，所有这些都给社会带来了相应的代价。

显然，恢复性司法可以对减少学校中的停学和开除现象，以及让青年参与改善学校氛围。此外，现在有证据表明，教育和少年司法系统之间的

---

① Mayworm, A., Sharkey, J. D., Hunnicut, K., & Schiedel, C. Teacher consultation to enhance implementation of school-based restorative justice. [J]. *Journal of Educational and Psychological Consultation*, 2016: 26(4), 385-412.

关系现状必须改变。正如教育人士和少年司法专业人员所一致同意的，当青少年从学校中被开除，其更有可能扩大而不是限制他们的犯罪参与。迄今为止，司法专业人员在教育背景下的作用仅限于充当被动的"接收官员"，这种官员只需实施惩罚，并对教育界的问题青年进行监督。教育者应该定义和确定司法专业人员在其工作范围内的最佳角色，而不是让训练有素的司法专业人员确认自己在教育系统中的最佳角色。在教育环境中使用恢复性司法可以成为在司法和教育工作者之间建立真正伙伴关系的有力工具，因为他们可以成为预防和干预犯罪过程中的战略伙伴，他们都旨在帮助青少年留在学校。这种转变将适用于将学校资源干事作为主要干预中介的角色，并可能适用于青少年已经参与司法系统的缓刑监督官。在这种情况下，恢复性司法是一种特别有效的战略，通过重新定义学校纪律和守则，最大限度地减少排他性教育惩戒手段的使用，并增加恢复性司法策略的使用，帮助将孩子排除在"学校到监狱的管道"之外。教育政策本身无论基础多么扎实，都必须通过有效结合循证教育和青年司法干预措施，减少青年"毕业"进入司法机构的人数和比例。此外，训练有素的教育和司法专业人员之间必须有一种互补的关系，他们在学校里协同工作，让青年人对自己的行为负责，同时让他们通过有效参与，取得学业成功。

四、恢复性司法实践影响下的零容忍教育惩戒替代性方案：典型案例

(一)案例一：防止寄养青少年的学校——司法联系

寄养在儿童福利系统的青年面临许多教育的障碍，并且作为青年和成年人参与刑事司法系统的风险更高，他们面临着社会孤立、缺乏教育支持、高比例的特殊教育服务和排他性的惩戒处分。在学校纪律、预防犯罪、教育支持和服务机构之间结合，实施有希望的做法和干预措施，有助于改善寄养体验和教育成果。这些措施有助于防止被寄养的青少年进入刑事司法系统。

1. 实施与寄养经验相关的实践

高安置流动性和相关的学校变化对青年的教育有不利影响，并增加了犯罪行为和少年司法介入的风险。为了防止流动，对寄养家庭进行筛查和匹配至关重要。应使儿童在他们的寄养家庭感到安全和支持，为此必须提供持续的养父母支持和培训，特别是在他们如何监测和支持教育进展方面。当学校流动性不可避免时，其他支持手段，如课后计划，可以代替稳定的学校环境，参与课后计划或宗教组织的寄养青年经历犯罪的可能性要小得多。一项题为"解决少年司法和儿童福利系统中儿童和青年未得到满足的需求"的报告为课后辅导、课后和校外方案提供了若干循证建议，旨在满足寄养青年的需求。针对亲生父母的"不可思议的岁月"培训系列和针对养父母的"依恋和生物行为追赶"计划是早期干预计划，旨在以减少行为和情绪问题的方式培训父母和照顾者以及青少年本身。

2. 预防犯罪和提高教育成就的治疗性行为干预

寄养的青少年有很高的行为问题和学业失败的风险，这可能会增加成年后犯罪风险，因此增加获得治疗服务和支持的机会可以改善年轻人的教育成果。以下主要介绍一些方案。

"现状项目"是一个以学校为基础的项目，旨在改善高中氛围，减少青少年犯罪和辍学。虽然"现状项目"不是专门针对寄养青年或风险青年的，但它利用合作的方法来改善学校氛围。它与为期一年的英语和社会研究课程相结合，该课程侧重于讲解关键的社会机构，以促进学业成功、社会联系并减轻同伴压力、减少犯罪（格林伍德，2010 年）。对于被寄养的青少年来说，参与"现状项目"这样的项目可以提供一种方式来鼓励社交，增进与学校社区的联系，而青少年可能由于学校流动性而缺乏这种联系。

学校过渡环境计划旨在为行为问题风险最大的学生提供学校强化支持。在该计划中，班主任承担了辅导老师的额外角色。学校过渡环境计划旨在降低学校环境的复杂性，增加同伴和教师的支持，降低学生面对学业和情感困难的脆弱性，促使参与者的出勤率更高，辍学率更低，学业成绩更高，对学校感受的更积极。这种支持性干预措施显示出对寄养儿童的关爱，因为他们可能缺乏能够教育他们如何身处在复杂的学校环境中的父母。教育系统不仅要实施类似这样的基于学校的治疗性干预措施，而且相关工作者也需要了解这些方案，以确保青年获得支持性服务。

基于家庭的治疗，如功能性家庭治疗（FFT）和多系统治疗（MST）针对家庭互动和为父母提供技能，旨在提高家庭解决问题的能力，增进情感联系，培训育儿技能。MST 是一个更密集的基于家庭的计划，旨在增强父母更有效地解决青年行为问题的能力，包括学校表现不佳和参与消极的同伴群体。一旦儿童被安置在寄养家庭，就可以对其实施这些治疗干预，也可以对出生家庭实施这些干预。多维治疗寄养（MTFC）是犯罪青少年集体之家的替代方案，但不会对他们自己或他人构成严重风险。在 MTFC，训练有素的专业养父母在个案工作者的监督下，学习治疗性生活环境的行为技巧，并与青年密切合作。此外，如果合适的话，还可以为青少年的亲生家庭提供家庭治疗。MTFC 利用治疗服务为这些年轻人提供养育家庭的好处，与被安置在集体之家的青年相比，MTFC 降低了参与者的被逮捕率。

3. 教育工作者和行政人员培训

学校人员在入职前接受关于了解寄养青年个人与家庭特殊情况的在职培训，如了解这些青年的具体教育需求、他们可能会犯罪并进入司法系统的脆弱性，以及他们经常参与其他护理系统，例如心理健康等活动。此外，还应对教育工作者进行关于干预措施的更高级别的培训。至关重要的是，学校工作人员要意识到纪律处分对寄养青年的后果，他们必须意识到以学校为基础的干预措施可以减少学校犯罪。美国加州寄养青年教育工作队就是一个典型的教育工作者和行政人员的培训队伍，旨在改善寄养和少年犯罪系统中的青年或接受儿童福利照顾的青年的教育体验。该小组制作了一份概况介绍，其中包括该州具体的教育惩戒政策，包括何时停课和开除的示例，同样也适用于残疾青年。

4. 过渡性服务

接受寄养服务的青少年一般成年后表现不佳，特别是参与犯罪活动的可能性很大。对于与出生家庭生活在一起的年轻人来说，向成年人的过渡本身就是一个动荡而充满挑战的时期，而对于那些正在接受儿童福利服务的年轻人来说，这更具挑战性，因为当他们成年后，他们将被排除在教育系统之外，使得他们成功的支持或指导很少。需要将接受护理的青年人获得服务的时间延长到18岁以后，因为青年人在完成教育和向成年过渡的过程中需要支持。全面的过渡服务对于帮助青年退出寄养也至关重要，其中包括教育支持，特别是教育财务援助和奖学金。同时过渡服务应在退出护理后的几年内提供，以便青年在未准备好进入社会的时候能够获得支持。

5. 多系统协作

由于寄养家庭中的青年在学校里面临负面教育结果的风险更高，他们需要儿童福利系统和教育系统的合作支持。寄养家庭青年是受照料的青年，同时也参与少年司法系统。但将两个系统混合只会增加关于谁负责确保青年成功的混乱，因此，他们需要更加综合的服务。越来越多的研究旨在制定实践战略，通过促进各系统之间的合作，为受照料的青年提供综合服务。美国凯西家庭计划和乔治敦大学关于少年司法系统和儿童福利系统合作的报告，以及美国儿童福利联盟的儿童福利和少年司法系统报告中提供了有价值的司法管辖实例和实施协作实践，都强调了通过跨系统团队和工作组改善州和地方各级沟通的重要性。他们还强调了机构间数据共享的重要性。在寄养家庭中与青年一起工作并充当儿童福利和司法系统之间的纽带的教育联络员可以成为促进教育成功和预防犯罪的宝贵工具，联络员可以是与青少年学校合作的儿童福利机构的倡导者或专职工作人员，也可以是与儿童福利机构密切合作的学校雇员。在这两种情况下，联络员都负责确保监测青年的教育进展。其中一个成功方案是教育联络模式，该模式将县教育系统的教育联络点设在儿童福利办公室，这一模式的实施增加了个案工作者对支持寄养青年的方案的了解，增加了个案工作者对他们所服务的青年的教育过程的参与，提高了青年案例档案中教育文件的质量，并提高了学习成绩。

（二）案例二：美国康涅狄格州减少校内逮捕的综合方法：全州政策、系统协调和学校实践的变化

随着校园暴力事件频发，学生在校内被逮捕成为一种越来越普遍的现象。许多人认为，校内逮捕的增加不是由于学生行为的恶化，而是成人对行为反应的变化，是源于"零容忍"教育惩戒政策的做法。这做法具有很强的惩罚性，并往往依赖于通过逮捕或驱逐将学生排除在正常教育之外。这些惩罚形式会对学生的学业和社会情感发展产生灾难性的负面影响。此外，青少年校内逮捕往往不成比例地发生在有行为健康需求的学生和有少数种族和族裔背景的学生中。美国康涅狄格州通过改革少年司法政策，努力协调以及改变学校做法，取得十分突出的成就。主要有几下几大特色做法。

1. 修订康涅狄格州少年法庭接收政策，以减少学校逮捕和儿童流入少年司法系统

少年缓刑监督官是康涅狄格州司法部门法院支助服务司的一个部门，也是康涅狄格州少年司法系统的守门人。警方发出的所有传票都由少年法庭书记员办公室接收，输入案件管理系统，分配一个备审案件编号，然后送交少年缓刑监督官作出处理决定。为了开始解决政策领域的校内逮捕问题，少年缓刑组织提议实施新的接收程序，该程序将防止非严重的校内逮捕进入少年司法系统。这涉及康涅狄格惯例书和康涅狄格一般法规的变化，这些法规将使青少年缓刑监督官有权将不适当的法院转介退回学校并进行替代性回应。

少年缓刑的拟议政策变化以一种新的方式使用了康涅狄格一般法规，即犯罪投诉调查。该法规部分规定：每当高等法院收到任何人、任何公共或私人机构或任何联邦、州、市或镇部门提出的书面申诉，认为儿童的行为构成实际意义上的违法行为时，应进行初步调查，以确定事实是否属实，是否足以构成青少年问题，以及根据公众或儿童的利益是否要求采取进一步行动。

　　通过这一法规，制定监督指南并修改现有政策，少年缓刑开始将少年排除在正式司法系统之外，少年法院不应成为学校的默认纪律实体。少年缓刑监督官现在审查传票，以确定是否存在以下任何标准，如果存在，则确定是否应采取进一步的法院行动：儿童年龄在 8 岁或 8 岁以下；传票表明符合正常青少年行为；传票是针对涉及滑板、自行车、游荡或涉及学校财产的轻度非法侵入的违法行为；如果孩子超过 15 岁，传票要求拥有烟草产品；传票是给在家里打架的兄弟姐妹的，当时没有使用武器，也没有受伤；传票是因为在学校打架，涉及两个年龄相仿的少年，没有受伤的报告，两个少年都被逮捕；传票是针对符合青少年正常行为的学校事件，因为青少年缺乏良好的决策能力，通常不会分析其行为的后果，如：在学校戴帽子；与员工顶嘴；在大厅里奔跑；骂人；以破坏性的方式行动，但没有使用暴力，没有发生财产破坏，也没有人员受伤。

　　新政策主要采取了几个步骤。第一，咨询司法法律服务处，以确保拟议的修改符合规约的语言和精神。第二，征求了一些个人的意见，以确保拟议的改变是适当的，包括首席法院行政官、首席行政少年法庭法官、首席国家检察官和监督少年检察官。第三，开发了一个数据跟踪系统，以收集关于返回原因和少年检察官是否同意的信息，并确保没有犯罪记录。第四，少年缓刑监督官被告知这些变化，其任务是向所有警察局长和学校负责人通报新的程序和退回法院移交案件的标准。第五，新的接收政策应与康涅狄格儿童福利机构和各种其他利益相关者分享。

　　除了上述新的接收政策外，青少年缓刑犯管理局正开始试行第二个转移程序，允许监管人员将未成年人传票转介给全州各地的地方青年服务局和青少年审查委员会。青年服务部（Youth Service Bureaus YSBs）是由一个或多个市政当局直接运营的机构，或根据市政合同指定为一个或多个市政当局代理人的私营机构。该机构是社区规划、协调和评估风险青年预防和治疗服务的地方牵头机构。该机构还充当少年审查委员会（JRB）模式的基石，该模式以执法部门、学校、康涅狄格州儿童和家庭部（DCF）和少年法庭系统之间的合作伙伴关系为主，旨在评估个人和家庭背景下的高危行为，并转移对法庭参与的注意力。

为了解决保密问题，少年法院首席行政法官通过司法部门表示愿意在即将召开的康涅狄格州大会上提出提案，允许少年缓刑监督官能够直接将不适当的法院案件移交给青年服务部或少年审查委员会。

基于这些政策变化，法院发现提交法院的学校逮捕数量有所下降。一些学校正在制定政策和程序，以解决学校内部的学校行为，鼓励警察在决定是否发出传票时与所有相关人员利用社区资源时，运用他们的自由裁量权。

2. 系统协调：康涅狄格州少年司法联盟

全州范围的宣传和系统协调是创建和维持全面推进少年司法改革的关键要素。康涅狄格州少年司法联盟（CTJJA）在建立全州对少年司法改革的支持和在地方一级开展工作方面发挥了重要作用，支持那些社区和学校解决成人对学生行为的不适应方式。少年司法委员会成立于 2001 年 11 月，是对少年司法制度改革感兴趣的利益攸关方在全州范围内的合作机构，其使命是减少进入少年司法和刑事司法系统的儿童和青少年人数，并为相关人员构建一个安全、有效和公平的系统。

少年司法委员会与康涅狄格州少年司法咨询委员会（JJAC）密切合作，该委员会是由州长任命的一个小组，旨在通过监督联邦少年司法资金米预防犯罪和改善该州的少年司法系统。两者共同传播了关于少年法庭成功工作的信息，通过召集法院、学校、警察部门和社区人士制定协议，为常见的青少年行为提供逮捕的替代方案，大大减少了他们管辖范围内的校内逮捕，使少年法庭的转介减少了 76%。此外，作为额外改革努力的试点，表现出关键利益攸关方的支持，包括其学区负责人、警察局长和少年法庭法官也进行了参与。

这一举措取得了巨大成功，少年司法联盟帮助社区将各利益攸关方聚集在一起，讨论校内逮捕问题。学校和警察现在更熟悉解决药物滥用和精神健康需求等问题的社区资源，以及青少年审查委员会等转移注意力的恢复性选择。少年司法联盟还帮助公众提高了对这一问题的认识，并建立了干预是必要的共识。康涅狄格少年司法联盟的工作证明了学校、警察、社区、州机构和其他利益相关者之间的宣传和有效系统协调的重要作用。通过这一要素，改革可以更有效地扎根于希望减少校内逮捕的州和社区。

3. 康涅狄格州学校分校倡议

政策变化和系统协调是少年司法改革的必要因素，但国家和社区如何才能确保这些变化到达逮捕率最高的学校系统？康涅狄格基于学校的转移倡议（SBDI），旨在减少任意的校内逮捕和驱逐，并将有行为健康需求的青少年与适当的社区服务和支持联系起来。该倡议通过与学校行政部门工作人员和学校资源官员以及主要的社区资源直接接触来实现这一目标。该项目最初由约翰和凯瑟琳·麦克阿瑟基金会改变心理健康模式和少年司法行动网络的赠款资助，现在由司法部门的法院支助服务司（CSSD）和康涅狄格儿童和家庭部共同监督。

2009—2011年，康涅狄格州儿童健康和发展研究所有效实践中心在四个学区进行试验，2011—2012年，在另外三个学区的九所学校的教育项目中开始实施该模式。转移倡议工作借鉴了这样一种观点，即许多被捕青年的心理健康需求未得到满足。事实上，根据州政府司法中心理事会发布的数据，65%~70%的少年犯有可诊断的行为健康状况，这些青年可能会在精神卫生系统，而不是少年司法系统得到更好的服务。此外，被逮捕或驱逐的学生中有色人种学生的比例更高，尤其是非裔美国人和西班牙裔男性。即使在行为相同的情况下，学校对有色人种学生的行为反应也往往更为严重。

转移倡议与康涅狄格更广泛的系统目标紧密结合，减少使用最严格的护理形式，包括监禁、住院和住院治疗。没有因学校事件被捕的学生仍然需要服务、支持和替代性纪律处分，通过与学校的合作从而确保学生得到所需的东西，但学校往往需要与基于社区的资源建立更好的联系，特别是危机应对和心理健康服务，使之成为执法参与的有效替代办法。鉴于缺乏指导顾问、学校社会工作者和学校心理学家，这成为了入学率高但内部能力不足以满足学生需求的学校的一个特殊手段。

为了实现少年司法分流和减少逮捕的总体目标，政府根据转移倡议开展了一系列活动，包括对学校关键专业人员的培训、与现有社区服务和支持的协调与合作、学校纪律政策咨询和数据收集。在培训领域，向学校人员提供一系列专业发展机会，这些人员包括行政人员、教师、学校社会工作者、心理学家以及学校资源官员。培训主题的例子包括：了解正常的青少年发展；认识心理健康症状；获取基于社区的行为健康资源；了解青少年司法系统。除了这些"核心"培训之外，还要与每所学校合作，通过确定与校内转移逮捕问题密切相关的特定兴趣领域，定制专业发展方向。

学校教育惩戒制度为此制定了最初由康涅狄格州少年司法咨询委员会制定的分级应对模式。该模式向学校介绍了这种渐进的惩戒方法，在这种方法中，逮捕被视为最后手段，只有在其他校内替代办法用尽后才能使用。这种模式是寻求改变学校文化的一种方式，从惩罚性和过度依赖执法、少年法庭，转变为支持性和以社区为基础，同时对不当行为保持适当的纪律。

在学校经历严重行为健康危机的青少年，特别容易受到不必要的警察干预和逮捕，他们需要行为健康服务和支持，而当他们有迫切需求时，这些服务和支持在学校里是不容易得到的。为解决这一问题，促进学校与当地紧急流动精神病学服务危机干预团队之间建立更紧密的联系十分关键。EMPS 是一个全州范围内的移动危机响应计划，可以快速响应学校需求，为遇到行为健康问题的学生提供支持。该州的每所学校都可以获得紧急医疗服务，提供危机稳定、评估、短期治疗以及与持续护理的适当联系。作为一项移动服务，危机响应计划临床医生直接对学校做出反应，通常不到30 分钟就能到达现场。此外，康涅狄格州基于学校的转移倡议还鼓励与地方机构间服务小组合作，并将其作为促进系统改革的现有社区资源。该服务小组是跨康涅狄格州的 13 个机构间协作，由州和地方机构以及社区成员组成，旨在协调地方以及全州少年司法工作的规划和实施。

数据收集、分析和报告用于评估康涅狄格州基于学校的转移倡议的有效性。2010—2011 年，从学校收集的数据表明，每所学校的校内逮捕人数下降了 50%～59%，校内停学人数下降了 9%，校外停学人数下降了 8%。此外，危机干预的利用率增加了两倍，而救护车呼叫减少了 22%。耶鲁大学在 2011 年开展了一项评估，通过使用生存分析来评估 2009—2010 年该项目试点期间的表现，结果表明，与最初提交法院的青年人占 66% 相比，由环境管理方案服务的青年人后来提交法院的案件较少，降低至 47%。（如图 8-1）

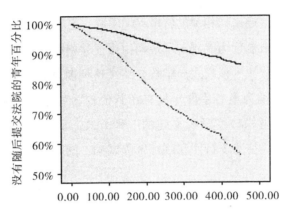

从 2009 年 9 月 1 日至 2010 年 8 月 31 日，青少年转介到法院环境管理系统

图 8-1　被转介到 EMPS 的青少年随后被法院转介的数量减少

（三）案例三：学校青年法庭：创建传统学校惩戒措施的恢复性司法替代方案

以学校为基础的青年法庭是一项典型的零容忍教育惩戒的替代方案。青年法庭，顾名思义，是指青年人主导法庭，法官接受过培训，能够审理同龄人的案件，并制定制裁措施，帮助被告修复他们所犯下的任何伤害，并在未来作出更好的决定。有关青年法庭在学校环境中使用恢复性做法的研究表明，青年法庭可以帮助学生为自己的行为和学校社区负责，保持安全和支持性的学习环境。在美国纽约，法院创新中心开发了一个项目，帮助高中设计和实施青少年法院项目，该中心将对这些项目进行评估，以测

试它们对学校安全和文化的影响。该项目的早期经验表明，虽然在大城市的高中实施青少年法庭会带来相当大的挑战，但这些挑战可以通过学校工作人员的创造力来克服。

1. 青年法庭的概述

1994 年，美国国家公路交通安全管理局（NHTSA）、少年司法和预防犯罪办公室以及药物滥用和精神健康服务管理局资助了一项有关青年法庭的项目，包括一项全国青年法庭调查和一份资源指南的出版。这项资助还支持了 13 个地区的培训研讨会，并向发展青年法庭的九个以上机构提供技术援助。1998 年，司法和发展政策办公室资助了一项赠款方案，以支持青年法庭的评估和培训，随后，又与交通、教育、卫生和公共服务部一起推动了一项全国培训和技术援助方案。由于这些投资，全国青年法院的数量从 1991 年的 50 个增加到 1998 年的 400 至 500 个。目前，美国共计有 1100 个青年法庭在运作。

根据国家方案登记处维持的全国青年法院协会 2010 年的数据，约 36% 的青年法院设在学校。青年法庭的形式和结构各不相同，但有一些共同点。他们通常审理较低级别的犯罪案件，如故意破坏、轻微盗窃、袭击、逃学和持有大麻。大多数不确定有罪或无罪，要求被告接受对犯罪行为的负责作为参与的条件。青年法庭侧重于根据听证会确定适当的制裁。制裁可能包括社区服务、书面反思、教育研讨会、参与同行评审团、调解、辅导、咨询或类似的干预。青年法庭成员或志愿者，即在法庭上服务的年轻人，在听证过程和决定制裁中发挥着核心作用。在法院任职之前，他们要完成一项培训计划，该计划旨在教授他们参与法院中的审判过程，包含技能学习以及法律、政府和司法程序方面的培训课程。培训使法院程序具有体验式学习的性质，帮助青年在现实世界环境中建立领导力。

在社区中，青年法庭为低级犯罪提供了早期转移的机会。各种司法系统将案件移交给青年法庭，目的是防止他们进一步进入少年司法或刑事司法系统。同样，在学校环境中，青年法庭是学校纪律程序的一个组成部分，作为一种替代教育惩戒这一传统办法的措施。学校的青少年法庭还可以作为学校课程的一部分或课外活动或两者的混合。通过提供一种替代的应对方式，在学生较低级别的违法行为升级为更危险的行为之前对其进行处理，青少年法庭可以帮助学校减少排他性纪律措施的使用，并让学生直接参与解决学校社区的安全问题。

　　青少年法庭一般都旨在提供积极的同伴互动，并帮助被告为自己的行为负责。一些青年法庭还将恢复性司法原则贯穿于他们的做法之中。恢复性司法是对犯罪和非法行为的一种回应，旨在修复并加强被犯罪破坏的关系，最好包括所有参与犯罪和受犯罪影响的人，包括罪犯、受害者和社区利益攸关方在内。恢复性司法项目使罪犯能够理解他们造成的伤害，为他们创造机会，让他们对自己的行为负责，并向受害者和社区做出补偿。当那些处于权威地位的人与他们一起做事，而不是对他们或为他们做事时，他们"更快乐、更合作、更有生产力，更有可能在行为上作出积极的改变"。

　　在学校环境中，恢复性做法强调包容性、建立关系和解决问题，是建设健康学校社区和解决出现的纪律问题的有效战略。恢复性实践方法"提供了高水平的控制和支持，以鼓励适当的行为，并把责任放在学生自己身上，利用协作来应对错误行为"。实施这种方法的学校让教师使用会议圈等核心策略来解决冲突，并让学生参与管理自己。学校实施的恢复性做法各不相同，有经常使用一些恢复性做法的学校，也有将该模式纳入学生工作各个方面的学校。

　　青年法庭为恢复性目标提供了一个手段，并有可能在各种环境中发挥作用。青年法庭在纳入恢复性司法实践的程度上可能有所不同。例如，一些青年法庭保留了传统法庭的大部分内容，包括与刑事法庭或家庭法庭相似的对抗性起诉和辩护角色。在这种结构中，成年人是听证过程的中心权威，按照恢复性司法原则组织的青年法院帮助被告了解他们的行为对社区造成的伤害，而不仅仅是告知他们违反了法律或规则，并向他们提供修复伤害的机会。恢复性司法模式中的成年人主要充当调解人，让青年志愿者领导这一进程。他们是"倡导者"而不是检察官和辩护人，要代表相关方发言，制裁选项为被告提供了通过社区服务或道歉为其行为负责的机会。

2. 纽约市高中青少年法庭项目

2011 年，纽约市法院创新中心推行了一项举措，帮助纽约市的一批高中学校成立以学校为基础的青年法院，并将其作为该校教育惩戒制度的一部分。该中心在纽约市和新泽西州纽瓦克市开办了七个社区青年法庭，并在州和国家一级向新成立的青年法庭提供技术援助，包括为纽约州编制方案指南——《青年法庭推荐做法》。该中心的工作人员过去曾与个别学校合作开发青少年法庭项目，但是纽约市高中青少年法庭项目是第一个全面测试的项目，旨在帮助纽约市的一系列学校创建适合其学校社区的项目。其他城市，如纽约的锡拉丘兹和宾夕法尼亚州的切斯特，多年来一直有固有的基于学校的青少年法庭项目，但纽约市以前并没有在这个方向上走得太远。

除了为参与的学校提供技术援助外，纽约市青少年学校委员会还还会进行评估，该评估将利用学校的数据来审查青少年法庭对学校停课率和安全的影响，并将利用对学生和教师的调查和访谈来研究对学校安全和公平观念的影响。参与的学校于 2011 年春季开始规划他们的青少年法庭项目。2012 年 1 月初，各学校在实现 2011—2012 学年设立青年法庭的目标方面取得了很大进展。其中一所学校培训了一批学生，并开始审理案件；另一所学校已经完成培训，正准备审理第一个案件；第三所学校已经开始培训；另外三所学校将在学期末开始培训。所有人都对将法院纳入学校教育惩戒体系的前景十分看好。

3. 应对挑战

虽然所有的学校都是在自愿基础上加入这个项目，但在过程中都遇到了一些实施障碍。总的来说，学校实施青少年法庭项目面临着诸多挑战。其中包括州课程标准的实施导致了密集的课程安排，由于时间有限、资金有限、在小社区中保密的挑战以及"学校行政部门对纪律的最终责任"而产生的后勤问题，这可能与允许学生"接受纪律角色"相冲突。实施基于恢复性司法模式的方案还面临进一步的挑战，尽管有几所学校有同伴调解方案，但纽约市人权委员会的参与学校在加入该项目之前都没有采取全校性的恢复性做法。虽然大多数学校申请参加该项目至少部分是出于对其学校纪律状况的挫折感，但没有一所学校实施更广泛的学校系统性变化。这意味着青少年法庭项目在一开始就不一定得到了学校的全力支持，而是作为这些学校恢复性方法的实验室。该项目的另一个问题是：在没有更大举措的情况下，实施的青年法庭是否仍能对学校的文化和安全产生影响。

在项目的初始规划阶段，这些挑战中最突出的是后勤和资源问题，例如，一些学校希望将青少年法庭纳入其现有的法律相关课程。虽然这个观点看似很有道理，但青年法庭本身并不教授学生法律，它只给学生提供实施特定类型法庭的经验，并教会他们相关技能，如公开演讲和精确提问。但尽管如此，学校已经安排了一些既定课程，无论是培训学生还是举行听证会，都不能完全由青年法庭接管。在学校上课期间，青少年法庭作为课堂的一部分，要求被告退出其他课堂，以便审理他们的案件。此外，该项目也缺乏多样性，只吸引对法律感兴趣的学生，并限制学生出庭后作为成员加入法院的可能性。然而，将青少年法庭排除在课程计划之外，需要找到在课外时间管理法庭的人力资源，这是一项重大责任。来自学校的规划团队必须解决的第一个障碍是了解启动和管理一个项目所需的精力投入，包括大约25小时的学生培训和实践，每周为听证准备，以及从案件移交到完成制裁被告的管理。在规划的最初几个月出现的另一个挑战是需要让学校教职员工和学生熟悉恢复性司法的核心原则。如上所述，目前没有一所学校正在真正实施恢复性做法。2006年，青少年法庭模式代表了学校教育惩戒制度的一个重大突破，但学生们并不熟悉这种新方法，他们认为教育惩戒是学校等级制度的一种体现。

随着学校实施力度的加大，如何让所有利益攸关方参与这一进程的问题变得更加突出。所有群体——教师、校长、行政人员、学生、家长，都必须参与到项目中来，才能发挥作用。所有的学校都是从这些群体中的一部分人的积极支持和理解开始的。例如，在几个案例中，参与项目的一小群教师和校长在教师会议上为其他员工做报告，并带领学校工作人员和学生参观该中心运作的社区青少年法庭。

在建立纽约市公立学校系统特有的利益攸关方协作小组方面还存在一些特殊挑战。首先，纽约市的学校管理者并不总是对学校的纪律环境和不良行为负有特别的责任。负责学校安全的是纽约市警察局的雇员，他们负责所有学校的入口和出口，为安全人员配备金属探测器，巡逻学校财产，并干预学生之间的口头争吵和身体接触。此外，还要召集警察逮捕在学校违法的学生，例如持有武器、抢劫、袭击和故意破坏等行为的学生，学校安全代理人负责学校安全。其次，在学校共用图书馆和体育馆等设施时，不同学校的学生之间会出现一些纪律问题。虽然学校管理人员之间经常合作，但每个学校都有责任应对其学生的违规行为，共享使用设施限制了个别学校的青少年法庭使用这些资源。学校在这个项目中必须一直关注自己的学生，了解其与校园里的其他人的接触是否违规。

随着学校进入恢复性做法实施阶段，问题接踵而至。学校尽管致力于利用现有资源支持青年法庭，但作为公共教育资金总体削减的一部分，行政人员面临着预算削减。接受过青年法庭专业发展培训的工作人员或被解雇或调职。此外，学校必须考虑在校园中找到合适的恢复性制裁，允许犯错者修复其行为造成的伤害，并让他们积极参与活动，而不会违反学生活动规则。

青年法庭项目是影响学校氛围、提高学生成绩并简化学校管理的最新举措，虽然将青少年法庭带入学校面临一系列的挑战，但学校仍有可能将青少年法庭充分纳入他们的教育惩戒制度之中，而不是为某些学生创建一个孤立的程序，如模拟法庭或模拟审判程序。在当今的学校环境中，虽然预算经费有限，课程越来越标准化，教育工作者和学生达到州和国家标准的难度越来越大，对纪律的零容忍方法无处不在，但像青少年法庭这样的项目首先需要学校的支持，并最终需要学校社区更广泛的参与。来自高层行政的支持固然重要，但教师和学生也必须理解和接受恢复性司法青年法庭模式的理论基础和方法。

学校青年法庭是教师、行政人员和学生寻找传统惩罚性惩戒替代办法的一个潜在有力工具。青年法庭的好处是灵活，可以被塑造成适合学校环境，并适合在学校实施恢复性做法的项目。非常有必要对这些项目进行更多的研究，特别关注它们对个人的影响，以及它们对学校社区的影响。虽然从纽约市中心的经验中吸取教训还为时过早，但该中心仍对该项目寄予厚望，期待它不仅能为学校教育惩戒制度做出帮助，还能激发人们对实施和评估这些项目更大的兴趣。

（四）案例四：寻找被学校排斥的替代性方案

从世界范围来看，学生因纪律原因而被学校开除的情况不断发生，其中英国学校显示出更大的排斥倾向。为此，以英国为例，首先探讨学校排斥的近期历史，然后以基于社区的包容形式详细阐述排斥问题的解决方案。

1. 不让孩子上学的方法

英国的排斥性做法与其他国家不尽相同。虽然学校可以做出任何的惩戒决定，包括排除在内，但是都必须符合行政法的原则，要遵循与排除相关的法律，包括《欧洲人权公约》直接相关的法律，且要有合理性和公平性等。"排斥"的说法在苏格兰被称为"下线"，在北爱尔兰被称为"暂停"或"驱逐"。英格兰与邻近的欧洲大陆国家有很多不同，许多欧洲大陆国家没有关于如何让儿童脱离教育的规定，而只是有关于如何确保所有人都接受教育的规定。英格兰近年来彻底改革了管理"处境危险"儿童和青年方面的资助规定，其中关键的变化是学校保留以前由地方当局（LA）持有的资金，并资助任何替代条款。如此一来，意味着学校保留其对孩子的责任，需要承担部分资金并提供经费。学校督学可能会对高度排斥提出批评——这可能会"引发检查"，但这对学校教学质量的总体判断影响不会太大。

英国《学校排斥立法指南》包含了一些法定要求，并没有强调被排斥儿童的保护和发展，该指南本质上是关于"行政"的注意事项，如班主任通知家长的责任，如果审查小组建议的话，理事机构有责任重新考虑排除决定，重点在于"良好的学校纪律对于确保所有学生都能受益于教育提供的机会至关重要，政府支持校长在必要时将排除作为一种制裁。但是，永久排除只能作为最后手段"。政府的最新政策给予了英国学校更多的排除权利，主要是用独立审查小组（IRP）取代了独立上诉小组（IAP），后者不能推翻排除决定，只能要求重新考虑。正式报告中永久或固定期限的开除不再是学生脱离学校的主要方式。自 1986 年以来，英格兰的监管越来越严格，这一制度一直很简单化：永久性的排斥导致一名学生被送到由洛杉矶分校管理的学生转介机构。近年来，替代性规定已成为由其他自愿或法定团体设立的保送生和其他措施的总称，或作为美联社学院或美联社免费学校，尽管在学校普查中保送生和美联社的数字仍然分开记录。对于 14 岁以上的人来说，这种安置很可能是永久性的。对于年龄较小的学生，将尝试重返社会——"旋转门"设施。多年来，学校包容手段有所增加，往往有一系列令人振奋和非污名化的名称是学校为年轻人设立的。由于他们的行为在主流课堂上无法控制，这些手段不是"排斥"，而是恢复和关怀。

到了 20 世纪 90 年代中期，永久排除的人数很多，每年约为 15000 人，但后来逐年减少至 5000 人。自 2000 年以来，这个数字也略有下降，这不仅是因为学校为有行为问题的年轻人提供了转移机会，也是因为在不受地方当局监督的环境中，利用了其他手段来实现排斥。"不让孩子上学"作为永久排除的替代方法，主要有以下几种特色方案。

（1）永久性排斥已经减少到大约 5000 人，66% 是有一定程度特殊教育需求的学生。

（2）定期排除有 143000 例，其中 10% 有陈述，43% 是无陈述的特殊目的实体。

（3）学生转介单位容纳了 15000 名学生，22000 名学生前往替代性供应机构。大部分都在进行移动管理，双重注册或短期安置。2016 年 1 月的人口普查报告称，77% 的学生有某种程度的特殊教育需求。（表 8-1）

（4）选择性家庭教育是 2014 年 7 月记录的 27005 名儿童接受的正式教育，比六年前增长了 65%，被"推入"这一选项的人数估计为 9000 人。学校可以通过增加全职员工的数量，寻找替代者来"鼓励"家长采取这种选择。

表 8-1　　　　**2014—2016 年学生转介机构和替代机构的数量**

人口普查年份	转诊单位的学生总数 （人）	地方当局替代学校学生总数 （人）
2014	12895	20215
2015	13583	20503
2016	15015	22032

（5）减少在校时间。2014—2015 年，估计有 30000 名面临被排斥风险的学生减少了在校时间。

（6）延长学习假。通常是在第 11 年，即普通中等教育证书考试年延长假期。2014—2015 年有 20000 人学生因休假不在学校。

（7）考勤代码。对于一些有挑战性行为的学生来说，批准校外教育活动是一个经常被使用的方法。校外教育活动可以是工作兼职，也可以是课堂的一部分，但很难得知那些有被排斥风险的学生是否与另一所学校学生共同活动，大约有 15000 名年轻人经历这种排斥。

（8）儿童缺失教育。这项教育活动属于儿童保护领域，包括保护长期逃学儿童、完全不被关注或离家出走的儿童，通常发生在学生被学校开除，并且没有确定替代学校时，大约有 12000 名儿童接受了这项教育活动。

尽管永久性排斥的官方统计数据已经大幅度减少，但在学校系统中仍有大量的问题青年，英国有大约 56000 名学龄儿童需要接受主流教育之外的教育，约占学校总学生人数的 1.7%。其中大多数是男孩，男女性别比例为 3∶1，80% 来自中学，10 年级即 15 岁的学生最多。2013—2014 学年，接受替代性方案的学生转介单位中只有 1.2% 的学生获得 5 个或 5 个以上 C～A 级普通中等教育证书或同等学力，而全国平均水平为 53%。

2. 解决方案：基于社区的包容

(1)学校提供更加多样化和多层次的服务——拓宽学校

虽然人们承认地方当局要对学校做出责任性的工作，但也有必要鼓励学校建立自己的供应层次，如包容单位，并对替代课程进行创新行动，包括在学校使用学生学前教育资金来建立单元、雇用学习导师、资助替代性教育方案等等，进入和离开替代性提供方案和学生转介单元需要保持流动性。学校工作人员具有照顾、发展和支持替代性方案的作用，特别是当儿童对学校或家庭支持环境的准备有限时，而这往往是他们在学校生存困难赖以依靠的根源。

(2)管理迁移和学校集群责任——搭建桥梁

管理迁移不仅仅是学生从一所学校到另一所学校的简单转移，而是可以被视为学生从一所学校到另一所学校的进行的有组织的自愿迁移，可能是从学校转向替代项目或其他一些受监控和监管的处置项目，其中的重点是满足需要和最大化减少惩罚。"基于社区的包容"在采取全面管理行动之前，应该进行风险评估、家长咨询、审查，在接收学校建立入职和支持安排，以及对任何不正常的故障进行处理。

(3)替代供应——为每个孩子找到一个位置

对学界而言，关于什么是令人满意的替代条款，如何对其进行监控并保证质量，以及如何确保出席率，仍然存在大量争论。一些低排斥性的劳工会计制度为失学儿童和无法再在学校管理的儿童制定了一系列替代规定，这些儿童通常被教育排除在外。这些学生学生每周至少有一天在农场体验，其余四天在学校享受其他定制课程。

(4)多机构合作

多机构合作是指各部门共同参与一系列的儿童服务。随着"每个孩子都很重要"的理念发展，儿童服务局和地方儿童服务伙伴关系的建立，促进了多机构的合作力度。一些学校正在摒弃"转介"的概念，因为它会导致问题的转嫁。学校会考虑与其他专业人士成为合作者，共同为孩子的利益而保留学校责任。扩展学校、全方位服务学校和社区学校都承载着一种重叠的期望，即希望学校扩展其职权范围，教师将自己视为多机构团队的一部分。

学校需要进行高质量的干预和预防工作，虽然外部人员可以单独进入学校解决学生存在的问题，但也有许多专业外部顾问与团体、教师和个人合作的例子。一些涉及工作人员培训或对群体应用特定方法的计划也十分有效，包括培育小组、咨询和指导、自尊提升、家庭联系工作、青年工作参与等等。此外，资金的分配和提供支持团队的规模会影响学校对学生挑战行为的反应。多机构工作的原则往往是在战略层面上制定和达成的，但这种原则需要通过实际的实施得到充分的推动。以个案工作方式创建的小型团队颇具特色，如儿童信托，为进行有行为问题的青少年所需的支持性工作提供一个了基地。

3. 减少排斥的五大障碍

最后，从消极但现实的角度来看，在英格兰日益分散的学校安排中，采用集体包容做法的学校存在一些反复出现的问题。第一，关于"逃课"的惩罚意愿影响了教育领域，不符合或不能符合学校规定的行为要求的年轻人在某种意义上被认为是"不值得"的，他们被剥夺了接受教育的资格。第二，学校和其他机构之间的合作困难，社会和福利服务之间的融合、合作和交流普遍较差等等。此外，资金亦是问题的一部分，在经费紧缩时期，被视为超出核心工作的角色和职能将被削减。第三，没有高级教育管理人员和地方政治家的支持，以至于在与学生斡旋、调解和运用恢复性方法实现包容时没有得到支持。第四，一些班主任或校长破坏了集体处理排斥问题的全社区承诺。一些班主任过分排斥，在管理行动或进行替代性方法中很少或根本不发挥作用，班主任对排除的立场各不相同，可以改为或多或少的包容。在替代性工作中，学校排斥性处罚的变化被归因于"领导和管理，如走向排斥的哲学"和"不同的领导有不同的'路的尽头'"。第五，一次性事故约占永久排除事故的三分之一。犯罪是学校认为需要严肃回应的事件，犯罪可能涉及暴力或毒品。这两者都可以视为对年轻人进行预防性接触的标准，从而避免未来的违规行为。在这些情况下，对于学校来说，违规行为虽然意料不到，但需要立即作出严厉的反应。

第二节　学校惩罚和纪律的变化：家长参与教育惩戒

进入现代社会，家长在教育过程中的重要性已经得到了充分论证。①例如，研究人员、政策制定者、教师和学校管理者认识到让父母参与孩子教育各方面过程的重要性，以及让父母更广泛地参与学校事务的重要性。与其把纪律问题的原因归咎于家长，不如让家长作为积极的合作伙伴参与到行为规划的过程中来，这会更加有效。当父母参与到教育过程中时，他们的孩子往往会有更好的表现，比如更好的出勤率、更高的考试分数、更高的毕业几率以及比父母不参与时低得多的留级几率。此外，除了学术成果之外，与父母没有参与教育过程的孩子相比，参与孩子教育的父母也倾向于拥有自尊概率更高、犯罪概率更低的孩子。②

尽管我们非常了解父母在孩子的学校教育中扮演的重要角色，但鉴于学校纪律的变化，我们对父母在教育惩罚中扮演的角色、父母互动如何影响教育惩戒以及教育惩戒如何反过来影响父母在学校中的互动都需要有个大致的了解。此外，也需要更多地了解父母在与学校管理者合作时有什么责任或应该有什么责任。目前国际上关于家长在学校中扮演的角色的研究主要集中在美国以及其他一些国家。从这些研究出发，可以更好地理解家长在教育惩戒政策中扮演的角色。

---

① Henderson, A., & Mapp, K. L. *Anew wave of evidence*: *The impact of school*, *family*, *and community connections on student achievement.* Austin: Southwest Educational Development Laboratory, 2002

② Kaplan, T. N. Multiple dimensions of parental involvement and its links to young adolescent self-evaluation and academic achievement. [J]. *Psychology in the Schools*, 2013: 50(6), 634-649.

一、家长与学校的关系

从大部分国家的教育惩戒政策中可以看出，父母在孩子教育中扮演的角色十分重视。无论种族、民族、社会阶层或父母的教育水平如何，大多数父母都希望参与孩子在学校的教育并有发言权。研究发现，成功的父母，即那些被定义为养育亲社会的孩子父母，通常会投身于教育领域，以促进孩子的学业成就，并强调教育的重要性和价值。[1] 同时，种族、族裔[2]、社会阶层[3]等因素经常影响父母参与子女教育的能力。

鉴于最近美国学校内的学校惩罚和安全措施明显有所增加，了解父母如何适应这种不断变化的环境很重要。相关研究表明，家长与学校的关系通常可以分为三种类型。首先，我们知道父母在制定教育惩戒政策时很重要，父母参与制定政策往往比父母不参与制定政策更好。其次，家长会受到学校教育惩罚政策的影响，其中一些父母可能比其他人受到更大的影响。最后，父母可以影响学校纪律，但这种影响的程度因社会特征而异，如种族、民族和社会阶层以及学生的残疾状况。

二、家长在制定教育惩戒政策中的作用

事实上，考虑父母在学校教育惩戒政策中扮演角色实际上远在任何学校纪律问题发生之前就已经开始了，让家长参与学校纪律的制定也始于教育惩戒政策的制定和协调之前。研究表明，61%的教师认为在教育惩戒政策制定或改革时，应该积极征求家长的意见。更广泛地说，90%的教师认为让家长参与教育惩戒的决策是非常有价值的。例如，2002年美国在对纵

---

① Muller, C. Gender differences in parental involvement and adolescents' mathematics achievement. [J]. *Sociology of Education*, 1998：71，336-356.

② Crosnoe, R. Parental involvement in education：The influence of School and neighborhood. [J]. *Sociological Focus*, 2001：34，417-434.

③ Lareau, A. *Unequal childhoods：Class, race, and family life.* [M]. Berkeley：University of California Press，2003

向教育的一项调查中，通过一个具有全国代表性的高中样本，证明家长较多参与制定教育惩戒政策的学校，与校内停课的使用减少有着显著的、强有力的联系，其校内停课率明显低于父母很少或没有参与制定教育惩戒政策的学校。①

已开展的评估也证明了中小学学校纪律和家长参与之间的关系。例如，在评估佛罗里达州学校特征与使用校外停课的关系时，研究人员发现，校外停课率低的学校往往比校外停课率高的学校更能吸引家长，校外休学率低的学校倾向于提供更多基于家庭的教育。② 与校外停课率高的学校相比，校外停课率低的学校倾向于让家长参与制定学校教育惩戒政策。例如，校外单一系统养老金水平低的学校往往要求教师在采取惩戒行动之前联系家长，而校外停课率高的学校则并非如此。为此，寻求减少学校问题行为的管理者必须鼓励家长广泛参与教育过程，更具体地说，是参与制定政策与计划。通过让家长参与制定学校教育惩戒政策，教师和学校管理人员有机会更多地了解学生的文化和背景，这可能有助于促进家长和教师的沟通，避免"文化冲突"。更为实际的是，让家长参与制定学校内部的教育惩戒政策，可能会更好地结合家长和学校的意见，对什么行为会构成失当行为和惩罚的标准更加科学。青少年犯罪较少的学校往往有高水平的家长参与，因为让家长参与学校规则制定通常会使学校反映社区的目标和更广泛的方向，不管一所学校以前的情况如何，让家长参与学校政策制定可以减少学生的不当行为和学校对停学的使用。因为当家长参与到学校内部并参与制定学校政策时，学校政策会更紧密地反映家长所持有的教育惩戒标准和方法。

---

① Jung, S. Understanding racial-ethnic disparities in internal school suspension and identifying compensatory and protective factors. [J]. *Dissertation Abstracts International. A, The Humanities and Social Sciences*, 2007: 67, 2753-2910.

② Mendez, L. M. R., Knoff, H. M., & Ferron, J. M. School demographic variables and out-of-school suspension rates: A quantitative and qualitative analysis of a large, ethnically diverse school district. [J]. *Psychology in the Schools*, 2001: 39, 259-277.

三、父母参与教育惩戒程序

具体而言，家庭与教育惩戒政策的关系本质上是评估父母参与惩戒过程的两种方式。首先关注教育惩戒对家长的影响程度，例如家长与孩子的关系，这可以被认为是教育惩戒如何影响家长的互动。其次关注家长能够在多大程度上参与教育惩戒过程，或者家长如何影响学校的教育惩戒活动。

(一)惩罚对父母的影响

有研究发现，与不使用保安或金属探测器的学校相比，使用保安和金属探测器的学校的家长参与程度低，如家长与教师协会的合作力度要低得多。① 另一方面，学校安全措施似乎不会影响不太正式的家长参与形式，如家长在校外帮助孩子做作业等等。简而言之，学校安全措施与学校内较低水平的家长参与度有关，但似乎并不影响家长在学校之外与孩子讨论学校相关问题的意愿或能力。总的来说，这些研究表明，学校教育惩戒的过度制度化可能会让家长远离学校。有家长参与的学校往往会有更好的结果——包括减少使用像校外停课这样的惩罚性教育纪律措施。使用更多"军事"形式的安全措施的学校，如武装警卫和金属探测器，可能倾向于使用更多惩罚性的纪律形式，如校外停课。因此，调查结果表明，惩罚力度更大的学校可能会更严厉地惩罚青少年，并且缺乏家长参与来减少停课手段的使用，因为伴随大量使用惩罚性纪律的惩戒类型也减少了家长在学校内的参与。

(二)父母对惩罚的影响

考虑到父母作为孩子的支持者所发挥的重要作用，参与学校生活的父

---

① Mowen, T. J. Parental involvement in school and the role of school security measures.[J]. *Education and Urban Society*, 2015：47，830-848.

母往往会有纪律较差的孩子。① 然而，这一趋势因社会因素而异，有理由质疑父母影响学校教育惩戒的能力取决于一系列因素，如种族、民族、社会阶层和社会地位。社会地位低的父母在影响学校教育惩戒方面很可能比非社会地位高的父母面临更大的障碍。

社会阶层因素在父母为孩子的辩护中也起着重要的作用。中产阶级父母通常能够向学校官员施加压力，以获得对他们有利的结果。这些家长往往能够获得财政资源、法律资源以及强大的工会和社区组织的帮助，他们通常能够参与并影响包括学校教育惩戒在内的学校运行过程。另一方面，贫穷的父母与学校管理者联系较少，通常缺乏群体的代表人物。而当贫穷的父母能够组织起来时，他们通常又缺乏维持组织的资源。为此，他们很难实现自己的利益。学校官员也发现，忽视贫困家长的要求要容易得多。在学校教育惩戒方面，类似的动力机制也在发挥作用。

除了族裔和社会阶层之外，在制定个人教育计划以及教育惩戒听证会中还显示出对残疾学生父母的忽视。来自校方的一种解释是，学校缺乏适当的资源来有效地为学生提供资助。在此情况下，学校教师和管理人员可能会将学生休学视为处理一些残疾学生的唯一选择。因此，与非残疾儿童的父母相比，残疾儿童的父母在影响学校教育惩戒结果方面可能要困难得多。某些情况下，家长并不觉得这是受到学校的惩罚，或者觉得惩戒程序是排斥性的。例如，在评估堪萨斯州学校教育惩戒政策和停课趋势时，学校内部出现"家长和学生不是将听证会视为听取各方意见并共同努力描述事件、确定和解决问题的机会，而是将其视为'对他们做的事情'"的现象。换句话说，当涉及在学校环境中为孩子作出教育惩戒的决策时，此类父母并不认为他们是参与者。②

---

① Noguera, P. *City schools and the American dream reclaiming the promise of public education*. [M]. New York：Teachers College Press，2003

② Kupchik, A. *The real school safety problem*. [M]. Oakland：University of California Press，2016

四、父母在惩罚中的责任和作用

当孩子在学校受到纪律处分时，父母也应承担相应责任。"当出现行为问题时，学校系统是调查员，他们还是检察官、听证员和上诉委员会。在这个过程中，谁会对孩子感兴趣?"答案显然是家长。虽然儿童在学校环境中确实有权利，但大多数儿童权利的主要倡导者是他们的父母。父母的角色伴随着大量的责任，但理解父母在教育惩戒过程中已经或应该承担的责任是复杂的。学校纪律属于学校行政人员、教师、家长以及刑事司法系统共同决定，维持所有相关主体之间的平衡不是一项简单的任务。虽然学校越来越依赖刑事司法系统来处理学校纪律问题，但很大部分纪律问题始于教师的参与。维持教师角色和家长角色之间的平衡很重要却很难达到，因为对于纪律问题，家长和老师可能有不同的目标。据统计，有超过一半的教师认为父母没有充分管教他们的孩子，导致一些老师可能不相信父母有能力、有愿望适当地管教孩子。[1] 父母和老师可能经常发生争执，一方面，家长可能不知道学校是如何运作的，觉得自己被排除在有关孩子的决策之外，可能会导致家长将与孩子相关的问题归咎于教学，尤其是涉及违纪和惩罚的问题。反过来，教师可能会对家长形成负面看法，更有可能无视家长的意见。虽然没有简单的解决办法，但在学校教育惩罚方面，家长和老师都可以采取一些措施来改善家长和学校之间的互动。

根据菲利普斯的说法，父母在处理学校纪律方面有四项具体责任：家长必须知道：（一）对学生的期望是什么；（二）这些期望是如何实现的；(三)他们的学生表现如何；(四)他们能做些什么来提供帮助。教师也必须有责任将家长视为达成纪律目标的合作伙伴。[2] 通过这种方式，如果父母意识到他们的孩子在学校存在纪律问题，父母和老师可以共同努力实现目标。克里斯滕森和谢里丹(2001)提出了解决家长和学校之间关键问题的三

---

[1]　Christenson, S. L., & Sheridan, S. M. *School and families: Creating essential connections for learning.* [M]. New York: Guilford Press, 2001

[2]　Moore, K. D. (2001). *Classroom teaching skills.* New York: McGraw Hill.

个"R"，包括权利(rights)、角色(role)和资源(resource)。将这一框架应用于学校教育惩戒时，学校需要承认家长在学校里拥有教育惩戒参与权。父母应该为孩子的行为负责，但学校也有责任确保纪律的公平和父母可以参与纪律程序，学校必须认识到家长在这一过程中发挥的重要作用。最后，家长应该被视为一种宝贵的资源，尤其是在学校教学过程中。如在尼日利亚，教师在学校有使用惩戒的权力完全是因为他们有权代表孩子的父母行事，表明了教师和父母之间存在重要伙伴关系，① 让家长参与制定学校教育惩戒政策是有益的，学校和家长之间的伙伴关系要求学校将家长视为纪律管理过程中的重要资源。

最后，鉴于学校越来越多地使用学校资源干事，一些学区已采取措施，确保家长参与涉及学校资源干事的讨论过程。例如，为了应对学校中儿童逮捕率上升以及惩罚分配中族裔和阶级歧视日益严重的问题，丹佛公立学校区和丹佛投资政策部门于 2013 年签署了一项政府间协议(IGA)。IGA 快车道倡议引入了两个机构都同意的关于丹佛公立学校自律组织的作用和范围的明确指导方针。事实上，IGA 来源于总部设在科罗拉多州的家长与青年倡导并组织的"牧师与青年"组织。具体而言，IGA 认为，当孩子被开罚单或被逮捕时，必须尽快通知父母，正式承认父母在惩戒过程中拥有参与、知情权利。

综合来看，家长通过与学校共同努力，可以有效改善家长参与惩戒过程的方式。第一，绝大多数父母都表示他们想参与孩子的教育，同样也适用于教育惩戒过程，因此，学校必须制定明确的政策，鼓励父母的参与。第二，学校管理者应该让家长清楚地了解学生的情况，并就纪律处分程序提供明确的指导方针，确保家长了解学校对孩子的要求，也了解纪律处分程序会允许家长在纪律问题出现时与学校交涉。第三，应向家长提供资源，以便在出现纪律问题时加大与学校合作的力度。作为孩子在惩戒处分

---

① Nakpodia, E. D. Teachers' discipline approaches to student discipline problems in Nigerian secondary schools. [J]. *International NGO Journal*, 2010：5, 144-151.

程序中的唯一代言人，学校应该向父母提供法律、财政或行政援助等帮助，以便他们能够参与惩戒处分程序。

第三节　监控学生行为：学校的角色和责任

自 20 世纪 90 年代以来，美国学校经历了治安等级的急剧增长，通常被称为学校资源官员（SRO）计划。政治领导人、教育官员和执法组织将这些项目作为维护有利于学习的安全环境的常识性方法来推广。此外，加拿大、英国、韩国等其他国家也出现了学校警务人员数量的增长。研究表明，将警察安置在学校可以增强安全感，如果实施得好，可以有效减少暴力。① 然而，许多社会学家对学校执法的负面后果及其增加基于种族、社会阶层的不平等的可能性表示担忧。此外，在美国，公众也越来越关注学校治安的负面影响。例如，2015 年，美国司法部启动了一项公民权利调查，批判性地审视了以学校为基地的警官的角色和责任，他们在不同社会和机构背景下的日常工作，以及美国学校警务和造成不平等现象之间的关系。

一、美国学校治安的发展

美国出现学校警务并不是一个新现象，有关学校警务的最早记录是 20 世纪 50 年代在密歇根州弗林特建立起来的学校治安项目。20 世纪 60 年代，在人们对预防性社区治安项目越来越感兴趣的情况下，佛罗里达州的一名警察局长创造了"学校资源官员"（SRO）一词。该词通常指的是"当地

---

① Jennings, W. G., Khey, D. N., Maskaly, J., & Donner, C. M. Evaluating the relationship between law enforcement and school security measure and violent crime in schools. [J]. *Journal of Police Crisis Negotiations*, 2011: 11, 109-124.

或国家执法机构雇佣的认证和平官员，其目标是保证学校的安全和安保"。① 然而，执法在学校中的使用直到 20 世纪 90 年代才变得普遍，在当时的情况下，几股社会历史力量汇聚，为学校警务的普及创造了条件。

20 世纪 90 年代学校治安和高度安全措施的发展，如使用金属探测器和安全摄像头，可以被视为美国的普遍现象。自 20 世纪 60 年代以来，犯罪已经成为政府关注的焦点，以至于美国现在"通过犯罪来治理"，社会犯罪控制项目已经扩展到几乎所有的民事机构，得到了越来越多的私人安全部队、新安全技术和警察的支持。② 在这种背景下，美国学校变得更加专制、惩罚性，并依赖于高度安全措施。社会对犯罪控制和安全的日益重视，国家对枪支暴力和青少年暴力的日益关注，成为在美国各地广泛建立和扩大学校治安项目的主要催化剂。强化安全和犯罪控制的措施逐渐普及，但惩罚性的教育惩戒和学校治安的兴起主要是一个种族化的过程。学校警务是美国严重依赖刑事司法系统的延伸，是管理有色人种和贫困人口的一种手段，尤其是那些生活在城市社区的有色人种，他们已经被去工业化、社会福利的大幅削减和日益加剧的经济两极分化所摧毁。具体来说，在 20 世纪 80 年代初，越来越严格的监狱判刑政策导致美国监狱人口激增，非洲裔美国人和其他少数族裔被大规模监禁。③ 20 世纪 90 年代，犯罪控制专家提倡新的、积极的"生活质量"和"零容忍"的邻里治安形式，这种形式侧重于管控低水平的违法行为，是在经济枯竭的城市社区预防更严重犯罪的一种手段，但激进的警务方法通过"大规模轻罪"系统不成比例

---

① McKenna, J. M., Martinez-Prather, K., & Bowman, S. W. The roles of school-based law enforcement officers and how these roles are established a qualitative study. [J]. *Criminal Justice Policy Review*, 2016：27(4)，420-443.

② Garland, D. *The culture of control. Crime and social order in contemporary society.* [M]. Chicago：University of Chicago Press, 2002

③ Alexander, M. *The new Jim Crow：Mass incarceration in the age of colorblindness.* [M]. New York：The New Press, 2012

地针对少数群体。① 虽然美国对安全和犯罪控制的高度关注是普遍的，但高度贫困人口、少数族裔社区以非常不均衡和特殊的方式成为目标。

在这种情况下，政治家和教育官员很快就将刑事司法系统的精神作为减少学校犯罪和暴力以及保护美国学校的一种手段。联邦政府第一次颁布了一系列政策，将学校安全作为首要政治问题和国家项目。1994 年联邦《无枪支学校法》要求接受联邦资金的各州对任何在学校被发现携带武器的学生处以一年的驱逐，并由学校移交刑事或少年司法系统。同年《安全学校法》呼吁学校对武器和毒品零容忍，并鼓励建立学校—警察伙伴关系。此时，零容忍方法虽然与学校治安分开，但却是从刑事司法系统中借用的一个术语和理念。学校的教育惩戒依赖于迅速和严厉的手段，通常是开除或停学，尽管它最初的重点是针对学校中的武器和毒品，但在实践中，它经常适用于轻微违规的情况，并导致警察干预学校的行为数量急剧增加。1999 年，为应对科罗拉多州科伦拜恩高中发生的大规模枪击事件，美国司法部面向社区警务服务办公室（COPS）创建了"学校中的 COPS"（CIS）计划，这是一项向各州提供资金以实施学校警务计划的赠款项目。从那时起，随着学校继续从联邦、州和地区寻求资金，学校监管项目稳步发展。

2012 年康涅狄格州桑迪胡克小学发生了轰动美国的枪击惨案后，美国联邦政府再次承诺资助学校治安项目。2013 年，奥巴马总统提议建立激励机制，将联邦学校安全工作人员补助金用于雇佣更多的学校安全工作人员，并寻求建立一个新的联邦补助金计划，为雇佣学校安全工作人员提供额外的资金。来自国家教育统计中心的最新数据表明，② 30% 的公立学校，包括小学、中学和高中里有一名或多名性权利监察员，其中 49% 的学校报

① Garland, D. *The culture of control. Crime and social order in contemporary society.* [M]. Chicago: University of Chicago Press, 2002

② Robers, S., Zhang, A., Morgan, R. E., & Musu-Gillette, L. (2015). *Indicators of school crime and safety*: 2014 (NCES 2015-072/NCJ 248036). Washington, DC: National Center for Education Statistics, U.S. Department of Education, and Bureau of Justice Statistics, Office of Justice Programs, U.S. Department of Justice.

告在 2013—2014 学年有学校代表，16% 的学校报告已雇佣警察。学校监管计划变得司空见惯，零容忍等政策已被全国绝大多数学校采用。尽管如此，20 世纪 90 年代与学校安全和普及学校治安有关的联邦政策在不同种族和社会阶层中造成的结果是不同的。

二、学校警察的不同角色和职责

鉴于导致学校治安加强的一系列复杂因素，学校警察承担多重角色也就不足为奇了。一些学区，如佛罗里达州、得克萨斯州和加利福尼亚州以及更大的城市，有自己的警察部队，而其他地区依靠当地辖区的警察。在前一种情况下，学校警察部门由学区直接控制；在后一种情况下，学校警察向他们当地的辖区报告，并可能在学校假期期间回到他们的辖区并承担其他责任。在某些情况下，警察在其部门内设立特别部门或工作队，这些部门在雇用的官员人数以及是否有全职执法人员的情况上也各不相同。例如，有的学校有一名官员分配到学校，而其他学校有一组执法官员在大楼里工作。同样，在一些学校，警察只是偶尔来访，而在其他学校，执法人员保持持续存在。

就执法部门承担的角色和责任而言，警察在不同学校和地区之间也有很大差异。属于执法范畴的职责可能包括但不限于在学校巡逻、发布刑事传票、解决课堂混乱、调查事件以及为当地警察局收集情报，非执法职责包括提供或教授与毒品和犯罪预防有关的课程、演讲、咨询、指导，协助学生及其家庭处理法律相关事务，以及在开学和放学时监督交通等。

官员们经常同时承担几种不同的责任，如加拿大和英国的学校警察，通常被称为学校联络官，承担着类似的角色和责任，包括巡逻往返学校的路线，以及集中减少学校中的逃学和问题行为。① 韩国提供了一个有点不同的警务模式例子，在韩国国家警察署的主持下，退休的教育工作者和执

---

① Patterson, G. T. The role of police officers in elementary and secondary schools: Implications for police-school social work collaboration. [J]. *School Social Work Journal*, 2007: 31(2), 82-99.

法官员志愿担任"学校监护人"，以解决违法行为，并成为学生的积极榜样。① 然而韩国模式不是像美国和英国那样依靠特殊的执法权力，而是建立在志愿者的公民责任感之上，其权威很大程度上来自于韩国文化中对长辈的尊重。

在美国，一个为自律组织提供培训的非营利组织——全国资源官员协会，已经根据"三位一体模式"制定了专业标准，其中包括执法、咨询和指导。然而，学校在多大程度上制定了明确的指导方针尚不清楚。例如，加利福尼亚州美国公民自由联盟最近进行的一项调查发现，加利福尼亚州的许多地区都有模糊的、相互冲突的或缺失的政策来指导执法部门在学校中的作用，而且它们很少或根本没有向学校工作人员提供关于何时让警察参与纪律事项的指导。② 随着 1990 年代关于学校安全的联邦法律的通过，学校行政人员和警察作为学校的法律和秩序力量合并在一起，这导致了一套复杂的、繁琐的安排。此外，当学生组织代表以顾问或教师以及执法人员的多重身份与学生互动时，他们向承担顾问角色但也有权实施逮捕的警官透露信息时，学生的权利很有可能受到侵犯。学校里有警察是冲突的成熟条件。官员如何看待自己的角色和规定的角色，与官员实际做的事情之间存在分歧时，就会发生角色冲突。根据校长和学校警察的调查数据，两个群体都认为执法是学生组织的主要责任，但学生组织报告说，与校长相比，他们参与非执法和非正式活动的次数要多得多，如了解学生。学校警察经常干预学校违规行为，在学校治安的背景下，因轻微违法行为和不守秩序行为而被逮捕的情况有所增加。日本宇宙航空研究开发机构强烈敦促各地区制定一份"谅解备忘录"，明确界定学校警察的作用和责任，以确保

----

① Brown, B. Understanding and assessing school police officers: A conceptual and methodological comment. [J]. *Journal of Criminal Justice*, 2006: 34(6), 591-604.

② Nelson, L., Leung, V., & Cobb, J. *The right to remain a student: How California school policies fail to protect and serve*. The American Civil Liberties Union of California [EB/OL]. (2016-10). https://www.aclusocal.org/wp-content/uploads/ The-Right-to-Remain-a-Student-ACLU-CA-Report. pdf.

成功的学校警察伙伴关系。然而，当从不同角度工作的学校、工作人员和执法人员都主张权威且没有制定明确的指导方针时，冲突的可能性就会增加。

三、政策和实践的考虑

学校监管项目在美国和其他一些国家已经变得司空见惯，并且经常被视为是维护学校安全的必要手段。事实上，美国大多数大型学校，都有大量少数族裔学生和贫困学生，它们雇佣的安保人员比辅导员多得多，执法已经成为美国学校的一种普遍模式。[①] 在某些情况下，学校监管可以有效减少暴力，培养年轻人对执法的积极看法，然而，也有证据表明，学校监管会产生严重的负面影响，尤其是对少数族裔学生、贫困学生和残疾学生，应该质疑学校监管项目的存在。例如，媒体最近才披露了学校警察使用泰瑟枪、电击枪和胡椒喷雾的情况，[②] 但却没有官方数据表明这些做法在学校中有多普遍，或如何不成比例地影响弱势群体，以及在哪些社会、心理或学术影响方面被"震惊"。

此外，正如日本宇宙航空研究开发机构所描述的那样，SRO 模型似乎是合理的。协会呼吁明确界定角色，并雇用有适当倾向的官员从事儿童工作，它还要求明确区分作为教育系统手段的教育惩戒和作为警察手段的执法。首先，工作人员代表组织和官员承担了如此多的角色和责任，有些是从教育或儿童发展的角度出发，有些是从执法的角度出发，这两种观点必然会发生冲突。鉴于这些相互冲突，即使是明确规定警官工作的细则，也不太可能解决引发的冲突。其次，在种族隔离的城市学校中，警察项目往

① Barnum, M. (2016, March). These school districts have more police officers than counselors. *Huffington Post*［EB/OL］. (2016-03). http：//www. huffingtonpost. com/entry/schooldistrict-security-guards_us_56faa11ae4b0143a9b4948d0.

② Klein, R. (2016, August). Set to Stun：Children are being Tasered by school-based police officers. No one knows how often it's happening or what impact it's having on students. *Huffington Pos*［EB/OL］. (2016-08). http：//data. huffingtonpost. com/2016/school-police/ tasers.

往不是仿照全美体育协会的最佳做法执行，而是仿照激进的街头警察项目进行。最后，越来越多的研究指出了基于教育和心理学理论的学校纪律的积极模式，这种模式可以教会学生有价值的人际关系、应对和行为技能，而执法模式却不会。然而，在高度安全和积极治安的大背景下，这些积极的基于学校的模式黯然失色，导致缺乏在全系统实施的政治支持和资金。

问题接踵而至，学校纪律和安全是否可以从国家安全和犯罪控制项目以及学校外部存在的更大不平等中分离出来。要做到这一点，美国需要在全国范围内致力于从教育和儿童发展的角度而不是从执法的角度来实施教育惩戒。虽然警官可能需要偶尔进入学校处理犯罪或安全威胁的问题，但除非报告了犯罪，否则他们永远不应该干预学校纪律问题，也没有必要让警官成为行为问题的第一线干预者。此外，警官不应承担顾问和导师的角色，因为他们接受的是执法方面的培训。因此，他们主要从执法角度开展工作，这往往与咨询角度提供的方法相矛盾。

执法模式的转变将需要为学校，特别是资源不足城市的学校和有大量弱势学生的学校提供更多资源。这些资源将支持与学生心理健康、冲突解决和同伴调解、学术和社会支持以及课程修订相关的全系统举措。学校为此需要雇佣更多的辅导员和社会工作者，并采用新的、更具建设性的纪律模式，如恢复性司法。此外还要考虑当前教育政策和做法与惩罚性纪律之间的关系，如在教室里普遍使用高风险测试与教育惩罚之间的联系，[①] 如果要摆脱对学校中警官的依赖，就必须面对盛行的以考试为基础的教育做法及其造成的大量学生脱离的消极后果。

为努力减少警察对学校的干预，其中一种可能性是设立一种新的专业职位，承担学校目前的一些角色和责任。首先，学校资源专业人员而不是官员，可以接受一系列植根于教育和儿童发展理论以及预防暴力和解决冲突的方法的培训，同时承担与学生行为有关的工作。这是一些学校的辅导

---

① Hirschfield, P. J. Preparing for prison? The criminalization of school discipline in the USA. [J]. *Theoretical Criminology*，2008：12(1)，79-101.

员和学科主任现在做的工作，但要经过特殊培训，主要重点是营造积极的学校氛围，并教授学生非暴力解决冲突的技能并提供管理恢复性司法项目。其次，他们要具备评估学校需求的技能，并与教师合作，利用教育策略解决与学生脱离和课堂中断等相关的问题。最后，他们可以接受安全建设方面的培训，并在必要时与执法部门合作解决犯罪和安全问题。然而，由于他们的主要身份是教育工作者或顾问，并在这些领域受过专业培训，他们不会依靠执法手段或有权逮捕学生。在许多学校，辅导员、院长和学校行政人员已经在做这类工作，但他们通常没有培训、资源、时间或组织支持来最有效地或在全系统范围内做这项工作。

学校反映了社会中的不平等现象，学校往往会再现社会不平等，但学校也可以减少社会不平等。世界上大多数公立学校的建立都是基于机会平等的原则。[①] 为了实现这一原则，学校不能依赖在社会中制造和维持不平等的原则和策略，教育政策制定者和学校领导应该抵制现行的法律和秩序模式，提倡在对学校安全控制和教育惩戒中采取更符合教育和儿童利益的做法。

第四节　教育惩戒政策实践中的新技术发展

随着教育惩戒实施过程中对学校的大规模监控、偏见定性、侵犯人权、数据挖掘和反民主入侵等问题成为现实，大量组织正在汇编大量私人信息，同时负责保护这些信息的隐私性并防止违规的破坏性后果。与此同时，现代教育也越来越深陷于无形的庞大数据流网络之中。"如果你没有什么可隐藏的，你就没有什么可害怕的"已经成为应对新监控技术涌入的一个新主题，学生也开始陷入监控设备的海洋。

---

① McGuinn, P. The federal role in educational equity. In D. Allen & R. Reich (Eds.), *Education, justice, and democracy.* [M]. Chicago：University of Chicago Press, 2014

当下学校出现了多种技术，涉及数据的视觉、生物识别、空间、在线算法捕捉和处理。例如，数字指纹、位置跟踪，包括射频识别和全球定位系统，可疑药物和酒精测试、警方嗅探犬，一系列包括公开、隐蔽、壁挂式和可穿戴摄像头在内的摄像头，在线监控、虹膜扫描、机场式安全拱门和手持金属探测器棒。随着新技术的范围和复杂性及其对行为的影响不断拓展，它与教育领域的快速发展相结合，也引发了人们对教育惩戒实践中引入新技术的关注。本节将探讨当下世界各地学校使用的众多监控技术和混合技术，并关注其在教育惩戒实施过程中的驱动因素、重要性、影响和体验，并将其置于社会政治背景中。例如，公立学校的军事化和公司化是关键因素，这些过程本身遭到了社会与文化的冲击，如教育政策的新自由化。

一、学校监控摄像技术的使用

根据福柯的观点，学校是"封闭的纪律机构"之一，[1] 与医院、监狱、精神病院一样将人体监控嵌入学校内部结构和建筑设计中。然而学校作为技术监控场所，直到闭路电视出现在教室、走廊、食堂以及校车上时，才真正开始引起人们的注意。早期的摄像机系统往往出于保护目的，是为了保护教职员工和学生免受入侵者的攻击而安装的，但很快就被用于维持学校纪律和监督教师表现。例如，2009 年全球教师协会进行的一项调查发现，尽管 98% 的教师声称安装闭路电视是出于安全目的，但 50% 的教师报告指出闭路电视被用于监控学生行为。

新的监控技术不断涌入当下利润丰厚的教育市场，一些学校还安装了穿戴式摄像机，并要求学校各类人员日常工作时穿戴。例如，美国爱荷华州东南部的一个学区已经在该学区的八所学校都提供了带有人体摄像头的穿戴感应设备。在美国，学校资源官员和学校警察将穿戴式摄像机引入校

---

[1] Foucault, M. *Discipline and punish*：*The birth of a prison*. [M]. London：Penguin Books，1977

园，以捕捉不端行为并记录与学生、工作人员和家长的互动。例如，得克萨斯州的埃尔帕索独立学区已经为其所有学生注册办公室配备了人体摄像头感应设备。[1] 在英国，率先使用可穿戴视听设备的不是学校管理者或警察，而是教师，教育部为此发布了一份声明，称这只是"学校的事情"。

英国《泰晤士报教育增刊》对 600 名教师进行的一项调查发现，超过三分之一（37.7%）的教师表示，他们愿意在学校佩戴人体摄像头；三分之二（约 66.4%）的教师声称，有摄像头记录会感到更安全。调查显示，35.1% 的教师愿意佩戴摄像头，以便他们可以监控学并获取学生错误行为的证据，但只有 19.5%的教师表示，他们会通过监控技术手段以改善教学。虽然老师们可以通过技术监控学生，但如果将焦点转移到学生身上，往往就会事与愿违。合法性监视通常以对谁、做什么、在哪里以及出于什么原因对个人或群体的监视是有效的监视的共同理解为前提，[2] 到目前为止，学校监视活动还没有合理地解释各相关主体是否达成统一的意见。

（一）英国、美国对学校监控摄像技术的管理

在人们普遍看来，记录学生的日常行为需要经过严格的监管框架和协议审定，但事实上在许多国家这些框架和协议都较为宽松。在英国，负责个人"数据隐私"的独立机构——信息专员办公室（ICO）确认教师使用佩戴式摄像机符合 1998 年《数据保护法》的原则，但存在的主要问题是，此法案缺乏对设备的具体操作作出详细指导。《数据保护法》中规定，"个人数据应是充分的、相关的，并且与其处理目的无关"。然而，对于被认为是"过分"的东西却有很大的主观解释性，对于视频监控的支持者来说，记录日常互动并不被认为是过度的，是为了捕捉那些不可预测的事件所必需

---

[1]　Martinez, A. (2016, April 23). Privacy key as schools move to body cameras. *El Paso Times* [EB/OL]. (2016-04-23). http：//www.elpasotimes.com/story/news/ privacy-key-schools-move-body-cameras/83446872/.

[2]　Taylor, E. *Surveillance schools：Security discipline and control in contemporary education*. [M]. Basingstoke：Palgrave Macmillan, 2013

的，对于警察来说尤其如此，他们已经将佩戴式摄像头作为制服的一部分，同时佩戴收音机、手铐，甚至武器。然而，这却忽略了学校独特的特点，当所捕捉到的大多数互动和行为都是出自儿童并且不涉及任何犯罪活动时，使用随身携带的摄像设备则应该视为是过度的。英格兰和威尔士有各种条款和法规管理监控的使用，2012 年的《英国自由保护法》引入了一系列与监控有关的措施，特别是与学校有关的措施，如禁止未经家长同意对学生进行指纹打印、发布监控摄像机行为守则等，大部分学校还根据该法案创建了监控摄像机专员的法定任命、发布了监控摄像机业务守则等，其中包括遵守现有的法律义务，包括根据《数据保护法》处理个人数据，以及遵守 1998 年出台的《人权法》的义务。

美国对学校监控摄像技术的监管则略有不同，虽然有明确禁止学校使用监控摄像技术的法律条文，但相关的法律在不断变化，具体体现在一些专门涉及数据保护概念的法律和行政命令中。在这个过程中，出现了两个重要的发展事件——1974 年的隐私法案和计算机匹配与隐私法案，其中提到监控摄像技术仅适用于联邦政府使用，包括学校在内的其他私营和公共部门没有任何使用权限。美国公民自由联盟(ACLU) 认为，使用闭路电视的学校"违反宪法，侵犯了学生、教师、工作人员和来访者的合法隐私权"，实际上"在没有搜查令、没有合理理由或合理怀疑的情况下进行了不合理的搜查"。① 尽管如此，学校使用监控摄像技术也很难在美国法院被裁定为违背宪法。美国公民自由联盟声明了以下立场：摄像机对学生的隐私构成了真正的威胁，由于在学校创造一个无处不在的监控环境，为塑造未来崇尚自由的公民提供了不良环境。

(二)影响和效果

随着学校不断暴露出越来越多的社会问题，从恐怖主义到吸毒，从不

---

① Warnick, R. Surveillance cameras in schools: An ethical analysis. [J]. *Harvard Educational Review*, 2010: 77(3), 317-343.

良网络信息到欺凌等等，学校责任变得越来越重大，当其发现缺乏能力独立应对众多需求时，便开始求助于私营部门提供一系列复杂的高科技"解决方案"，这些方案往往具有监控属性。例如，由于担心学生行为激进或受到极端主义的影响，在一些国家，学校被赋予防止学生被卷入恐怖主义的法律责任，一些学校引入了"反激进"软件来监控学生的在线活动。有研究表明，学校对技术监控的加强对特定群体影响是累积的和巨大的，它可能会增加被主流教育排斥的人数，从而加剧了社会分裂、不平等现象并影响学生学业成绩，刑事司法系统与学校教育惩戒系统之间的界限越来越模糊，甚至最终会剥夺学生在受教育权、惩罚相称权和言论自由权。

二、生物识别技术的使用

目前一些国家的教育部门和学校开始广泛引入生物识别技术。运用在学校中的生物识别技术的类型通常包括在手机上使用指纹作为验证令牌，在端口控制上使用面部识别软件，或作为闭路电视技术的一部分。同时已经开发的最新技术方法包括 DNA 测序、视觉生物测定、手部扫描、步态分析、气味识别、行为生物测定以及静脉识别系统，如手掌静脉阅读器等。生物识别技术为学校带来的好处十分明显，[①] 既降低了学校纪律安全方面的管理成本，又给学生带来了技术的威慑，被描述为"对个人日常生活的无声、连续和自动的监控"。但是其弊端亦非常明显，主要是因为其准确性导致的学生隐私暴露等问题。

学校对生物识别系统的使用是对复杂性社会问题的回应。其中有几个问题尤为重要：不断增长的学校规模和社会认同、权力和控制，以及生物识别技术代表着现代化和高效率。不同的社会、历史和意识形态因素影响着生物识别系统的部署方式及其出发的实践和理论立场。

---

① Darroch, A. Freedom and biometrics in UK schools. [J]. *Biometric Technology Today*, 2011: 2011(7), 5-7.

(一)不断扩大的学校规模和社会认同

当前学校的规模不断扩张，与之相关的个性化程度也越来越高，也反映在对生物识别等最新技术的使用上。

进入现代社会，许多国家的学校规模普遍在二十世纪后半叶大幅扩大，这一趋势一直持续到现在。例如，1954 年至 2004 年间，美国拥有1000 多名学生的高中学校数量从 7% 增长到 25%，在 1989 年至 1999 年的十年间翻了一番。① 大多数学校呈现出规模扩大的弊端，尤其是一些大型学校，更难进行有效管理。教师和学生之间的关系随着学校规模变大也发生了改变，缺乏人性化管理的现象开始出现。随着时间的推移，教师、行政人员、图书管理员和校餐主管对学生个人的身份和性格越来越不熟悉，因为他们工作学校的总体规模越来越大。在这种情况下，面对面的互动被越来越多的技术所取代，比如射频识别、全球定位系统、闭路电视监控等。在这种背景下，生物传感器的使用代表了一种简化的身份识别形式，教师或同事的个人知识被身体作为身份标志所取代，成为了高度技术化的监控协议的一部分。因此，身体的遗传结构代表了试图控制和监督身体的社会中个人的身份，但这样一来，身体就被商品化了。

(二)权力和控制

根据福柯的"生物政治"说法，② 学校成为由新自由主义经济力量驱动的政府监管场所，围绕生物识别系统采购的商业流程影响着学校的教育惩戒措施。反过来，这也使得学校发展大规模的、高度技术化的学生管理系统成为一种理想和必要的选择。社会关系领域越来越关注身体在城市与社会中的作用，如自助餐厅系统和生物识别支付的发展趋势是学校供餐过程

---

① Nguyen, T. High schools: Size does matter. Issue Brief, 1(1), Study of High School Restructuring. [M]. Austin: University of Texas, 2004

② Foucault, M. *The birth of biopolitics: Lectures at the College de France*, 1973-1974. [M]. Basingstoke: Palgrave Macmillan, 2010

现代化的一个例子。学校建筑的生物识别进出系统则顺应了国家高度城市化的管制安排趋势。

在城市化进程中，布迪厄将身体视为构建社会权力和关系的手段，他在社会学中对身体的观点与他所称的"身体资本"联系更为紧密，身体完善在社会意义上的体现等同于获得高社会地位。布迪厄关于社会身份的知识关注与鲍德里亚关于消费关系的知识关注有所重叠，引入后现代视角进行分析，有助于理解被监控者和学校中的监控者两者有关监控理念的根本转变。

以生物识别的方式跟踪学校里的孩子，以这种方式控制他们身体的过程，涉及不同层次的消费和支配，儿童被视为教育的消费者，与此相关的是学校膳食和图书馆书籍等资源。反过来，在市场化的学校融资经济中，学校是生物识别系统的客户或消费者。在这种经济中，企业可以向学校出售系统，以回应这种消费欲望。在这个问题上布迪厄和鲍德里亚的立场发生了分歧。一方面，布迪厄认为消费是由品味和社会阶层决定的，解释了为什么一些孩子选择自带学校餐，或者要求刷卡而不是指纹。另一方面，鲍德里亚认为在这种情况下的消费行为在社会和政治上是中立的。

鲍德里亚的理论强调设施规模的扩大以及个人角色的模糊化，这就为私营商业部门提供了一个有力的理论框架。这可以成功说服学校需要生物识别系统，即生物识别系统的使用是基于社会中立的假设以及生产者和消费者在各个层面的平等交流。在这种背景下，生物识别在学校的使用变得仅仅是一种便利，有关权力和控制问题并不突出。随着生物识别技术在学校的广泛运用，生物识别系统变得具体化，并获得了独立的地位。

（三）生物识别技术代表了现代化和高效率

生物识别技术的现代化和高效率与各国学校市场化运动的趋势相关联。如英国允许学校产品长期租赁生物公司开发新校舍和设备，从而有助于在全国范围内广泛采用生物识别技术。近30年来，许多英国学校都能够通过英国 1988 年《教育改革法案》中的"地方学校管理"（LMS）条款来管理学校预算。作为 2005 年至 2006 年"为未来建设学校"计划的一部分，英国在过去二十年里也经历了大规模的重建，并与学校改革举措普遍挂钩，其中翻新老建筑也是一种普遍趋势，这些老建筑通常是在"二战"后仓促建造的，十分缺乏现代技术手段的配备。如今，在英国学校中，私营部门在学校的参与度越高，生物识别技术被使用的可能性就越大。例如，英国佩斯利的托霍姆小学 2010 年就开始在餐厅安装手掌静脉阅读器，通过租赁叶达鑫有限公司的基础设施，并由私人资本资助，可以使用长达 25 年时间。此外，叶达鑫与格拉斯哥市议会合作建造了几所建筑价值 1 亿英镑的学校，①并在这些学校中使用与雅格电子和富士通合作开发的生物识别技术。

　　这项技术的不断发展是由学校对技术前沿的追求所驱动的。生物识别与"群体思维"非常相似，② 在当前私有化和竞争性招标的经济环境下，在新自由主义经济价值观的驱动下，学校的目的是创造新的产品和服务，这些产品和服务可以为商业组织带来利润，并作为未来的技术设备出售，同时成为学校教育惩戒管理当中现代化和效率的象征。生物识别技术运用在 21 世纪的学校教育惩戒管理中也带来了大量争议，导致了一些两极分化的观点。从便利性到实用性，再到代表某种身份的观点，现有的社会逻辑模型很难做出完美地解释。一方面，从支配地位、权力、新自由主义和儿童数据隐私权的角度可以对其发出严重声讨。但另一方面，生物识别技术是一种对社会产生深远影响的技术，就像打印技术的出现一样，它们本身不一定有害，关键是要建立其个人和团体对这种系统更深的信任，以便更好地把握其是否建立在本质上公平、平衡和人道的系统之上。学校维持日常秩序的正当理由也不能忽视学生个体对信任的需求。

---

① 　Ball, S. (2007). *Education PLC*. London：Routledge.

② 　Lodge, J. (2012). The dark side of the moon：Accountability. Ethics and new biometrics. In E. Mordant & D. Tzovaras（Eds.）, *Second generation biometrics：The ethical, legal and social context*. London：Springer.

三、非社交媒体：学校对学生使用互联网的监控

20 世纪 90 年代中期，使用互联网的学生在许多经济发达国家的学校中出现并不断增多。根据英国教育和科学部 2006 年的数据统计，① 1998 年，17% 的英国学校有互联网接入，到 2000 年，这一数字迅速上升到 86%，到 2006 年，几乎所有学校都使用了互联网。同样，美国公立学校的互联网接入率迅速上升，从 1994 年的 35% 上升到 1999 年的 95%。② 随着互联网供应的扩大，人们越来越担心学生在上网时可能会面临危险，不适当的互联网使用可能对学校社区构成威胁。随着互联网成为道德恐慌的主题，一些教育机构实施严格的互联网控制，但也有其他社会和政治压力在起作用。尽管许多媒体的报道带有夸张性质，但网络危害是真实存在的，学校也有控制与管理的义务。此外，学校也有通过使用"持续监督"作为学校控制方法的悠久历史，在这种情况下，严格的互联网控制和侵入性监控可以视为学校工作方式的反映。

在实施学生在线监控时，需要解决四个关键问题，第一，谁试图控制学生使用互联网；第二，学校如何监控学生日常在线活动；第三，为什么要监控这些活动；第四，这种监控的影响是什么。学生接触的网上监控可以被视为产生了非社交媒体，来自过滤软件、交易日志、视频监控技术、网络摄像头和社交网站的数据都可以理解为该媒体类型。学校与这类媒体接触的方式可能强制性的、侵入性的、误导性的。此外，随着脸书（Facebook）、推特（Instagram、Foursquare 和 Tumblr 等）社交网络和微媒体网站的兴起，学生互相监视的几率呈指数级增长。学生也反过来利用这种技术跟

---

① BESA. (2006). *Information and communication technology in UK state schools*. London: British Educational Suppliers Association.

② Steadman, J., & Osorio-O'Dea, P. (2001). *E-Rate for schools: Background on telecommunications discounts through the universal service fund*. Congressional Research Service [EB/OL]. (2001-07) http://digital.library.unt.edu/ark: /67531/metacrs1982/ m1/1/ high_res_d/98-604epw_2001Jan04.pdf

踪，骚扰和网络欺凌同学，这种情况更值得被贴上非社交媒体的标签。目前大多数欧洲国家和其他经合组织国家普遍实现了互联网接入，尽管有大量关于互联网教育用途的研究，但很少有研究直接涉及对学生在线活动的监控问题。

(一) 谁控制学生的互联网使用?

在大多数国家，学校工作人员有照顾学生的义务，通常由就业合同和法律规定。因此，"要求教师尽一切合理努力保护学生的健康、安全和福利"。① 然而，在学校中，不仅仅是教师、技术人员和其他支持人员试图控制学生使用互联网，学生们也可以监控自己和同龄人的网络行为。学校工作人员通过口头交流、互联网的合法使用政策和其他文件来规定学生的行为标准，这种规定在监控系统内运作，旨在让学生社会化，监控自己和同伴的在线行为。在此基础上的教育惩戒政策往往会强化其惩罚性，包括将学生排除在教室、互联网或学校之外。此外，家长通过共同签署在线活动计划、参与电子安全计划、纳入与互联网相关的学校教育惩戒政策以及监测家庭使用网络技术的情况，参与管理学生的在线活动。

在学校之外，一些国家的地方、州和政府组织发布的指导方针和政策会影响学生的互联网使用。学区、地方教育当局和政府部门创建了大量政策文件，"充当社会组织的框架或网格，使某些形式的社会行动成为可能，同时排除其他形式的行动"。② 例如，获得电子费率技术资助的美国学校被要求屏蔽和过滤网站内容，这些法令与互联网使用间接相关，但仍然导致在线监控的增加。2015 年 10 月澳大利亚推出的数据保留计划对学生产生了重大影响，该计划要求互联网服务提供商在访问网站和发送电子邮件的两年内保留个人元数据。

---

① NUT[National Union of Teachers]. *Education, the law and you*[EB/OL](2012). http://www.teachers.org.uk/files/the-law-and-you--8251-.pdf

② McDonald, C. The importance of identity in policy: The case for and of children. [J]. *Children & Society*, 2009: 23, 241-251.

除了学校员工、学生、家长和政府，还有许多其他组织试图影响互联网的使用，包括准政府组织、记者、教育技术专家、咨询服务人员、教师团体、研究人员和商业组织。① 在市场进一步自由化之后，高科技和安全公司针对教育部门开发新技术，最新的保护软件、监控工具和社会分类协议带来了蓬勃发展的市场。如谷歌等私人公司可以广泛跟踪学生的在线活动。美国隐私倡导者组织电子前沿基金会(EFF)透露，大部分主流浏览器的 Sync 功能是默认启用的，允许记录访问的网站、搜索词甚至保存的密码。

(二)如何监控学生的在线活动？

近年来，随着闭路电视(CCTV)摄像机、自动指纹识别系统(AFIS)、虹膜或静脉扫描仪、面部识别软件、射频识别(RFID)微芯片、金属探测器和网络数据库等设备的引入和普及，监控技术在学校内部的使用迅速增加。此外，社交媒体的流行让学生在更大程度上参与了同伴监控。监控学生的在线活动已经成为学校实施教育惩戒的一种数字化方法，学校及其员工在观察学生在线活动时，注意力主要集中在对学生的物理监控和对非社交媒体的数字监控两个方面。

1. 物理监控的受限范围

20 世纪 90 年代末，互联网最初被引入学校时是通过有线网络计算机接入的，这些设备通常集中在专用的信息技术(IT)套件或学习资源中心，并经常由信息技术人员或图书馆员亲自观察学生。此外，如果将联网计算机放在普通教室或信息技术教室，教师有责任监控学生的互联网使用情况。这种观察的最初焦点是计算机屏幕，因为工作人员通过物理检查显示

---

① Buckingham, D. (2007). *The impact of the media on children and young people with a particular focus on computer games and the internet*. Prepared for the Byron review on children and new technology. With contributions from N. Whiteman, R. Willett and A. Burn [EB/OL]. (2014-02) http://www.the childrensmediafoundation.org/wp-content/uploads/2014/02/Buckingham-Byron-review-2007-copy.pdf

器上的显示来确保学生继续完成任务。① 观察计算机屏幕的需求经常反映在建构主义教学法中,该教学法优先监视灵活的学习需求。然而,有时安全问题仅次于经济压力,支持互联网的设备成排安装,以容纳尽可能多的计算机。除了关注屏幕,工作人员还要观察学生的一般行为,此外,还采用了不太直接的实物监督形式,包括监测印刷材料、检查完成的工作以及使用纸质预约系统记录学生的在线时长。

自从学校早期使用互联网以来,已经发生了各种各样的变化。这些变化影响了工作人员观察学生在线活动的方式。许多教育机构现在提供无线连接,学生使用笔记本电脑、平板电脑或智能手机等移动设备上网,一些经济发达国家的学校普遍实行了一人一台笔记本电脑的政策,学校还鼓励学生自带设备使用。尽管学校中仍然存在专用的信息技术空间,但原则上,学生可以从任何有无线网络连接的地方上网,这可能会在"学校更广泛的有限范围内创造一个技术公共空间,为数字技术使用的非正规化模式提供空间"。这种"宽松的空间"可能会提高教育的灵活性,但也会增加物理监控的难度,尤其是在使用小屏幕移动网络设备的地方。尽管对学校内使用互联网的学生进行身体观察仍然很重要,但这种监测是"不连续的,往往被限制在教室内",学生在线操作的速度、小型数字设备的移动性以及要观察的活动量之大都意味着物理监控的范围有限。因此,尽管教师的监控仍然很重要,但它不断放大的局限性越来越多地被数字技术所补充。

2. 非社交媒体的数字化监控

学校的数字化数据可以通过例行程序自动收集,可以是有意产生的,也可以是自动产生的。这种数据应该被视为媒体,因为它通过处理和解释产生有意义的内容。② 在暗示这种信息可以被贴上"非社交媒体"的标签

---

① Hope, A. Panopticism, play and the resistance of surveillance: Case studies of the observation of student internet use in UK schools. [J]. *The British Journal of Sociology of Education*, 2005: 26(3), 359-373.

② Couldry, N., & Powell, A. (2014). Big data from the bottom up. *Big Data & Society*[EB/OL]. (2014). http://bds.sagepub.com/content/1/2/2053951714539277

时，强调了其负面含义。从这种数据中产生的监控可能是强制性的，或者会引起烦恼和不满。

学校"非社交媒体"的形式包括过度的过滤软件、误导性交易日志、偷窥视频监控技术和对社交网站的侵入性监控。具体来看，学校互联网接入的迅速发展伴随着各种过滤软件的安装，包括所谓的围墙花园、拒绝列表、关键词匹配和图形内容管理程序，虽然这种软件旨在限制学生接触不良信息，但它伴随着一个自动监控功能，当超级管理员查看、添加和删除区块时，搜索会被禁止、标记和记录。这种监控通常是强制性的，由政府教育部门反复确认的"学校应确保适当的过滤到位"。根据 2012 年美国学校图书馆员协会进行的一项全国性调查，① 94% 的受访者报告称他们的学校使用过滤软件，其中使用最多的过滤软件类型被确定为基于网址（70%）、基于关键词（60%）和黑名单（47%）。事实上，由于美国儿童互联网保护法（CIPA）的更新，电子费率资助的学校被要求过滤网站内容。然而，过滤软件在某些情况下无法分辨情况，如美国政府要求学校管理者"阻止或过滤对以下图片的互联网访问：带有猥亵性质的儿童色情制品或者对未成年人有害的内容"，由于后一类包括对未成年人来说缺乏文学、科学、政治或艺术价值的内容，因此也产生了不同的解释。鉴于这种模糊性，许多学校"谨慎行事"并采取过度的方法，限制访问教育效益可能会受到考验的网站。如 YouTube、可汗学院、Skype、Dropbox 和脸书（Facebook）等网站经常被学校过滤软件屏蔽。虽然在学校计算机网络上安装过滤程序的要求通常是明确的，但法律对安装在可以携带回家的计算机设备上的软件要求不太明确。据报道，美国的许多教育机构选择自动将过滤软件下载到学校拥有的设备上，这样当学生访问校园网络时，就限制了其对新闻群组、游戏、聊天室和社交媒体网站的访问。英国学校也采用自带设备过滤计划，包括过滤程序在内的教室管理软件已安装在 1400 多名学生的个人笔

---

① AASL[American Association of School Librarians]. (2012). *Filtering in schools* [*EB/OL*]. (2012) http://www.ala.org/aasl/sites/ala.org.aasl/files/content/researchand-statistics/slcsurvey/AASL_Filtering_Exec_Summary.pdf

记本电脑上。最终，使用这种软件来屏蔽越来越多的网站，不仅在学校，而且在家里，限制了学生的在线体验，同时有效地扩大了对他们互联网活动的数字监控。

事务日志是监控互联网使用的关键设备，通常会记录信息，如网页浏览历史和访问时间，同时产生自动生成的数据用来记录学生的在线活动。在学校互联网使用的早期，这种记录的效率性是一个问题。如一位学校信息技术经理所抱怨的："原则上，这些日志是存在的，但实际上，你最终得到的是一个装满日志的硬盘，没有人有时间去阅读它们。"①近年来，随着大数据分析的发展，网络日志监控变得更加高效，专业程序允许学校员工通过用户总结数据来监控，但这样的记录不能展现即时的情景。例如，一名学生如果访问一个社会学项目的自杀网站，可能会无意中触发教育惩戒中的干预程序。

视频监控一词概括了视频式监控软件和网络摄像头的使用，② 这一类监控通过让教学主管看到整个班级屏幕的缩略图视图、屏幕滚动、屏幕活动跟踪，最终实现了数字监控。虽然这类软件主要是作为一种学习支持工具，但它在课堂管理中的作用已经显著增长。例如，澳大利亚昆士兰州政府向学生提供安装了此类程序的笔记本电脑，允许教师在课堂上远程控制电脑，并记录有时间戳的截图、访问的网站、击键和打印。此外，这种监控活动不仅限于学校，还出现了 Skype 对话的截图监控以及在学生家中拍摄的电影快照监控。③ 虽然网络摄像头可以用于校外团体之间的视频通话，也可以用于在线直播课程，但可以远程激活的能力意味着它们也有监控潜

---

① Hope, A. 'Moral panic', internet use and risk: Perspectives in educational organisations. In A. Hope & P. Oliver (Eds.), *Risk, education and culture* . [M]. Aldershot: Ashgate Publishing, 2005: 63-77

② Hope, A. Biopower and school surveillance technologies 2.0. [J]. *British Journal of Sociology of Education*, 2016: 37(7), 885-904.

③ Chillcott, T., & Tin, J. (2012). Screen spy keeps watch on school students' home laptop activity. *The Courier Mail* [EB/OL]. (2012). http://www.couriermail.com. au/news/queensland/screen-spy-keeps-watch-on-students/story-e6freoof-1226358220320

力。2010 年，宾夕法尼亚州的一个学区被指控远程激活学校发放的笔记本电脑上的网络摄像头，当一名学校校长在利用一名 15 岁学生卧室拍摄的网络摄像头图像，对他涉嫌毒品相关行为进行惩戒时，这一问题被曝光。随后有消息称，相关学校秘密拍摄了超过 56000 张学生照片。这样的事件似乎并不罕见，布朗克斯一所高中的副校长在一次电视采访中讲述了他是如何利用笔记本电脑网络摄像头监视在校学生的。

尽管一些教育机构禁止使用社交网站，但它们仍被视作学习过程的一部分。由于一系列社会因素，学生倾向于在网站上披露个人信息，这些因素包括过度信任、屈从于同行压力、寻求塑造特定身份以及对隐私持有短视和偏见的观点。所以即使学校不将社交网络用于教育目的，它们可能仍然会监控学生对社交媒体的使用。因此，存在无数学生因在社交网站上发布"公开"信息和图片而被学校实施教育惩戒的例子。例如，马萨诸塞州的两名学生在脸书上发布了一张他们持有仿真枪的返校照片后被停课，印第安纳州的一名学生在推特上发布了据称在课外的脏话后被开除。此外，还出现了学校工作人员设立虚假社交网站账户窥探学生活动的情况。据报道，2012 年 5 月，一名密苏里州的校长在被发现创建了一个假的脸书档案来监视学生后辞职。

教师在线活动及其与学生在社交网络上的互动被更广泛关注。2012 年美国纽约市教育部为其员工发布社交媒体指南，澳大利亚、爱尔兰和南非的一些学校利用私营公司的服务来观察他们的学生在社交媒体上的帖子。[①]学校通过使用 snapdrities、Digital Fly 和 Ascham 等软件监控脸书、Twitter、Instagram 和 YouTube 上的特定关键词。值得注意的是，这项技术只筛选公共帖子，但如果学生未能设置隐私选项，可能会被监控更多信息，这种监控旨在对潜在的校园枪击、网络欺凌或考试作弊发出警告，但其有效性有待商榷。据报道，新泽西州教育部暂停了一名学生的学习资格，因为一家

---

① Stevenson, A. Schools use the net to eavesdrop on students. *The Sydney Morning Herald*. Available online[EB/OL]. (2011). http：//www. smh. com. au/technology/technology-news/schools-use-the-net-to-eavesdrop-on-students-20110812-1iqx2. html

进行社交媒体监控的私人公司通知学校，这名学生在推特上发布了该州某机构测试的图片。此外，伊利诺伊州的一项新法律要求涉嫌网络欺凌的学生必须披露他们的脸书账户和密码。

3. 为什么要审查学生互联网使用情况？

尽管互联网可以促进社交，并在学习过程中提供更大的自由，有可能从根本上改变教育，但社会各界对于学生面临的在线威胁也存在深刻的焦虑，毕竟学校及其工作人员负有法律和合同规定的义务，来保护学生的健康、安全和福利。从 2000 年代中期开始，一些国家开始就此问题发布政府工作报告，包括 2008 年英国政府发起的《拜伦评论》、2008 年美国互联网安全技术任务组的《增强儿童安全和在线技术》和欧洲儿童联盟发布的在线项目，寻求调查对在线儿童产生威胁的活动，由此产生的在线风险清单包括性威胁，如通过网络与色情制品、性短信和与恋童癖者的接触；一些网站传播有害或仇恨价值观，如自残、厌恶女性、种族主义、网络欺凌和恐怖主义以及商业剥削；还有一些危害网站发送垃圾邮件、收集个人数据、进行非法下载、黑客攻击和怂恿赌博等。此外，在《拜伦评论》中提出，儿童也可能是不当网络行为的煽动者，学校互联网监控不仅要关注学生面临的危险，还关注学生通过网络欺凌、破坏教职员工权威和威胁机构诚信所带来的危险。事实上，这种"危险学生"在线威胁的概念可能有助于解释学校采用的一些更极端的监控措施。

在一些西方国家，学校从本质上看是由社会控制的机构，私营公司一直期待通过提供新产品和服务来促进这一进程。随着教育机构变得越来越市场化，对数据监控设备的需求激增，反映出"数据生产和管理在过去和现在都是教育领域创新治理变革的关键"，① 部分解释了收集学生在线活动

① Ozga, J. Governing education through data in England: From regulation to self-evaluation. [J]. *Journal of Education Policy*, 2009: 24(2), 149-162.

数据的倾向。学校安全已经成为一个价值数十亿美元的行业,① 商业组织经常以提高安全性为幌子推广新的互联网监控技术,尽管几乎没有证据证明社交媒体监控和反激进软件是有效的工具,但私人公司仍在大力推销这些软件。因此,从某种程度上来说,网络监控活动的动机不仅仅是为了保护学生或学校的安全,也是出于对相互指责的恐惧和解决公众需要的机构反应。不管保护弱势群体的言论如何,商业组织都从教育领域监控技术销售的增长中获得了经济回报,而且"学校官员和家长已经确信,安全设备是创建成功学校的宝贵组成部分,安全技术是进步的标志"。② 因此,数字监控设备成为了理想的、新型的"必备"工具。

侵入式数字监控设备的激增不仅反映了社会商业的力量,也反映了学生群体似乎"合规"了。研究表明,一些年轻人关心网站隐私设置,③ 但许多人对监控采取了漫不经心的态度,强调其"娱乐价值"。④ 随着学生们在脸书发布个人信息、玩网络游戏和网上购物,他们越来越多地融入到一个监控的世界。过多的日常监控有助于解释为什么对日益侵入性的学校数字监控的反对声音相对较少。此外,随着公共和私人、家庭和学校、转移和越轨之间的在线界限变得模糊,学生更难充分理解其行为的潜在后果是否在学校当局实施的教育惩戒范围内。

4."过度"的学校网络监控有什么影响?

对学生在线活动进行监控显然存在积极作用,网上充斥的大量不良资

---

① Linskey, A. Newtown rampage spurs $5 billion school security spending. *Bloomberg* [EB/OL]. (2013-11-14). http://www. bloomberg. com/news/articles/2013-11-14/schools-boosting-security-spending-after-newtown-massacre

② Casella, R. Safety or social control? The security fortification of schools in a capitalist society. In T. Monahan & R. Torres (Eds.), *Schools under surveillance: Cultures of control in public education*. [M]. New York: Rutgers University Press, 2010: 73-86.

③ boyd, d., & Hargittai, E. Facebook privacy settings: Who cares? *First Monday*, 15(8), n. p[EB/OL]. (2010). http://firstmonday. org/ojs/index. php/fm/article/ view/3086/2589

④ Bell, D. [J]. *Surveillance is sexy, surveillance and society*, 2009: 6(3), 203-212.

源可能使学生遭受社会、心理和情感创伤。同样，学校需要在维护社会秩序的同时保持教育的完整性。学校"适当监控"互联网的使用结果是"更安全、更有效的学习环境"，但倘若对互联网的使用过度监控、过滤和封锁，则有可能对学生的学习体验、心理健康发展和福祉产生负面影响。

过度封闭是指对学生教育经历的不合理限制，① 它源于部分情况的过滤软件和其他监视实践。这些实践往往阻止学生参与社会调查或"正常娱乐"。澳大利亚昆士兰州政府教育部利用学校过滤软件屏蔽了社交网站，如 MySpace、Bebo 和脸书，因为有人认为这些软件"几乎没有教育价值"，即使当教育部门发布社交媒体平台无需过滤的指导方针时，许多学校也有监控和屏蔽此类网站的做法。然而，这些措施对学习的负面影响可能更加显著。有学者建议对没有充足互联网接入的学生采用引导的方法，培养其"对必需品的品味"，② 避免与课业没有直接关系的在线活动，然而过度封闭也可能影响学生的社会发展，如身份的形成或社会正义感的培养。

尽管绝大多数学生的在线活动以学生电子安全的名义受到监控，但他们的反对声音经常被忽视，即使儿童确实拥有与其在线活动相关的权利。1989 年，《联合国儿童权利公约》确立了适用于所有儿童的基本原则，该原则通过 2009 年奥斯陆挑战扩展到儿童在线活动，该挑战断言使用数字媒体和通信环境是儿童享有的权利。在这种背景下，过度监控学生在线活动的影响不仅是忽视了他们的反对声音，还侵蚀了他们的权利。

学校过度在线监控的一个较为隐蔽的后果是，在相对较少的对隐私充满热情或逆反的学生中，潜在的阻力因素正在滋长其行为。如学生对学校互联网监控的日常抵制可以采取各种形式，通过遮挡屏幕、最小化网页、寻找不受监控的空间、使用他人的密码、寻找不合适的网页、使用无害的地址，甚至对工作人员进行物理反监控。除了这些回避策略之外，一些学

---

① Hope, A. The shackled school internet: Zemiological solutions to the problem of over-blocking. [J]. *Learning*, *Media and Technology*, 2013: 38(3), 270-283.

② Robinson, L. A taste for the necessary: A Bourdieuian approach to digital inequality. [J]. *Information*, *Communication & Society*, 2009: 12, 488-507.

生还积极地玩数字监控，用它来进行具有刺激性、风险性的在线表演，甚至直接为了被逮捕。例如，一名中学生使用朋友的密码登录学校网络，从一个未经过滤的网站上打印了一张行为不良的图片，并留给一名工作人员查找，该生最终对此供认不讳。学生可能试图"劫持"监控的主要用途，以逆反的表现作为阻力。此外，还可能通过社会、政治和法律行动进行抵制，发起请愿或提起诉讼来反对数字监控。

正如劳森和科姆在互联网第一次被引入学校时指出的，它有可能模糊概念界限，公共和私人空间、娱乐和学习、工作和休闲时间以及学校和家庭之间的界限可能都会变得模糊。① 一方面，互联网可能会带来一个反应灵敏、灵活、网络化学习的新时代。另一方面，它也带来了对学生在线活动的更大监控，学校雇员监视儿童、偷窥行为或以严厉的方式限制网络访问的做法有可能成为常态。随着学生网络化的生活和学校监控不断扩大，越来越多的数字数据不断产生，数字监控设备和复杂的数据分类程序用来"促进"预测分析。此外，随着学生继续在网上公布他们的日常生活细节和内心思想，他们也面临着信息被盗用的风险。在非社交媒体盛行的今日，他们将需要在一个日益数据化、网络化的世界中寻找方向。

---

① Lawson, T., & Comber, C. Introducing information and communication technologies into schools: The blurring of boundaries. [J]. *British Journal of Sociology of Education*, 2000: 21(3), 419-433.